Curt Heinrich von Einsiedel

Pferde- und Hufbeschlagswissenschaft

Curt Heinrich von Einsiedel

Pferde- und Hufbeschlagswissenschaft

ISBN/EAN: 9783743321809

Hergestellt in Europa, USA, Kanada, Australien, Japan

Cover: Foto ©ninafisch / pixelio.de

Manufactured and distributed by brebook publishing software
(www.brebook.com)

Curt Heinrich von Einsiedel

Pferde- und Hufbeschlagswissenschaft

Curt Heinrich Ernst

Graf Einsiedel,

Standesherr auf Reibersdorf.

Dessen Leben und Wirken

auf dem

Gebiete der Pferde- und Hufbeschlagswissenschaft

dargestellt

von

E. Th. Walther,

Amtsthierarzt.

Nebst Portrait und Facsimile des Grafen Einsiedel und einer Ansicht
der englischen Hufschmiede zu Milkel.

Bautzen.

Eduard Kühl.

1869.

Vorwort.

Von vielen Seiten, namentlich von Seiten der Thierärzte, welche durch Besuch der Lehrschmiede zu Milkel den Herrn Grafen von Einsiedel persönlich kennen lernten, ward ich seit Jahren angegangen, die von Demselben geschriebenen Artikel, welche leider in den verschiedensten Zeitschriften oder als längst vergriffene Broschüren zum Druck gelangten, zu sammeln und als ein geschlossenes Ganzes zu veröffentlichen. Diesem viel=seitigen Wunsche komme ich hierdurch nach, indem ich diese Auf=sätze in der Reihenfolge zum Abdruck bringe, wie sie geschrieben, und eine kleine Lebensskizze ihres Verfassers, wie ich dieselbe größtentheils aus dem Munde desselben, aus Briefen von ihm, oder aus dem Munde ihm nahestehender Personen entnommen und gesammelt, vorausschicke.

Sollte ich vielleicht durch Letzteres eine Indiscretion begehen, so bin ich von der bekannten Liebenswürdigkeit des Herrn Grafen überzeugt, daß er dieselbe in Berücksichtigung der mir unterliegenden Absicht gern verzeihen werde.

Das als Titelkupfer vorgebundene treue Abbild des Herrn Grafen wird manchem seiner vielen Freunde und Bekannten eine willkommene Beigabe sein, und Manche wohl an Stunden erinnern, die sie in oft so lehrreichen Gesprächen mit ihm verbracht.

Nachdem ich die Samenkörner, die zerstreut umherlagen, gesammelt und davor bewahrt habe, daß sie unter die Spreu kamen und verloren gingen, übergebe ich sie nun als volle Aehre der Oeffentlichkeit, mit dem aufrichtigen Wunsche, daß sie fruchtbringenden Boden finden mögen und mit der ergebensten Bitte, dieses mein drittes Werk mit derselben gütigen Nachsicht beurtheilen und aufnehmen zu wollen wie meine früheren.

Bautzen, im Juni 1869.

Der Verfasser.

Inhalts-Verzeichniß.

Einleitung.

I. Abschnitt.

II. Abschnitt.

III. Abschnitt.

IV. Abschnitt.

V. Abschnitt.

VI. Abschnitt.

X. Abschnitt.

XI. Abschnitt.

XII. Abschnitt.

XIII. Abschnitt.

raf Curt Heinrich Ernst von Einsiedel ward am 14. März 1811 zu Paris, woselbst sich seine Eltern auf einer Reise begriffen aufhielten, geboren. Bis zum Jahre 1821 genoß derselbe mit seinem 1813 geborenen Bruder Alexander Unterricht durch Hauslehrer im elterlichen Hause, worauf beide Brüder in das Erziehungsinstitut zu Riesly gelangten und daselbst 6 Jahre verblieben. Hierauf kamen beide im Jahre 1827 in das Cadettenhaus zu Dresden und genossen daselbst im letzten Jahre ihres 3jährigen Aufenthaltes den ersten Reitunterricht bei den Stallmeistern Klemm und Zacharias, zuletzt beim Oberbereiter Mayer. Auch besuchte in diesem Jahre der Graf Einsiedel fleißig den Unterricht über Thierheilkunde bei Seyfried von Tennecker. Letzterer schätzte den aufmerksamen, lernbegierigen Schüler so, daß er sich seiner ganz besonders annahm und auszeichnete; er durfte in allen freien Stunden Tennecker bei seinen Kranken-besuchen begleiten und versah die Stelle eines Famulus.

Im Winter des Jahres 1829 begaben sich die Brüder auf die Universität nach Leipzig, um die Rechtswissenschaft zu studiren. Schon

1

hier beschäftigte sich Graf Einsiedel in angeborener Passion*) viel mit Pferden und es gingen beispielsweise im letzten Jahre seines Studentenlebens einige 70 Pferde im Handel durch seine Hände.

Nach dem im Jahre 1833 gemachten Examen, nach welchem sich der jüngere Bruder in österreichische Militairdienste begab, bezog Graf Einsiedel auf Wunsch seines Vaters noch ein Jahr (1834) die Universität zu Göttingen und bildete derselbe, als Bereiterschüler auf der Manège, daselbst die in Leipzig gesammelten Erfahrungen im Reiten wissenschaftlich unter Stallmeister Detmering aus, wobei er sich wesentlich mit dem Studium der Anatomie und Physiologie des Pferdes beschäftigte.

Auf einer im Jahre 1834 von Göttingen aus unternommenen Reise nach Hamburg und Holstein lernte er seine Frau, eine geb. Freiin von Blome, kennen, die er nach einer zu Hause überstandenen schweren Krankheit im Herbste 1836 heirathete und mit welcher er heut noch in musterhafter Ehe lebt.

Zwei Jahre wohnte Graf Einsiedel auf dem Rittergute Rodewitz bei Hochkirch, welches ihm sein Vater abgetreten; nachdem dasselbe an einen Vetter verkauft ward, zog er auf das seinem Vater gehörende Rittergut Diehsa (Preußen) und nachdem im Jahre 1840 durch den Tod seines Onkels die Standesherrschaft Reibersdorf an seinen Vater übergegangen war, auf das Schloß zu Reibersdorf.

Auch in den Jahren von 1836—1840 waren eine nicht unbedeutende Anzahl von Pferden durch seine Hände gegangen und war

---

*) Daß diese Passion eine angeborene, beweise folgender in Niesky vorgekommener Fall. Die Kinder des Instituts befanden sich auf einem Spaziergange, als der sie begleitende Lehrer bemerkt, daß der damals 12 Jahr alte Knabe auf der Straße aufmerksam die Spuren der darauf gegangenen Pferde mustert. Auf die Frage: Was suchst du Curt? antwortet derselbe: Nun ich wollte sehen, ob heut meine Eltern hier gefahren. Woran siehst du das? Antwort: Ich kenne die Pferde meines Vaters an den Hufen.

es ihm fast immer geglückt, verdorbene und widerspenstige Pferde
wieder in Ordnung zu bringen.

Im Herbste 1839 trat Graf Einsiedel mit seinem Bruder die
erste Reise nach England an, die für ihn höchst lehrreich wurde, indem er den Londoner Thierarzt Field persönlich kennen lernte und
die ersten Begriffe vom englischen Hufbeschlag erhielt. Er besuchte
mehrere Gestüte, studirte die in England übliche Stallwartung und
Pferdebehandlung und machte einige Versuche auf der Parforce-Jagd.

Nach dem im Jahre 1842 erfolgten Tode seines Vaters mußte
er sich ganz der Administration der ihm zugefallenen Güter widmen,
hatte der hierbei übernommenen bedeutenden Schuldenlast wegen viel
Arbeit, aber auch viel Seegen, indem es ihm gelang, binnen kurzer
Frist Alles zu regeln.

Im Jahre 1844 ward ihm sein einziger Sohn Hans Haubold
geboren, und könnte man es beinahe als ein böses Omen betrachten,
daß der Graf wenige Tage nach der Geburt dieses Sohnes den linken
Arm brach und zwar durch einen Sturz mit dem Pferde auf dem
Steinpflaster in Dresden; er beschuldigt heut noch den Stollenbeschlag
als Ursache zu diesem Sturz.

Schon lange mit Verbesserung unseres Hufbeschlages beschäftigt,
brachte ihn 1852 das Erscheinen des Miles'schen Werkes „der Huf
des Pferdes" auf klarere Begriffe, und im Vergleich mit den schon
im Jahre 1839 von Field aus England mitgebrachten Eisen ging
ihm ein helleres Licht darüber auf, daß der deutsche Beschlag auf
mangelhaften Grundsätzen beruhe und veranlaßte ihn diese Erkenntniß
in Gemeinschaft mit dem Schmiedemeister Aug. Schiemang zu Millel
fortwährend im Sinne einer Verbesserung unseres und Aneignung des
englischen Beschlages zu arbeiten.

Im April des Jahres 1857 trat Graf Einsiedel eine Reise nach
dem Orient an, bei welcher er seine Pferdekenntniß um ein Bedeu-

1 *

tendes vermehrte und das arabische Wirkmesser kennen lernte, welches er in einem Originale nebst verschiedenen dort üblichen Hufeisen mit nach hier brachte.

Im Jahre 1858 ging er zum zweiten Male nach England und nahm diesmal den Beschlaglehrer Hartmann von der Thierarzneischule zu Dresden in der Meinung mit, durch ihn am nachdrücklichsten auf einen besseren Hufbeschlag einwirken zu können, jedoch, wie er selbst in einem der nachfolgenden Artikel sagt, ohne den erwünschten Erfolg. Vier in nachfolgenden Jahren unternommene Reisen nach England, auf denen ihn der Schmiedemeister Schiemang zwei Mal und der Thierarzt und Schmiedemstr. Tietze in Reichenau und meine Wenigkeit je ein Mal begleiteten, bewirkten erst, daß wir uns die englische Technik im Schmieden der Eisen aneigneten und gründlich über den Sinn und Zweck des englischen Beschlages practisch eingeweiht wurden.

Unsere gemeinschaftlichen Arbeiten erregten Aufsehen, aber auch von gewissen Seiten Neid, namentlich den des Beschlagslehrer Hartmann, welcher den Grafen Einsiedel als Dilettanten hinstellte; seinen im Jahre 1861 erschienenen „Fuß des Pferdes" übersendete er dem Grafen mit folgenden lakonischen Zeilen:

Geehrter Herr Graf!

Um der Sache willen erlaube ich mir beigehendes Buch zu übersenden. Ergebenst

Hartmann.

Als Antwort hierauf schrieb Graf Einsiedel in demselben Jahre seinen „Gedankenzettel zu Ausübung des englischen Hufbeschlags" und widmete denselben den Schmieden der Lausitz. Dieses einzig in seiner Art dastehende Werk vergriff sich so schnell, daß bereits im vorigen Jahre die 6. Auflage erschienen. Als das Werkchen fertig, sagte mir der Graf: „Um der Sache willen will ich nun nicht Gleiches mit

Gleichem vergelten und unter nämlicher Form Hartmann den Ge=
dankenzettel zusenden."

Schon im Jahre 1860 wurden die beiden Lehrschmieden der
sächsischen Oberlausitz gegründet und betrauten die Herren Stände
des Landkreises den Grafen mit deren Leitung als Vorsitzenden der
Prüfungscommission.

Ueber die Zusammensetzung dieser Prüfungscommission, sowie
über deren Thätigkeit, Einrichtung in den Lehrschmieden ꝛc. werde
ich später berichten.

Erwähnen will ich, daß der Graf Einsiedel 15 Jahre hindurch
sich mit Pferdezucht (Halbblut) eingehend beschäftigte und befriedigende
Erfolge erzielte; er stellte dieselbe nur erst dann ein, als er sein
Augenmerk hauptsächlich auf die Verbesserung des Hufbeschlages richtete
und durch Blitzschlag gleichzeitig seine Stuterei in Flammen aufging.

Was der Graf als Reiter leistete, ist ja vielen seiner Freunde
in den verschiedensten Kreisen zur Genüge bekannt; er war Vorstand
eines Renn=Clubs und hat sich einen Preis selbst erritten. Seine Force
bestand nur darin, schwierige und difficile Pferde ohne Zwang abzu=
richten und für Andere brauchbar zu machen.

Mit einem ihm eigenen Talent brachte er seinen Leuten außer=
ordentliche Geschicklichkeit im Fahren und Reiten bei, und kenne ich
manch tüchtigen Mann, der bei ihm sich den größten Theil seiner
Kenntnisse in Beurtheilung und Behandlung des Pferdes erholt; so
sagte mir der in Deutschland durch seine Pferdebändigungsmethode
bekannte Stallmeister Cannè, welcher seine Carrière als Reitknecht
beim Grafen Einsiedel begonnen, daß er Letzterem all seine Kennt=
nisse über das Pferd und dessen Behandlung verdanke.

Ein gleiche Thätigkeit entwickelte der Graf, wo es galt, für
Verbesserung der inländischen Pferdezucht einzutreten, war stellvertre=
tender Vorstand des Vereins hierfür und ward keine Thier= oder

Fohlenschau abgehalten, bei der man sich nicht des Pferdekenners von Ruf erinnert hätte; bei allen Thierschauen des Inlandes, selbst bei vielen des Auslandes (z. B. Hamburg), war derselbe Mitglied im Comité zur Beurtheilung der Pferde.

Außer vielen englischen Pferden führte er aber auch auf den von ihm selbst bewirthschafteten Gütern verschiedene Rindvieh= und Schweineracen ein und ist in Bezug auf Schweinezucht auf seinem Gute Milkel Ausgezeichnetes geleistet worden.

Ueberhaupt scheuete er keine Kosten, wenn auf seinen vielen und weiten Reisen ihm etwas practisch erscheinendes vorkam an Wagen, Geschirren, Maschinen, Ackergeräthe oder Werkzeugen ꝛc., diese anzukaufen und einzuführen.

Sein Streben, sich um den Staat verdient zu machen, wurde auch höheren Ortes erkannt, denn gleich nach Stiftung des Albrechts=Ordens war der Graf einer der Ersten, welcher vom höchstseligen König Friedrich August für seine Thätigkeit bei der Thierschau in Dresden zum Comthur dieses Ordens ernannt ward; sowie ihm der jetzt regierende König Johann aus höchsteigenem Antriebe den Rang eines Oberschenken übertrug, welche Charge seit dem Tode seines Vaters nicht mehr besetzt war.

Im Jahre 1864, bei Gelegenheit der Vermählung unserer Prinzeß Sophie, erhielt er vom Kaiser von Oesterreich das Großkreuz des Franz-Joseph-Ordens, und im Jahre 1865 vom König von Preußen den rothen Adlerorden II. Cl. mit Stern für seine Verdienste um die Verbesserung des Hufbeschlages und für seine Bemühungen bei Einführung des Einsiedel'schen (engl.) Hufbeschlages im kgl. Marstall zu Berlin und der preußischen Armee.

Aus gleichem Grunde ertheilte ihm 1865 der landwirthschaftliche Kreisverein für das kgl. sächs. Markgrafthum Oberlausitz die große silberne Medaille, und ernannten ihn im Jahre 1861 der thierärztliche

Verein der sächf. Oberlaufiß und 1866 der landwirthschaftliche und der Gewerbeverein zu Baußen zu ihrem Ehrenmitgliede.

Mit demselben Eifer, mit welchem Graf Einsiedel darnach strebte, verbessernd auf Pferdezucht und Hufbeschlag im Inlande einzuwirken, kam er auch von außen kommenden Anforderungen nach und scheuete weder Zeit noch Geld.

So kam er der von Berlin an ihn ergangenen Aufforderung nach und sendete seinen Schmied dreimal hin, um die Pferde der kgl. Marställe nach seinem Syſtem zu beschlagen.

Der Director der k. k. Thierarzneischule Prof. Dr. Röll hatte mich bei Gelegenheit des I. internationalen thierärztlichen Congreſſes gebeten, ihm einen Saß Modellhufeisen nach Einsiedel zu übersenden. Graf Einsiedel war hierüber erfreut, sagte jedoch, die können ja dort nichts nüßen, wenn sie die Technik des Schmiedens nicht kennen. Dies Bedenken eröffnete ich Dr. Röll brieflich, und so gelangte eine freundliche Einladung an uns, sowohl das Schmieden der englischen Eisen als auch die Anwendung des arabischen Wirkmeſſers an Ort und Stelle zu zeigen.

Im Jahre 1865 begaben wir uns mit den Schmiedemeistern Schiemang, Zeller und Zenker dahin.

Es hätte der Mitnahme der beiden Leßteren nicht bedurft, denn der Lehrschmied Schiemang hätte allein genügt, aber Graf Einsiedel benüßt jede Gelegenheit, um tüchtigen Schülern von uns eine kleine Aufmunterung angedeihen zu laſſen.

Wir fanden in Wien eine sehr freundliche Aufnahme, und denke ich noch oft der schönen Stunden, welche ich im Verein mit dem Lehrerpersonal der dortigen Thierarzneischule verlebte.

In nachstehenden 13 Abschnitten bringe ich nun die vom Grafen Einsiedel gefertigten, in Druck erschienenen Broschüren und Auffäße, sowie einige nicht durch den Druck bekannt gewordene Arbeiten in Abbruck und werde dieselben da wo nöthig mit erläuternden Bemerkungen versehen.

I.

Veranlassung zum Erscheinen und Zweck nachfolgender Broschüre geht aus dem Inhalt derselben zur Genüge hervor.

Einige Gedanken über die bestehende Pferdezucht im Königreich Sachsen und wie dieselbe zu fördern sei.

Vorwort.

Da es mir ganz besonders daran gelegen sein muß, daß alle Mitglieder des Vereins für Veredelung der Pferdezucht im Königreich Sachsen meine Ansichten über den Weg einer zu erreichenden Veredelung der Pferdezucht kennen lernen mögen, weil sie mir die Ehre erzeigt haben, mich zu einem ihrer Vorstände zu ernennen, so kann ich nicht unterlassen, eine kleine Schrift denselben hiermit zu überreichen, welche theilweise diese Ansichten enthält, und die ich vor einiger Zeit bei einem öconomischen Bezirksvereine der Oberlausitz eingegeben habe, bezweckend, einige Mängel unseres Landgestüts zu beleuchten, und durch die Mitwirkung des öconomischen Vereins deren Abhilfe zu bewirken. An diese Schrift schloß ich eine kurze Beurtheilung der Pferdezucht im Lande an, und habe ich meine Ansichten über die bestehenden Mängel, und wie ihnen vielleicht abzuhelfen, einen gemeinnützigen Zweck vor Augen habend, dargelegt, in der Ueberzeugung, daß noch bessere Vorschläge durch meine Anregung von Sachverständigeren zu Tage gefördert werden, und dem Lande ein Wohl daraus erwachsen könne. Ganz unerwartet schnell hat sich nun der Verein für Veredelung der Pferdezucht im Lande gebildet, und da ich mich freue sagen zu können, daß ich von meinen in dieser Schrift dargelegten Ansichten im Wesentlichen nicht zurückgekommen bin, so erlaube ich mir diese kleine Ausarbeitung dem Vereine unverändert vorzulegen, und bitte nur das Nichthergehörende gefälligst übersehen, das Uebrige aber einer gütigen und nachsichtigen Beurtheilung würdigen zu wollen.

Dresden, den 19. Februar 1846.

Curt Heinrich Graf von Einsiedel.

An den öconomischen Bezirksverein für die erste Amtshauptmann=
schaft des Markgrafthums Oberlausitz.

Bei dem mir wohl bekannten und hochgeschätzten regen Eifer des
öconomischen Vereins zu Förderung alles Dessen, was zum Wohl unserer
Provinz in landwirthschaftlicher Beziehung gereicht, kann ich es nicht unter=
lassen, die Förderung und Invigilirung der Pferdezucht der Oberlausitz an=
langend, einen kleinen Vortrag zu erstatten, welcher bei dem verehrten Vereine
eine gütige Berücksichtigung und nachsichtige Beurtheilung finden möge.

Bei meiner vorletzten Anwesenheit auf meinem Gute Milkel, den
12. November, präsentirte sich mir der in Weißig, wenn ich nicht irre,
stationirte Gensd'arme Sachse, und legte mir die Tabellen vor, welche
zum Nachweis der jedes Jahr von den Landbeschälern gefallenen Füllen
angefertigt werden.

In Folge dieser genommenen Einsicht nun ersah ich, daß in dem
Klosterbezirke des genannten Gensd'armen von 60 Stuten nur 13, und
in dem Bezirke meiner Umgegend hier von 13 Stuten nur 1 Füllen im
Jahre 1843 gefallen war. Es stellt sich sonach ein nichts weniger als
günstiges Resultat heraus, und wenn auch dieses hier nachgewiesene Ver=
hältniß der Füllenzucht im ganzen Lande ein Gleiches nicht sein mag,
indem in unserer Provinz vielleicht mehr Stuten auf die Stationen geführt
werden, so erweist es doch wenigstens bei uns einen Mangel an Hengsten.
Nämlich meiner völligen Ueberzeugung nach ist die große Anzahl der nicht
tragend gebliebenen Stuten nur dem zuzuschreiben, daß den Hengsten zu
viel Arbeit zugemuthet wird, sie mehr decken müssen, als es die Kräfte
eines Vaterpferdes erlauben.

Zum Beweis des eben Gesagten erlaube ich mir nur eine Thatsache
als Beispiel anzuführen, welche mir selbst widerfahren.

Eine meiner Stuten wurde im Frühjahre 1843 mehrmals zum Hengst
Albanus in Kupperitz geführt, und blieb nicht tragend. Als ich im
Monate August desselben Jahres in Dresden war, ließ ich dieselbe Stute
mit besonderer Erlaubniß des Herrn Landstallmeisters vom Albanus in
Moritzburg wieder decken, und sie blieb, und dies ist das eine Füllen,
welches von 13 Stuten meines Districts, wie ich vorher anführte, gefallen
ist. Zwei andere im Frühjahre 1843 mehrmals nach Kupperitz gesendete

Stuten, welche im Auslande früher gedeckt, mir hier Füllen geboren haben, waren nicht geblieben, und in diesem Frühjahre nach wohl 4 Reisen nach der Beschäl-Station ist es mir mit den nämlichen Stuten eben so ergangen. Ich glaube, dies dürfte wohl etwas meine angeführte Behauptung, daß den Hengsten zu viel zugemuthet werde, bestätigen, und es wäre sehr zu wünschen, daß entweder die Stationen verstärkt, oder hier und da eine Station mehr errichtet werde, wohin sich zu verwenden ich die verehrte Direction des Vereins hiermit ganz gehorsamst ersucht haben wollte.

Möge es mir nun vergönnt sein, über unsere inländische Pferdezucht noch einige Bemerkungen beizufügen, und deren schon gemachte Fortschritte sowohl, als auch deren Mängel, so weit es meine geringen Fähigkeiten erlauben, etwas näher zu betrachten, den Endzweck vor Augen habend, daß ein Raisonnement, sei es auch mangelhaft, doch vielleicht Andere auf einen zweckmäßigen Gedanken zu bringen im Stande sei und endlich nützen könne.

Unleugbar sind wir in dem Zeitraume der letzten 10—12 Jahre in der Pferdezucht vorwärts gekommen; es werden gewiß bedeutend mehr Pferde im Lande auferzogen als früher, und auch an Qualität sind sie besser, wenn auch unendlich viel noch an ihnen zu wünschen übrig bleibt. Die Landbeschäler sind wirklich gut, und für die vom Staate daran gewendeten sehr geringen Mittel ausgezeichnet zu nennen, dank sei es den Bemühungen und Kenntnissen des Herrn v. Schönberg. Sich aber bei geringen Fortschritten beruhigen, wenn in dem nämlichen Zeitraume größere, wesentlichere hätten gemacht werden können, halte ich nicht für richtig und für rathsam, und ich erlaube mir das zu beleuchten, was nach meiner Ansicht zum wirksameren und schnelleren Vorschreiten behilflich sein könnte.

Fürs Erste stelle ich frei hin, daß die von den Ständen bewilligte alljährliche Summe zum Ankauf von Landbeschälern eine zu geringe ist, und die jetzt nur Nutzen bringt, weil die Direction des Landgestüts einer vorzüglich in seinem Fach begabten Person anvertraut ist, die nicht wieder aufzufinden sein dürfte. — Wenn aber eine doppelte Summe zum Ankauf von mehr und noch besseren Hengsten bewilligt wird, so haben wir das erwünschte Ziel auf kürzestem Wege noch nicht erreicht, denn eines Theils ist zur Production eines guten Pferdes eine gute Stute eben so nothwendig, als ein guter Hengst, und andern Theils ist unbedingt erforderlich die pflegliche Behandlung des geborenen Füllens. — Beides fehlt bei uns, hauptsächlich blos vom Landmann sprechend, dessen Nutzen vorzüglich hier im Auge gehalten wird. — Gute zweckentsprechende Stuten sind, so weit ich mich auf Märkten und Thierschauen habe orientiren können, selten, ich möchte fast sagen, gar nicht aufzufinden, und die Behandlung der Füllen in der Lausitz ist leider die, welche man in der Regel einem jungen Ochsen angedeihen läßt, die aber einem Pferde nicht zusagen kann. Der Weide= gang, wenigstens die nöthige alltägliche Bewegung, fehlt meistens, welche bei oft gereichtem guten Futter unbedingt erforderlich ist, und dann, sieht endlich der Landmann die Nothwendigkeit der Bewegung des Füllens ein, so ist die ihm alsdann gegebene eine falsche, schädliche; er spannt nämlich das junge Pferd oft schon mit Sechs= bis Siebenvierteljahren im Wagen ein, wie ich es in der Zittauer Gegend mehrmals wahrzunehmen Gelegen= heit hatte, und somit wird dem Füllen, ehe es noch ein Pferd geworden, der Hals gebrochen, denn Anstrengungen bei meist ungeschickter Leitung sind hier unvermeidlich, und so entstehen denn wiederum Fehler, wie Spat, Hasenhacken, verbogene schlechte Rücken, die ein Pferd zum Gebrauch als auch zur ferneren Zucht unbrauchbar machen.

Aus alle dem eben Gesagten gehen nun freilich die Fragen hervor:

1) Welche ist die zweckentsprechende Stute?
2) Was ist die pflegliche Behandlung der Füllen?
3) Wie ist den bestehenden Uebelständen abzuhelfen?

Was die Frage ad 1 anlangt, so halte ich dasjenige Pferd für das beste, und diejenige Stute für die zweckentsprechendste für unser Land, welche nicht nur die beste Ackerarbeit*) verrichten kann, sondern sich auch zum Militairdienst als Reit= und Trainpferd eignet.

Diese Eigenschaften sind zu vereinigen, und Stuten der Art zwar in der ganzen Welt einzeln, am meisten aber in England, Mecklenburg und Dänemark zu finden.

---

*) Diejenigen Pferde, welche die beste Ackerarbeit verrichten, können auch schöne Wagenpferde sein, und ist dies derjenige Schlag, welcher am meisten gesucht und am besten bezahlt wird. Die mitunter unvermeidlich seiner fallenden Pferde geben dann das Reit= und Militairpferd.

Wie nun so eine Stute beschaffen sein muß, ist wieder eine Frage, deren Beantwortung ich mich nicht entziehen kann, obgleich sie schwierig ist in nöthiger Kürze zu geben.

Indem ich es versuche, stelle ich zuvörderst auf, daß nach meiner Ansicht für den hier im Auge zu habenden Zweck die Größe (Höhe im Wiederroß) von 11 Viertel 3—4 Zoll *) nach unserem Maße die entsprechendste ist, und die Stärke die des fast überall bekannten edleren dänischen Pferdes wohl die geeignetste sein möchte. Außer Höhe und Stärke **) ist bei einer solchen Stute Ebenmaß im Bau, welches durch das Verhältniß der einzelnen Glieder zum Ganzen bedingt wird, unerläßlich nöthig. Nur hieraus kann die Einheit und Normalität für eine Mutterstute entstehen, die einem Jeden auch bei einem m i n d e r e d e l n ***) Pferde, wie es für unseren Zweck nur ein solches sein kann, ins Auge fallen muß; und wiederum aus diesem Ebenmaß wird sich ein zweites Haupterforderniß einer guten Mutterstute, natürliches Gleichgewicht, und der richtige Gang von selbst finden.

Haben wir nun eine in ihren Gängen im Gleichgewicht sich regelmäßig bewegende Stute mit der oben angegebenen Höhe und Stärke ohne Erbfehler, so ist, glaube ich, für uns die entsprechende Mutterstute aufgefunden, und diese Frage möglichst kurz beseitigt. Denn was die zweckmäßigste Größe von sich sagen läßt, was man über Bau, Gang, dessen Normalität und Abnormität alles sagen kann, dürfte wohl zu weit führen, und ich erlaube mir nur noch hinzuzufügen, daß ich die Ueberzeugung habe, man würde wohl am billigsten und leichtesten in Dänemark, besonders in Angeln und auf Insel Alsen, diese Stute finden. — In England ist dies hier angeführte Pferd wohl auch zu haben, aber eben weil es das nützlichste, ist es auch um so theurer. Unbestritten vorzüglicher und empfehlenswerther ist dies englische Halbblutpferd, denn bei der nämlichen Form ist es von besserer Masse, trockner Textur der Grundfaser und weniger poröſem Knochen als das dänische, aber sein Werth in England

*) 12 Viertel allerdings noch besser!
**) Unter Stärke verstehe ich Räumlichkeit im Körperbau und diesem Baue entsprechende Fundamente.
***) Mit minder edel bezeichne ich hier alles Das, was nicht Vollblut ist.

selbst ist sehr hoch gestellt, und deshalb schlage ich für unseren Zweck immer das auf Alsen und in Angeln von englischen Hengsten und veredelten dänischen Stuten gezogene Bauerpferd am meisten zum Ankauf als Zuchtstute für uns vor.

Bei der Beantwortung der zweiten Frage, was ist die pflegliche Behandlung der Füllen, stelle ich die vier Hauptpunkte, auf die es nach meiner Ansicht am meisten ankommt, Nahrung, Stallwartung, Bewegung, und Schonung im vorgerückteren Füllenalter, voran. — So wichtig wie bei dem jungen Pferde die gute und reichliche Nahrung besonders im ersten Lebensjahre ist, welche meist bei unseren Landleuten den Thieren auch gereicht wird, eben so wichtig ist eine gute gewöhnlich ermangelnde Abwartung derselben.

Die Thiere bleiben, hier im Lande, wenn sie nicht mehr als Saugfüllen der Mutter folgen, auf hohem Dünger in dunstigen Ställen angebunden stehen, leiden erstlich durch den Wechsel der Temperatur, indem der in der Nacht angefüllte gewöhnlich kleine Stall sich sehr erwärmt, am Tage aber, indem die andern Pferde ihre Arbeit verrichten, natürlich wieder um so kälter wird, hauen dann in Strick oder Kette, verletzen sich dabei, weil Niemand sie genügend beaufsichtigt, verderben sich den Huf durch den nassen Dünger, auf dem sie stehen, und ruiniren sich endlich Augen und Lungen durch des Düngers beißende Ausdünstung. Diese wichtige Stallabwartung besteht nun neben dem regelmäßig zu reichenden gesunden Futter hauptsächlich in Ueberlassung eines genügenden Stallraumes, mindestens von 4 Ellen im Quadrat für jedes Füllen, in dem es sich unangebunden frei bewegen kann, — in möglichster Reinigung dieses Raumes von allem Dünger, der am besten mit Steinen gepflastert, und mit trockenem Streumaterial versehen, den Zufluß gleichmäßig temperirter Luft und des Lichts haben muß. — Durch das Nichtanbinden werden unzählige Verletzungen vermieden, und die Aneignung von mancherlei Untugend verhindert, und durch das Stehen und sich Bewegen auf festem harten Boden werden gesunde normale Hufe gebildet, während auf feuchtem Dünger, und somit durch ermangelnde Abnutzung leicht Hufkrankheiten und Deformitäten desselben entstehen. — Nicht minder wichtig als das eben Gesagte ist nun, dem jungen Pferde alltäglich seine gehörige Bewegung zu Verdauung des Futters, zu Ausbildung seiner innern Organe, hauptsächlich der Lungen, und zu

Stärkung und Uebung der Flechsen und Bänder zu geben. Bei einem Thiere, wo es nicht auf Production einer Fleisch- und Knochenmasse, sondern auf Entwickelung von Schnellkraft, Gewandtheit und Ausdauer ankommt, ist die Uebung in Bewegung unleugbar ein Hauptbedingniß, und darin wird so häufig bei unseren Landleuten ein Versehen begangen, dem durch das alltägliche Herauslassen des Füllens auf einen Hof oder in einen Grasgarten schon hinlänglich und richtig abgeholfen wäre. Statt dessen wird das noch kaum zwei Jahre alte Füllen, das Bedürfniß seiner Bewegung fühlend, eingespannt und dann natürlich, statt zweckmäßig bewegt, ruinirt, und somit die nöthige Schonung im vorgerückteren Füllenalter nicht beachtet, welche ohne Zweifel Mitbedingniß zu Auferziehung eines gesunden Pferdes ist. Ich kann bei uns und unseren Landleuten nur erst mäßigen Gebrauch eines vierjährigen Pferdes gut heißen, und erwidere darauf, wenn man mir einwenden wollte: in England werden zweijährige Pferde zu großen Anstrengungen verwendet, daß die Kunst des Trainirens dem Ruine des Thieres vorbeugt, und daß der Zweck dieses Gebrauchs, welchen aus einander zu setzen mich hier gleichfalls zu weit führen würde, ein ganz anderer ist.

Endlich auf die dritte von mir gestellte Frage, wie den bestehenden Uebelständen abzuhelfen sei, erlaube ich mir folgender Maßen zu antworten. —

1) Nicht nur für eine reichlichere Bewilligung von Seiten der Stände zu Ankauf von Landbeschälern, sondern auch ganz besonders für Ankauf durch des Landes Mittel von ungefähr 20—30 Stuten oben angegebenen Schlages, würde ich unbedingt sein, welche letztere den in Pferdezucht sich schon ausgezeichneten Landleuten für einen ermäßigten Preis, den sich darum alljährlich Bewerbenden um den Einkaufspreis unter folgenden Bedingungen überlassen werden könnten:

a) sie jederzeit nur durch von der Landgestütdirection für jegliche Stute unter den Landbeschälern ausgewählte Hengste decken zu lassen,

b) die Stute auf jeder Provinzialthierschau zu produciren, und

c) das abgesetzte Füllen einer solchen Stute in den nächstgelegenen Staatsfüllenhof zur Auferziehung abzugeben.

2) Bringe ich hier zur Abhilfe der angegebenen Uebelstände bei Behandlung und Auferziehung der Füllen die Einrichtung von Staatsfüllenhöfen in Vorschlag. Die Zweckmäßigkeit derselben erkennend, hat man schon in andern Ländern einen Anfang damit gemacht, und es erscheinen mir dieselben als einziges Auskunftsmittel, um den Schwierigkeiten zu begegnen, welche die ökonomischen Verhältnisse unseres Landes der Pferdezucht entgegenstellen.

Sollte es nicht auf Staatsgrundstücken wenig einträgliche Forst= und Wiesenflächen geben, welche sich dazu eignen, ja noch besser verwerthen ließen, wenn auch nur für mäßige Rückerstattung von Futter= und Pflege= kosten junge Pferde darauf erzogen würden? — Ich bin der Meinung, es giebt solche Flächen in Sachsen, und selbst in unserer Provinz und der Zweck dieser Einrichtung wäre nur ein äußerst wohlthätiger zu nennen. Nur auf diese Art, glaube ich, können in unserem Vaterlande gesunde, bis zum vierten Jahre geschonte Pferde erzogen werden, und nur so wird das auf das Landgestüt verwendete Geld die erwünschten Früchte tragen. Wie solche Füllenhöfe eingerichtet sein müssen, darüber wage ich mich nicht auszusprechen, indem ich selbst keine gesehen, und keine Erfahrungen in dieser Beziehung gemacht habe, daß die Sache aber, und mit mäßigen Kosten, ausführbar ist, wenn ein Mal der Platz dazu gefunden, hat mir reifliches Nachdenken über diesen Gegenstand unzweifelhaft gegeben, und ich selbst stehe jetzt im Begriff, für mein eigenes kleines Gestüt einen Hof der Art anzulegen, an dessen Benutzung ich auch meine Unterthanen Antheil nehmen zu lassen gedenke, wenn sie es wünschen.

3) Und zuletzt drängt es mich um Bevorwortung von Seiten des Vereins desjenigen Moments ganz besonders zu bitten, daß, wenn auch alle vorhergehenden Vorschläge nicht Beachtung höheren Orts finden sollten, wenigstens so viel Landbeschäler angeschafft werden möchten, um dem Be= dürfnisse des Landes zu genügen. — Durch so viele alljährlich nicht ge= bliebene Stuten leidet erstlich das Renommée des Landgestüts, die Lust der wenig mit Pferdezucht sich Beschäftigenden erkaltet, und am Ende verfehlt man den wohlgemeinten Zweck. Daß es nicht an der Tüchtigkeit der vor= handenen Hengste liegt, erlaube ich mir nochmals zu wiederholen, und über den zu wünschenden vermehrten Ankauf von Beschälern und deren erforderliche

Qualität ist durchaus nichts zu sagen, und darum Sorge zu tragen nöthig, so lange Herr v. Schönberg als Landstallmeister dem Gestüte vorsteht.

So wie man Thierschauen zu Förderung von Viehzucht und anderen öconomischen Branchen für nöthig und wohlthätig erachtet, die überdies auch jedenfalls bei uns mehr und mehr ins Leben treten werden, so bin ich auch der Meinung, daß Wettrennen dem Wohle der Pferdezucht wenig= stens nicht nachtheilig sind. Früher selbst gegen sie eingenommen, habe ich mich jetzt vom Gegentheil, von ihrer Nützlichkeit überzeugt, wenn sie aus dem richtigen Gesichtspunkt betrachtet und danach gehandhabt werden.

Sachsen ist fast das einzige Land, in dem keine existiren, und die Abneigung unserer verehrten Staatsregierung gegen sie, und in Gewährung eines Platzes für dieselben, kennend, weiß ich als Freund der Pferdezucht und deren Beförderung kein anderes Mittel, als auf meinem eigenen Territorio einen Platz dazu für die Bewohner unserer Provinz einzuräumen, welcher, so gut wie ich ihn eben habe, hier mit dem größten Vergnügen offerirt wird.

Alle Rennen im Auslande gezogener Luxuspferde auf derselben für Nebensache und blos als Zeitvertreib betrachtend, erlaube ich mir auch, wenn es dazu kommen sollte, einen Preis von 20 Louisb'or für dasjenige im Lande gezogene Pferd auszusetzen, welches auf meiner Bahn in dazu bestimmten Rennen für vierjährige Landespferde siegen sollte, und mit großem Vergnügen würde ich mich bemühen, zu den Vorarbeiten behilflich zu sein, welche die Einrichtung einer Rennbahn und Rennen auf der= selben erfordern.

Außerordentlich erfreulich würde es mir nun sein, wenn in Folge dieses mangelhaften aber gut gemeinten Antrages mir die Aussicht der Berücksichtigung des Vereines und Bevorwortung desselben meiner Vorschläge bei der Staatsregierung würde, und indem ich solches mit aufrichtigem Danke erkennen werde, unterzeichne ich mich mit vollkommenster Hochachtung.

Milkel, den 2. Januar 1845.

Curt Heinrich Graf von Einsiedel.

II.

Der Ertrag nachstehend wiedergegebener Broschüre war zur Unterstützung bedürftiger, verheiratheter Unteroffiziere der königl. sächs. Cavalerie bestimmt.

Aphorismen über Reitwissenschaft und dazu gehörender Pferdebehandlung.

Vorwort.

Diese in einzelnen müßigen Stunden aufgezeichneten kurzen Bemerkungen können weder einen durchgehenden Zusammenhang haben, noch beanspruchen sie Neues zu sagen, vielmehr ist es die Absicht, nur Altes, beinahe wieder Vergessenes in Erinnerung zu bringen, was bei früher thätigerem Sinne für Reiterei genügend bekannt und anwendbar war. Wenn der Verfasser sie der Oeffentlichkeit übergiebt, so geschieht es einestheils, um mehr Eifer für die edle Sache wieder anzuregen, anderntheils, um geübte, aber vielleicht mancher ihrer Hilfsmittel nicht so recht bewußte Reiter zu einigem Nachdenken zu veranlassen, denen es dann frei steht, ohne Anspruch auf Unfehlbarkeit der hier aufgestellten Ansichten, dieselben zu tadeln oder gut zu heißen. Hat man sich zum Nachdenken bequemt, so ist der Zweck des Verfassers vollkommen erreicht, und um dieses bescheidenen Anspruchs willen hofft er, daß diese Zeilen eine nachsichtige Beurtheilung finden werden.

Dresden, im December 1850.

Der Verfasser.

Ueber das geistige Einverständniß des Reiters mit seinem Pferde.

Einem Jeden, der sich sinnig mit Reiterei und Reitkunst beschäftigt hat, wird einleuchtend geworden sein, daß dieses in der Ueberschrift bezeichnete Einverständniß, wenn nicht absolut nothwendig, doch jedenfalls höchst nützlich ist, und da mich die Erfahrung keines Besseren belehrt hat, so habe ich es immer für meine erste Aufgabe gehalten, bei irgend an einem Pferde gefundenen Schwierigkeiten, vor allem Anderen ein geistiges Einverständniß, wenn ich es so nennen darf, herzustellen, um jenen Schwierigkeiten gründlich zu begegnen.

Geht man von dem Grundsatze aus, daß einem Pferde kein geistiges Vermögen von der Natur beigegeben sei, so ist man meines Erachtens schon im ersten Stadium bei der Reit- und Reiterwissenschaft auf einem falschen Wege, und das Fortbauen auf dieser Basis führt zu einem untergeordneten, dem Worte Kunst nicht entsprechenden Resultate.

Die geistigen Gaben, die in jedem Thiere mehr oder weniger enthalten sind, sind auch dem Pferde, und zwar in nicht geringem Grade eigen, und es kommt nur darauf an sie so zu benutzen, wie sie für den Zweck des Reiters dienlich werden können. So gelangt man auf das Gebiet der Kunst, die dann nur die Bezeichnung Kunst verdient, wenn die intellectuellen Thätigkeiten der betheiligten Naturkräfte erregt worden sind.

Jeder denkende Reiter, vermeine ich, wird mit mir übereinstimmen, daß dieser Grundsatz richtig ist, und somit darf ich auch wohl jede reine Parforcedressur verwerfen, welche selbstredend alle geistige Thätigkeit bei Seite setzt, und den thierischen Organismus zu einer Maschine herabwürdigt, die nur nach gewissen Regeln behandelt werden kann.

Daß es geistig reiche, verständige, geistig widerspenstige und geistig arme, einfältige, also verschiedene geistige Fähigkeiten besitzende Pferde giebt, wird wohl von jedem Freunde dieses Faches nicht bestritten werden, und wer mit Muße das Auge eines edlen Pferdes beobachtet hat, wird bald von der Meinung zurückgekommen sein, daß nur einem Menschen geistiges Vermögen innewohnen könne. Deshalb sagte ich, ist es fürs erste Pflicht eines gebildeten Reiters, das Thier von einem naturgerechten Gesichtspunkte aus zu betrachten, und in ihm die Schöpfung nicht durch eine Handlungsweise zu entwürdigen, welche seine eigenen geistigen Fähigkeiten in den Hintergrund treten läßt, und zweitens gebietet es sein eigener Vortheil, wenn er vorhandene Kräfte, die seinem Zwecke entgegenarbeiten helfen, benutzt.

Bei einem nicht verdorbenen, durch falsche Behandlung aufgeregten, oder verstimmten Pferde genügt meistens ein bloßes Bekanntwerden, um es für den Reiter zugänglicher und geneigter zu machen, den es entweder blos tragen oder dessen Dressur es ertragen soll.

Pferden nervöser oder rein widerspenstiger Natur muß wohl eine weit größere Aufmerksamkeit gewidmet werden, und je eifriger die Beschäftigung in und außer dem Stalle mit denselben ist, desto schneller wird der Fort= schritt sein, welchen der zu machen wünscht, dessen Zweck es ist, das Thier seinem Willen auf bequeme Weise unterwürfig zu machen.

Freundliche liebevolle Behandlung in Wort und That, und ernste strenge Stimmentöne und kräftiges entschiedenes Zurechtweisen mit der Hand, arbeiten, consequent beobachtet, schon sehr vor, und ich könnte manche Fälle anführen, die mir die Richtigkeit dieser Behauptung be= thätigt haben.

Welcher Art nun das geistige Vermögen eines Pferdes sei, bei dem eine unrichtige Behandlung in Bezug auf Nervensystem und Körperbau stattgefunden, wird die Capitalfrage sein, die man zuerst sich zu stellen hat, wenn man sein Verfahren zweckentsprechend einrichten und die un= bedingte Unterwürfigkeit erlangen will, auf die am Ende Alles ankommt.

Dabei bin ich aber weit entfernt zu sagen, daß nur oben angeführte Hilfsmittel zulässig seien, starke Hilfen und Strafen ausgeschlossen sein sollen.

Ich bekenne vielmehr, daß diese zur rechten Zeit, und mit Ueberlegung nachdrücklich angewendet, das geistige Vermögen eines Pferdes auch erregen, wecken können, und würde manche Dressur ohne diese unmöglich sein. Nur behaupte ich, soll die Dressur nicht ausschließlich in diesen bestehen, wie leider oft nur zu geschehen pflegt.

Selten wird Roß und Reiter, die sich weniger kennen, in der Schlacht, wie auf der Rennbahn, auf der Jagd und auf der Reitbahn, gleiches leisten, als eng mit einander verbundene geistig befreundete Körper an Mann und Pferd.

Es ist dies gewiß eine zu anerkannte Wahrheit, um sie weiter be= leuchten zu müssen, und ich gründe nur darauf meine Behauptung, daß beim Trachten nach einiger Vollkommenheit in der Reitkunst das geistige Einverständniß des Reiters mit dem Pferde nicht ausgeschlossen sein kann.

Es ist mir mehrmals gelungen, Pferde, die für andere und sehr geübte Reiter unbrauchbar waren, mir nützlich und auf diese Weise so dienlich zu machen, daß ich selbst von dem Resultate überrascht war, und meine Voraussetzung, daß nach erlangtem Zutrauen und überwundener Scheu vor dem Reiter, der Widerwillen des Thieres sich verlieren werde, war ganz richtig. Sobald das, theils in Achtung liebevoller Behandlung, theils in Achtung vor gerechter Strafe bestehende Einverständniß erlangt war, waren die Hauptschwierigkeiten überwunden, und die weitere Arbeit unendlich erleichtert.

Unmöglich ist es, in kurzen Worten die Art und Weise anzugeben, wie das geistige Einverständniß für jedes Pferd zu gewinnen sei, denn jegliches ist von dem anderen verschieden, und bedarf einer abweichenden Behandlung, die aus der Beobachtung und Erfahrung hervorgehen muß.

Bei einem geübten Reiter genügt schon, wenn er sich mit diesem Gedanken beschäftigen, darüber nachdenken, und den Satz anerkennen wolle.

Je vollkommener das Einverständniß mit dem Pferde, desto besser der Reiter.

Ueber die zweckmäßige Methode des Sattelns für den Militair- und Schulreiter.

Bei jeglicher Reiterei kann die Anwendung des Gleichgewichts nicht ausgeschlossen bleiben.

Ein anderes bei Jagd- und Rennreiten, ein verschiedenes von vorigem bei Militair- und Schulreiterei.

Da wo der Schwerpunkt zwischen Vorder- und Hintertheil des Pferdes in einem Punkt des Rückens sich vereinigt, muß der Reiter sitzen, und da muß also auch der Sattel liegen. So wie mir klar ist, daß der Jockey Steapelchassereiter seinen Sattel nirgends anders hinlegen kann, als da, wo er den noch vorwerfenden Bewegungen seines Pferdes am wenigsten hinderlich ist, und am besten die in der Hand ruhende Last des Vordertheils ertragen kann, eben so deutlich ist mir, daß der Militair- und Schulreiter bei den kurzen und gewandten, auf Biegsamkeit der Sprunggelenke beruhenden Bewegungen des Pferdes, seinen Schwerpunkt anders wo finden, mehr nach rückwärts verlegen muß, und deshalb glaube ich auch mit Bestimmtheit behaupten zu können, daß wenn der Jockey seinen Sattel unmittelbar hinter das Widerroß legt, der Militair- und Schulreiter unbedingt mit dem Sattel sich etwas weiter zurück zu setzen hat.

Ein Theil der Reiterei liegt mit in der Lage des Sattels, und es kann diese nicht vollkommen ausgeführt werden, wenn beim Satteln ein Fehler begangen wird. Den Punkt, in welchem sich die Bewegungen des Pferdes am meisten aufheben, muß der Reiter bei jedem Pferde zu finden suchen, um daselbst seine Last zu placiren.

Der Militair= und Schulreiter wird also, bei dem aufgerichteten Vordertheil und den gebogenen Hanchen seines Pferdes, schwerlich gut und zweckmäßig da sitzen, wo er dasjenige niederdrückt, was er aufgerichtet haben will, und das von der Last befreit, was beschwert und gebogen sein soll.

Daher ist für diese ein weiter zurückliegender Sattel nothwendig, und selbst, wenn nicht anders möglich, um den Sattel zu erhalten, die Gurten auf den Anfang der falschen Rippen zu legen.

Der als Fehler bezeichnete Grundsatz, die Gurte auf die falschen Rippen zu legen, ist nicht stichhaltig. Ich habe mich durch die Erfahrung überzeugt, daß bei selbst starken Anstrengungen des Pferdes weder die Lungen= noch Flankenbewegung gehindert wird. Im Gegentheil erhalten so die Lungen eine Befreiung von einem empfindlichen (selbst durch die Rippen fühlbaren) Drucke. Müßte der Jockey eben so fest satteln, wie der Militair= und Schulreiter, er würde seinem Sattel bestimmt einen andern Haltpunkt zu geben suchen.

Der Bau des Pferdes selbst, die Erweiterung der Rippenwölbung nach hinten, und der Mangel an wohlgebauten Pferden überhaupt bieten aller= dings hier manche Schwierigkeiten dar, aber mir scheint, daß diese um des Zwecks willen überwunden werden müssen, und man sein Pferd durch oft wiederholtes Satteln, durch fortwährend zweckmäßiges Legen eines breiten Deckengurtes im Stalle, und durch entsprechende Fütterung, mit welcher man den Hinterleib nicht zu sehr anfüllt, theils daran gewöhnen, theils den Körper des Pferdes dazu umschaffen muß.

Die elastischen englischen Gurte von Wolle thun die besten Dienste, weil sie ihrer Nachgiebigkeit wegen die Flankenbewegung weniger hemmen, und ein so scharfes Anziehen nicht erfordern.

Zu erwähnen möchte ich aber nicht unterlassen, daß ein englischer Renn= oder Jagdsattel nicht der geeignetste ist, diese Lage auf dem Pferde zu behaupten, denn seine Construction ist theils auf den besseren Rücken des englischen Pferdes, theils auf einen anderen Zweck berechnet.

Wenn nicht ganze Armeen diese bezeichnete Sattellage für Militair- und Schulreiter als eine zweckmäßige anerkannt und angenommen hätten, würde ich nicht wagen, meine auf eigene Erfahrung begründete Behauptung hier auszusprechen, weil viele alte und erfahrene Reiter dieser Methode abhold sind. So aber glaube ich dieselbe gerechtfertigt zu sehen, und darf ich wohl hoffen, mich nicht geirrt zu haben.

Der Trab regelt den unvollkommenen Schritt.

Die Verwandtschaft des Trabes mit dem Schritte in seinen Be- wegungen bedingt wohl einfach, daß der Schritt in seinen Mängeln durch den Trab verbessert werden kann.

Der unvollkommene Schritt besteht meistens theils in gespannten zu flach über den Boden sich erhebenden Bewegungen der Schenkel, theils in ungleich vorschreitenden oder zurückbleibenden Bewegungen einzelner Schenkel. Die Ursachen davon mögen nun entweder falsche Behandlung, mangel- hafter Muskelbau oder üble Angewohnheiten sein, kurz eine Entwickelung größerer Muskelthätigkeit auf verwandtem Wege, oder eine vorzugsweise angeregte Bewegung des zurückbleibenden Schenkels, muß dieselbe wohl- thätige Wirkung hervorbringen, wie das Ueben eines steifen oder lahmen Armes in den Bewegungen, welche den Muskeln unbequem sind, die aber denen entsprechen, welche von einem gesunden Gliede verlangt werden können.

Ich habe mir lange unendliche Mühe gegeben, im Schritte selbst die Mängel des Schrittes zu regeln, das langsame und unerquickliche Resultat dieses Strebens hat mich aber auf andere Gedanken gebracht, und ich kam auf den Einfall, um schneller zum Ziele zu kommen, durch mögliches Vermeiden des mangelhaften Ganges, und Muskelübungen in anderen verwandten Bewegungen, den angelernten oder angeborenen Schwierigkeiten im Schritt zu begegnen, und dabei war mir der Trab in allen seinen Nüancen am meisten behilflich. Denn einestheils ist es der Gang, welcher die Muskeln am meisten in allen Richtungen zu strecken gestattet, andern- theils läßt sich die Uebung am längsten in demselben vornehmen, und hauptsächlich thut die Verschiedenheit des Schrittes vom Trabe in seiner dessenungeachtet nicht abzuläugnenden Verwandtschaft der Bewegungen im Erfolge bei systematischer Anwendung die besten Dienste.

Ich kann daher nur empfehlen, diese Methode wenigstens zu versuchen, und war ich allemal dann überzeugt, mein Ziel zu erreichen, wenn ich beim wieder Uebergehen zum Schritte, um mich so auszudrücken, eine Confusion in den alten verwerflichen Schrittbewegungen fand. — Aus dieser neuen Verwirrung anderer Art, ging die erste Regelung hervor, und mit Aufmerksamkeit in dieser Maxime fortgefahren, ergab sich schneller das erfreuliche Resultat, als wenn ich im Schritt theils durch Verhalten, theils durch Vortreiben und in alle möglichen Seitenbewegungen weiter gearbeitet hätte. Alle diese Hilfen stehen dem Reiter im Trabe auch zu Gebote, und mit weit günstigerem Erfolge.

Ueber vollkommenen und unvollkommenen Galop.

Ich muß bekennen, daß auf je verschiedenere Begriffe von Galop ich bei so manchem Reiter, theils in mündlichen Aeußerungen, theils in der Anwendung gestoßen bin, ich mich im Unklaren zu verspüren begann, und als ein dringendes Bedürfniß erkennen mußte, den Begriff des richtigen Galops mir so deutlich wie möglich zu machen.

Ich gebe meine Gedanken hierüber wieder.

Beim Besteigen vieler, und sogenannter gerittener Pferde, fühlte ich meistens im Galop schokirende Bewegungen und ich wußte nicht recht, ob ich diese Unbehaglichkeit meinen oder des Pferdes Fehlern zuschreiben sollte. Theils hackende, theils den Erdboden kratzende, meistens desunirte Empfindungen waren die hauptsächlichsten, welche mich störten, und so mußte ich, um mir genaue Rechenschaft in dieser Sache zu geben, auf eine Zergliederung dieses Ganges selbst in seinen Bestandtheilen eingehen, welche mich zuvörderst überzeugte, daß der Galop als Gegensatz vom Trab zu betrachten ist, und daß, wenn beim Trab nur winkelförmige Bewegungen prädominiren, in Galop nur runde gelten und zur Anwendung kommen können.

Ferner erschien mir unbestreitbar, daß im Galop jeder Fuß seine eigene zirkelförmige Bewegung beschreibt, und daß, wenn der Zirkel als Grundbegriff der Galopbewegung zur Geltung kommt, dieser auch als Norm bei genanntem Gange, und bis zu seiner letzten Vollendung durchgeführt werden muß.

In der fortlaufenden Kreisform der im Zusammenhange über und unter einander articulirenden Gelenke giebt sich die Bewegung kund, welche den Galop vom Trabe unterscheidet, und den verschiedenen Zirkeln, welche jedes Gelenk in der Reihenfolge beschreibt, ist die schwingende (im Gegensatz von der stoßenden Trabbewegung) Bewegung zuzuschreiben, welche in einem wohlgeregelten vollkommenen Galop dem Gesäße des Reiters wiedergegeben wird. Sonach glaube ich also jeden Galop als fehlerhaft betrachten zu müssen, der in seinen Empfindungen im Widerspruch mit der Kreisform steht, und halte für mich den Grundsatz fest, nie weiter in Ausbildung des Galops bei einem Pferde zu gehen, als die Gelenke eine runde, rollende Bewegung zulassen.

Als falsch und regelwidrig muß ich z. B. den Galop ansehen, der durch zu große Verkürzung in ein Schnellen der Fesselgelenke ohne Biegsamkeit der Sprunggelenke übergeht, sonach auch eine hackende, steigende Bewegung der Vorderschenkel bedingt, ferner als falsch muß ich betrachten, wenn der umgekehrte Fall eintritt, nämlich wenn eine zu flach von den Vorderschenkeln beschriebene Kreisform eine schleichend schleppende Bewegung der Nachhand veranlaßt.

In allen seinen Verkürzungen und Ausdehnungen muß also der Galop möglichst rund bleiben, und der Reiter muß danach trachten, sein Pferd in dieser Weise zu vervollkommnen, um einen angenehmen, regelrechten, und dem Pferde am wenigsten nachtheiligen Gang zu erlangen.

In dem sehr begreiflichen Streben eines Jeden nach dem Ziele, liegt auch beim Reiter der Wunsch, seine Arbeit bald vollendet zu sehen, und daraus entsteht, wie mir erscheinen will, meistens der Fehler eines verdorbenen Galops.

Ein zu rasches Zusammenreiten (Ausbilden) des Ganges, ohne vorher die nöthige Biegung der Gelenke, besonders auch Biegung des Halses, und selbst die Thätigkeit des Maules erlangt zu haben, muß zu dem vorerwähnten Uebelstande führen und ich kann nur empfehlen, aus dem Uebergehen des allongirten Galops in den verkürzten ja recht allmählich zu Werke zu gehen, wenn man die erwünschten Früchte seiner Arbeit haben will.

Meine einfache Methode, die Zügelanlehnung zu erlangen.

Der Ankauf vieler guter Pferde, die von Freunden und Bekannten weggegeben wurden, weil sie bei denselben die ihnen erwünschte Zügel= anlehnung nicht erlangen konnten, und welche darüber klagten, daß diese Arbeit ihnen eine zu beschwerliche sei, und sie lieber ein weniger gutes Pferd ohne diese Schwierigkeit vorzögen, machte in mir die Frage rege, da ich hier keinen Anstoß fand, **warum sind dir denn diese Pferde brauchbar und nicht schwierig und warum in der Arbeit angenehmer, wie die zu viel Anlehnung nehmenden?**

Der Gedanke, es lediglich in der Hand allein zu suchen, genügte mir nicht, da ich wußte, daß bessere Reiter, wie ich, auf dieses Hinderniß ge= stoßen waren, welches zu überwinden mir fast stets glückte, und so mußte wohl unbewußt eine Methode zu Grunde liegen, die mir helfend zur Seite steht.

Ich fand diese in einer Angewohnheit, nämlich unverdrossen in allen Bewegungen dem Maule des Pferdes mit sanft bewahrter Anlehnung der Zügel zu folgen.

Unbeachtet welche Stellung das Pferd mit Kopf und Hals einnimmt, ob es bohrt, dehnt, mit der Hand den Bewegungen des Maules nachzu= gehen, genire das schon genirte Thier auf keine andere Weise, als durch ein leichtes, gleichmäßiges Fühlenlassen des Mundstücks und die dadurch erfolgte Abstumpfung der Kinnlade oder Lefzen einestheils, und die dem Pferde gewordene Ueberzeugung, den Druck nicht los werden zu können andern= theils zwingen es, sich in sein Schicksal zu ergeben, und wenn man nur einige Ausdauer hat, bei dieser Methode zu beharren, wird bald der nütz= lichste Erfolg sich zu erkennen geben, ohne Strafe, Anstrengung und Auf= regung seinem Pferde das unmerklich angewöhnt zu haben, was ihm sonst aufzuzwingen schwer gehalten haben dürfte.

Ich brauche wohl nicht zu erwähnen, daß das den Lefzen oder Laden entsprechende Mundstück gewählt werden muß. Die dem gediegenen Reiter so nützliche, fast unentbehrliche Kenntniß der Anatomie des Pferdes muß auch hier fördernd zur Seite stehen, um beurtheilen zu können, welches Mundstück bei diesem Zweck dem Kinnladenbau entspricht.

Bei Zügelanlehnung verweigernden Pferden liegt die Schwierigkeit in der Regel nur im Maule selbst, und ist dieses, das Maul, auf oben erwähnte Weise genügend vorbereitet, so ist dieses Hinderniß gar nicht zu vergleichen mit dem, welches zu viel Anlehnung nehmende Pferde bereiten, indem die Schwere des Halses und Kopfes in der Regel, oder das Uebergewicht eines verhältnißmäßig zu mächtigen oder zu hohen Hintertheils, eine Einwirkung ausübt, die mühevoller zu überwinden ist, weil zu der Unempfindlichkeit des Maules noch die Last des Körpertheiles kommt, die den Druck seines Gewichts immer wiederholt.

Zureiten eines Pferdes an der Longe ohne Reiter.

In der Ueberschrift dieses Capitels liegt ein Widerspruch, denn wie kann man eine Körperbewegung Reiten nennen, bei der nicht zu Pferde gesessen wird. Ich habe aber absichtlich diese unrichtige Benennung gewählt, um klarer hervortreten zu lassen, welchen Zweck meine Worte haben sollen. Ich beabsichtige nämlich damit zu bezeichnen, daß das Longiren noch weiter gebraucht werden kann, als gewöhnlich üblich ist und als die von allen Reitern gekannte Arbeit an der Hand.

Die Nothwendigkeit der Beschäftigung vieler Pferde hintereinander ohne fremde Hilfe, wodurch die Körperkräfte über das Maaß in Anspruch genommen werden, und dann die Meinung, daß auch die Kräfte des Pferdes in weit geringerem Grade dabei in Anregung kommen, wenn es keinen Reiter trägt, brachte mich auf den Gedanken, die Arbeit an der Hand, an der Leine weiter auszudehnen, als dies gewöhnlich zu geschehen pflegt, und so ging ich denn vom üblichen Longiren mit Kappzaum in eine Leinenarbeit über, wobei ich vom Gebrauch des Kappzaumes ganz absah, mich einer starken Trense mit einem Aufsatzzügel bediente, an der, außer zwei mit Schnallen versehenen Ausbindezügeln, noch ein kleiner, die beiden Trensenringe unterhalb der Unterkiefer verbindender Riemen angebracht ist, in welchem man die Longe zu befestigen hat.

Ein breiter Deckengurt mit 3 Ringen, einen in der Mitte für den Aufsatzzügel, und die beiden andern zur Seite für die Ausbindezügel, macht in der Hauptsache, außer der unentbehrlichen Peitsche, alle weiteren Hilfsmittel überflüssig, und mein erstes ist nun, wie beim Reiten, die Zügelanlehnung, beim Longiren die Leinenanlehnung zu gewinnen, denn ohne diese ist keine richtige Arbeit denkbar.

Gegenüber der todten Anlehnung, wenn ich sie so nennen darf, und die in den drei in den Ringen befestigten liegt, muß eine lebende geschaffen werden, welche der Reiterhand am meisten entspricht, und deshalb verwarf ich hierbei den Kappzaum, mit welchem ein Thätigmachen des Maules unmöglich, und ein unmittelbares gefährliches Einwirken auf Rücken und Sprunggelenke verbunden ist.

Wenn diese lebende Anlehnung nun, es sei in welchem Gange es wolle, gewonnen ist, so versuche ich aus dem allongirten Trabe in einen kürzern, aus dem kürzern in den Schritt überzugehen, stelle außerdem mein Pferd in den 3 Zügeln, wie ich es für seine Kräfte, sein Verständniß und seine Form am zweckmäßigsten erachte, und lasse nie von der An-lehnung, die eine lebende Hand in der Leine in sanften Bewegungen zu geben vermag, los.

Kann ich den großen Zirkel zwischen gleich langen Ausbindezügeln auf diese Weise richtig beschreiben, so gehe ich zu kleinern, immer enger werdenden Zirkeln über, und nur, nachdem dies richtig im Schritt und Trabe erlangt ist, erlaube ich mir erst durch Verkürzung des innern Zügels eine Kopfstellung zu bewirken, die bei einem biegsamen Pferde und beim Verbleiben auf einfachem Hufschlage, den gewünschten Ganaschenbug ver-anlaßt, bei weniger biegsamen ein Ausweichen mit der Croupe, ein Be-treten des doppelten Hufschlages bewirkt, was eben so erwünscht angenommen werden kann, indem aus diesem das Pferd bald ermüdenden Seitengange die verlangte Ganaschenbiegung von selbst hervorgeht, auf welche die fort-während in der Leine angewendeten halben Arrets vorbereitend hinwirken müssen.

Da es nicht schwer ist, durch Schwingungen der Leine und Peitsche ein Pferd in Galop zu setzen, so verfahre ich in nämlicher Weise bei diesem Gange. — Aus dem großen Zirkel werden wieder engere, ich theile die Volte in 4 kleine, wechsele fleißig auf beiden Händen ab und als Resultat ergiebt sich bald, daß das Pferd mit sichtlich geringerer Anstrengung so regelrechte cadencirte Gänge gehen lernt, wie man sie sich nur unter dem Reiter von ihm wünschen kann. Ich habe außerdem das Vergnügen, das Pferd gehen zu sehen, fühle mich in meiner Arbeit wesentlich erleichtert, und bin beim Beharren bei diesem Verfahren im Stande gewesen, dem Pferde Gänge zu lehren, von denen ich nicht geglaubt habe, daß es möglich

sei, sie anders als im Sattel hervorzubringen. Nach erlangtem Ein=
verständnisse bedarf es des Peitschenführers nicht mehr, er ist im Gegentheil
hinderlich, indem hier die Peitsche den Schenkel des Reiters vertreten muß,
und eine Uebereinstimmung hierin in zwei Personen nicht denkbar ist.
Wenn ich diese Methode anderswo angewendet gefunden hätte, würde ich
es nicht wagen, ihrer hier Erwähnung zu thun, denn sie ist bei ihrer
naturgemäßen Einfachheit so überaus zweckmäßig, daß es mir nicht ein=
fallen kann, mir allein die besondere Anwendung derselben zuzuschreiben.
Ich bin aber noch nirgends auf diese ausführlichere Behandlung der
Leinenarbeit für die Campagnereiterei gestoßen, und ich kann nur zur
Rechtfertigung des von mir Behaupteten sagen, daß die Versuche in practisch
fortgesetzter Anwendung meine Erwartungen übertroffen haben.

Nach kurzer Arbeit findet man das Pferd beim Besteigen in einem
mehr als halbgerittenen Zustande. Es bedarf nur noch einer Verständigung
der Schenkelhilfen, einer weiteren feineren Ausbildung im Allgemeinen,
und das Pferd ist für den Campagnedienst tüchtig.

Daß allerdings der vorbezeichneten naturgemäßen einfachen Methode
etwas zur Seite stehen muß, was unentbehrlich ist, darf nicht vergessen
werden zu erwähnen; nämlich eine gute und kräftig geübte Hand, und
was nirgends dringender der Anwendung bedarf als hier, ein besonders
gut hergestelltes Einverständniß mit dem Pferde.

Laien würde ich nur abrathen, hierin Versuche zu machen. Sie
würden wahrscheinlich schlecht ablaufen, und um so weniger glücken, weil
die Führung der Leine für schwieriger zu erachten ist, wie die der Zügel.

Einfache Vorbereitung zum schnellern Thätigwerden eines jungen Pferdes.

Der bei uns in Sachsen vielfach verbreitete Glaube, daß ein Pferd
vor dem fünften Jahre nicht zu brauchen sei, und die dem entsprechenden,
oft vernommenen Aeußerungen, man könne mit dem Thiere nichts an=
fangen, könne es täglich nur eine halbe Stunde arbeiten, und müsse es
im Stalle stehen lassen und durch tüchtiges Füttern schonen, veranlaßt
mich zu nachstehenden Bemerkungen.

Wenn mir irgend etwas unrichtig, wenigstens unzweckmäßig erscheinen will, so ist es diese vaterländische Ansicht. Es kommt mir vor, als wenn ein Kunstreiter sein Kind, welches den nämlichen Broderwerb erlernen soll, bis zum 14. Jahre im Bett liegen, nur täglich ein Stündchen sich bewegen und tüchtig essen lassen will, um dann um so sicherer und schneller voltigiren zu lernen.

Wie überall die Uebung den Meister macht, so liegt in der zweckmäßigen Bewegung des Füllens schon eine Vorbereitung zur Arbeit, die unendlich werthvoll ist. Dies hat z. B. der Engländer, Mecklenburger längst erkannt und handelt darnach, und wenn nun ein vierjähriges Pferd, was von Jugend auf an Bewegung schon durch das Gehen auf der Weide gewöhnt, in den Stall mit täglich geringer Bewegung gestellt und aufgeschwemmt wird, so ist dies doch wirklich eine vernunftgemäße Behandlung nicht zu nennen, und wenn ich dies als eine Maquignonsmethode bezeichne, die keinen andern Zweck haben kann, als einen Stallmuth zur Täuschung Anderer zu produciren, so wird man mir dies nicht übel deuten.

Schon deshalb, weil es ein Thier betrifft, welches von der Natur in der Arbeit mit seinen Füßen, nicht in der Mästung seines Körpers zum Nutzen des Menschen bestimmt ist, kann ich vorbezeichnete Behandlungsweise eines Pferdes nicht anders als verwerfen, und wenn der Engländer schon im Stande ist, mit einem zweijährigen Füllen, ohne es zu zerstören, verhältnißmäßige starke Leistungen zu Wege zu bringen, um wieviel leichter werden wir nicht mit einem vierjährigen Pferde Dienste verrichten können, die in Vorbereitung seiner dereinstigen Bestimmung, ihm, wie dem Menschen von Nutzen sind.

Wenn zwar der Füllenzahn ein unreifes Alter anzeigt, so beweist doch das vollständig ausgebildete Fortpflanzungsvermögen bei einem vierjährigen, daß durch Behandlung der Naturentwickelung hilfreiche Hand geleistet worden, und wenn durch diese das Pferd eher zur Reise gekommen ist, als es geschehen, wenn es von Jugend auf wild sich selbst überlassen geblieben wäre, so ist auch eine der früheren Entwickelung entsprechende Beschäftigung gestattet und ich glaube behaupten zu können, daß man selbst gegen sein Interesse handelt, wenn man diesem jungen Pferde keine größere, als die vorgenannte tägliche halbstündige Bewegung zumuthet.

Aus diesen Gründen habe ich, durch Erfahrung bewogen, und unbeachtet des mir oft deshalb gewordenen Tadels, meine jungen Pferde vom
vierten, ja vom dritten Jahre an täglich, entweder in einem leichten Wagen,
oder unter einem leichten Reiter stundenlang ruhig bewegt, sie ohne Aufregung und nur den Kräften entsprechenden Anstrengungen gemäß gehen
lassen, dabei aber alle Arten von Reiterdressur vermieden, und mich damit
begnügt, wenn sie Leitung und Reiter litten, um von einem Orte zum
andern zu gelangen.

Eine durch Stallruhe und Futter nie zu erlangende Ausbildung der
Muskeln und Flechsen ist die natürliche Folge dieser Maxime, und bei den
somit geeigneten Vorbereitungen zu größeren Anstrengungen durch Uebung
sind die hierbei geleisteten Dienste als doppelter Gewinn zu betrachten.

Nach wenigen Monaten solcher Vorarbeit, ohne polternden Stallmuth
aufweisen zu können, kommt man in der Kräftigung eines Pferdes sehr
weit, verhütet Vieles und verbindet das Nützliche mit dem Nothwendigen.

Die Krankheit des Kropps wird man oft auch umgehen, und wenn
man damit die einfache Methode des Trainirens anerkennt, darf man sich
nicht scheuen, dem Engländer ein zu großes Zugeständniß seines besseren
Erkenntnisses zu machen.

Eine wirkliche Dressur ist nur denkbar und möglich, wenn das Pferd
die Kräfte besitzt, sie zu ertragen. Vor der Dressur müssen also erst die
Kräfte geschaffen werden.

Es ist dem jungen Pferde schwerer, eine halbstündige Arbeit in gebogenen, gespannten Stellungen auf kleinen Kreisen auszuhalten, als
stundenweit frei und ungezwungen zu gehen; ob aber meine ausgesprochene
Ansicht (einer demgemäßen Entwickelung der Kräfte eines Pferdes) eine
richtige und der hier geltenden Meinung eine entsprechende sein wird, muß
ich einer vorurtheilsfreien Beurtheilung überlassen.

Der sächsische Landmann allerdings geht in der Regel in das andere
Extrem über, und ruinirt sein Pferd schon im zweiten Jahre.

Anwendung practischer Hilfen zum leichtern Verständniß der Pferde.

Wer auf Manègen gewesen, die Reitkunst nach den Regeln erlernt
und die Theorien practisch anzuwenden sich bemüht hat, alsdann aber

sein Heil, im Bewußtsein seiner Wissenschaft, oft sogar mit den besten Zeugnissen seiner Lehrer versehen, selbstständig in der Welt, und zuerst vielleicht beim Pferdehandel versucht, wird dann auf manche unerwartete Schwierigkeiten stoßen, und, will er gerecht sein, anerkennen müssen, daß der vom Koppelknecht auf avancirte bildungslose Bereiter des Händlers manche Hilfe versteht, die ihn als Mann vom Fach und Wissenschaft, dem beschämend gegenüberstellt, der nicht einmal seiner Vortheile klar bewußt, wenigstens nicht im Stande ist, die Gründe zu derselben anzugeben.

Ohne den theoretischen Lehrern der Reitkunst zu nahe treten zu wollen, will ich nur damit sagen, daß es Hilfen giebt, die man auf der Manège nicht lernt, und die ihren hohen Werth in der Praxis haben, einfach auf Naturgesetzen beruhen und der Beachtung werth sind, wie ich aus eigener Erfahrung gelernt habe.

Ich habe manche Manège besucht und da Mühe und Anstrengungen in Begegnung von Pferdebewegungen anwenden gesehen, die bei einem Pferdehändlerbereiter nur einer leichten Hilfe bedurften, um verhindert, gebessert zu werden, und wenn ich die Art von Dressur jener Naturreiter durchaus nicht als eine gründliche, nachhaltige bezeichnen kann, muß ich ihnen doch zugestehen, daß sie Hilfsmittel besitzen, derer sich bei der Dressur zu bedienen auch einem wissenschaftlichen Reiter anzurathen ist, und wenn ich nun hier nicht im Stande bin, eine gründliche Angabe der Hilfen zu machen, deren sich die Handelsbereiter in allen verschiedenen Fällen bedienen, so sei es mir gestattet, wenigstens einiger derselben Erwähnung zu thun, deren Anwendung ziemlich eclatant in die Augen fällt.

Zu Ungezogenheiten geneigte Pferde werden dennoch selten Bewegungen wagen, in denen sie fühlen, daß sie sich damit aus ihrem eigenen Gleichgewicht bringen. Darauf berechnet ist nun die Hilfe des Handelsreiters bei dem so häufig vorkommenden Umdrehen eines jungen Pferdes von rechts nach links, und er wird, theils um diese Ungezogenheit zu verbergen, theils um sie zu corrigiren, eine besondere Aufmerksamkeit auf Bewahrung seines rechten Zügels, und auf eine nachdrückliche Wirkung seines rechten Schenkels richten, um am geeignetsten, ohne alles Aufsehen, dem Thiere diese Bewegung unmöglich zu machen.

Kopf und Hals bilden das Steuerruder des Hintertheils, und durch das Heranziehen des Kopfes nach der rechten Schulter und die Einwirkung des rechten Schenkels wird das Gewicht des Körpers auf den linken Hinterfuß gelegt.

Da aber das Umdrehen des Pferdes nach links nur durch hauptsächliche Belastung des rechten Hinterschenkels ausgeführt werden kann, so ist diese Bewegung naturgemäß, wenn nicht ganz gehindert, doch wenigstens sehr erschwert, und kann bei gut angebrachter Hilfe höchstens ein Zurückkriechen erfolgen, aus dem entweder nur eine neue Verlegenheit im Gleichgewichtsmangel, oder eine gerechte Strafe des Pferdes für begangene Ungezogenheit hervorgehen kann.

Hat man durch Einwirkung des rechten Schenkels das Verschieben des Hintertheils von dem Punkt erlangt, von wo aus das Pferd die Bewegung des Umdrehens machen wollte, so ist diese dadurch schon vollkommen paralysiret, denn da, wo der Kopf hin will, weicht, und besonders beim rohen Pferde, das Hintertheil aus; folgerecht muß also das nach links geschobene Hintertheil das Vordertheil des Pferdes nach rechts drängen, und somit das Umdrehen des Pferdes nach der linken Hand unmöglich machen. Natürlich ist eine augenblickliche Wiederholung der bezeichneten Hilfen bei Wiederholung der sich oft rasch folgenden und bezeichneten Ungezogenheit nöthig.

Dasselbe gilt nun in entgegengesetzter Anwendung von einer Neigung zum Umdrehen des Pferdes nach rechts, und wenn ich blos erwähne, daß, verbunden mit Geschicklichkeit, der rechte Moment der Anwendung vorbenannter Hilfen nicht versäumt werden darf, will ich damit für Laien bezeichnen, daß schlecht angewendete Hilfen nach dieser Methode nicht gelingen, ja sogar übel ablaufen können, denn eine ungeeignete Verlegung des Gleichgewichts bringt eine Störung desselben hervor, und diese bleibt für Roß und Reiter immer gefährlich.

Die kunstgerechte theoretische Hilfe zu Verhinderung des Umdrehens und Gegenarbeit des äußeren Schenkels (des Schenkels, nach welchem hin die Wendung beabsichtigt ist), wird um deswillen unanwendbar und erfolglos bleiben, weil das rohe Pferd diese Hilfe nicht respectiren muß, kein Naturgesetz es zwingt, diese entsprechend zu beachten, und wenn mir die Herren der Wissenschaft einhalten werden, daß nur in der Gemeinschaft und Uebereinstimmung beider Schenkel die Anwendbarkeit dieser Manègenhilfe liegt; wo ein Schenkel das Ausweichen des Hintertheils verhindern,

der andere das Vortreiben des wendenden Vordertheils bezwecken soll, so
frage ich nur — selbst eine Uebereinstimmung aller Hilfen beim Reiter
als Grundregel aufstellend —, warum wenden sie ihr besseres Verständniß
nicht mit gleich gutem Erfolge an?

Eine sehr nahe verwandte Hilfe mit der vorherbezeichneten ist die,
durch welche der Händlerreiter das Steigen des Pferdes zu verhindern weiß.

Ich habe sie vielfach angewendet gefunden, und stets mit bestem
Erfolge gebraucht.

Im Moment nämlich, wo man die Neigung des Pferdes zum Steigen
verspürt, stellt man ebenfalls den Kopf und Hals einer Schulter nahe,
gebraucht in gleicher Weise den Schenkel oder Sporn, nach welchem der
Kopf hingezogen (gestellt) worden ist, und erreicht damit, wenn nicht schon
selbst durch eine Wendung das Steigen verhindert worden, die Belastung
eines einzigen Hinterfußes. Bei einem auch noch so kräftigen Pferde wird
diese überraschende und plötzliche Lastveränderung (da das Steigen nur auf
beiden Hinterfüßen auszuführen), zur geeigneten Zeit angewendet, einen
Eindruck hervorbringen, der es entweder aus Furcht, das Gleichgewicht zu
verlieren und zu fallen, erschreckt, oder es empfinden läßt, daß die Last,
welche beide Schenkel zu tragen im Stande waren, einem allein aufzulegen
zu empfindlich wird, und da bei wiederholten Versuchen sich diese Empfindlichkeit nur vermehrt, läßt es ein Pferd selten so weit kommen, lieber zu
fallen, als nachzugeben, und mit einer kleinen Wendung, die als natürliche
Folge aus dieser Hilfe hervorgeht, hat der Händler den Zweck erreicht, die
Unart des Steigens verborgen, der denkende Reiter aber erlangt, seinem
Pferde eine Correction gegeben zu haben, die wirksamer ist, wie alle Sporen
und Peitsche, und schon deshalb zweckmäßiger sein muß, weil hierbei das
Pferd nur zu einem Versuche des Steigens kommen kann. So wie beim
Umdrehen der Grundbegriff der Correctionsmethode in Verlegung des
Gleichgewichts von einem Hinterschenkel auf den andern beruht, so liegt
beim Steigen der Begriff der Neutralisirung des einen der beiden Stütz-
punkte und Uebertragung der Last auf einen Schenkel zu Grunde.

Wenn ich des schon erwähnten Wendens hier nochmals gedenke,
welches beim Händler so häufig angewendet wird, so geschieht es nur
um deswillen, weil in demselben viele Vortheile liegen, die nicht blos dem

Händler, sondern auch dem Reiter, der sich allein in der Arbeit seines
Pferdes behelfen muß, nützlich sind.

Ich erinnere hier nur noch an den Gewinn, der darin liegt, ein
zum Galopiren inklinirendes Pferd auf diejenige Seite hin im Trabe zu
wenden, welche dem eingeschlagenen Galopversuch entgegensteht.

Wiederholt man fleißig mit einem zum Galop rechts sich neigenden
Pferde eine Wendung durch Beschreibung eines Zirkels auf die linke Hand,
oder repetirt umgekehrt bei einem Pferde, welches den Galop links anstatt
des gewünschten Trabes zu gehen vorzieht oder versucht, eine Wendung
oder Zirkel auf die rechte Hand, im Moment, wo die Fühlbarkeit einer
Unregelmäßigkeit die Neigung zum Galop andeutet, so wird man bald
die nützlichen Wirkungen dieser Methode verspüren, und dem Pferde in
der Regel ein Verbleiben im reinen Trabe beibringen, denn in dieser natur=
gemäßen Verhinderung einer Unregelmäßigkeit (Ungezogenheit) liegt schon
eine Strafe, die ich als eine der wirksamsten erkennen muß, weil hier mit
der Bezwingung die Lection eng verbunden ist.

Es ist schwer, durch Worte eine Menge kleiner Vortheile wiederzugeben,
die in diesem Augenblick bei Behandlung des vorliegenden Gegenstandes .
mir als anwendbar durch den Sinn gehen, und ich fühle, daß ich in's
Unabsehbare gerathen würde, wollte ich sie alle einzeln zu beschreiben ver=
suchen. Ein geübter Reiter wird wohl darin mit mir übereinstimmen,
daß gerade hier Vieles nur gefühlt werden kann, was höchst schwierig zu
beschreiben ist, und schon um deswillen muß ich eine nachsichtige Beur=
theilung dieses Capitels in Anspruch nehmen, und ich lasse deshalb ein
Thema, nämlich das der Wirkungen der Hand zu Verbesserung
unvollkommener Gänge, ganz außer Berührung, denn hier tritt
die Schwierigkeit, Worte für das zu Bezeichnende zu finden, noch klarer
an den Tag.

Nutzen der Kenntniß der Anatomie und der Thierheilkunde für den Reiter.

Wer in einem Staate leben, ja mehr vielleicht ihn zerstören kann,
versteht deshalb noch nicht zu regieren, und wer auf einem Pferde sitzen,
es zu dem oder jenem Zwecke gebrauchen kann, versteht ebenso wenig

gründlich das Reiten, und der irrige Glaube, ein Reiter, wie auch ein Staatsmann zu sein, hat sich schon oft genug bitter bestraft, indem beide durch ihnen unbekannte Kräfte aus dem Sattel gehoben worden sind, theils weil sie die Macht des zu leitenden Körpers nicht kannten, theils weil sie die Mittel nicht verstanden, eine aus der Bahn gewichene Kraft wieder in dieselbe hinein zu bringen.

Die Kenntniß des inneren und äußeren Organismus, und die Erkenntniß eines gesunden oder leidenden Zustandes, der Kräfte und Schwächen, wird also in allen Fällen die Hauptsache sein, wenn man von richtigen Grundlagen in diesem oder jenem Fache ausgehen will, und daher kann ich mich auch nicht von der Ueberzeugung trennen, daß ein gediegener Reiter anatomische und pathologische Kenntnisse besitzen muß.

Den Stoff oder den Körper, welchen man bearbeiten will, muß man kennen. Es genügt nicht, daß man das Handwerkszeug zu brauchen versteht, ohne gründlich zu wissen, worauf man es anwendet. Kann man nicht mehr, bleibt man stets ein Gesell, wird nie ein Meister, und es ist deshalb auch ganz besonders dankbar, das Streben der meisten Regierungen anzuerkennen, die sowohl jungen Militairs, wie angehenden Bereitern Gelegenheit geben, in dem Fache der Thierheilkunde sich auszubilden.

Wie dem Thierarzte oft fühlbar in seinem Interesse Wissenschaft im Reiten abgeht, um noch fühlbarer wird der Reiter vom Fach den Mangel der Wissenschaft der Anatomie und Thierheilkunde empfinden, wenn er selbstständig handelnd auftreten soll, und ich kann mir nicht denken, daß ein junger Cavalerist im Interesse des Staates, wie in dem seines eigenen Beutels handeln sollte, wenn er diese Wissenschaft über die Achsel ansieht.

Schon beim Einkauf der Pferde dürfte es wohl nothwendig sein zu wissen, welcher Knochen- und Körperbau den Eigenschaften entspricht, die er sucht, und welchen Vortheil vor andern Einkäufern wird er haben, wenn er, so zu sagen, das Skelet des Pferdes in seinen gesunden oder kranken Abrissen, durch äußere Formen nur leicht verhüllt, vor sich stehen sieht. Findet man einen Mangel, so ist man weiter in der Erkenntniß desselben, wenn man weiß, worin er besteht, als wenn man blos sieht, daß er besteht, und läßt man in letzterem Falle sich abhalten, ein Pferd zu kaufen, so wird man da leicht in einen Fehler verfallen,

3 *

nämlich den, nach einer Vollkommenheit zu streben, die in diesem Fache am Unerreichbarsten ist, und sonach brauchbare Pferde oft Denen überlassen, die sich bewußt sind, daß der Mangel für die Brauchbarkeit nicht von Bedeutung oder vielleicht gar gänzlich zu beseitigen sei.

Will man mir einhalten, daß dennoch z. B. der Händler den Einkauf besser versteht, als der mit allen bezüglichen Kenntnissen ausgerüstete Privatmann, so bemerke ich nur, daß der Zweck desselben ein ganz anderer ist, und es ihm nur darauf ankommt, zu erkennen, wie viel bei schleunigem Umsatze an dem Pferde zu gewinnen sei. Um alle dem Offizier, Bereiter oder Privatmann erforderlichen Eigenschaften kümmert er sich nur insoweit, als es das Vorhandensein derselben dem Scheine nach erfordert. Dem Gewinne gegenüber tritt alles Andere in den Hintergrund, und daß es leichter ist, viel Pferde zu kaufen, die gut scheinen, als gut sind, wird mir wohl Niemand bestreiten.

Deshalb hat der, welcher das Pferd, was er kauft, gebrauchen will, beim Einkauf einen weit schwierigeren Stand, und da mit allem Wissen ausgerüstet auftreten zu können, kann nur von Vortheil sein.

Aber auch bei der Behandlung, dem Bearbeiten des Pferdes werden sich die Kenntnisse der Anatomie und Thierheilkunde von hohem Werthe beweisen.

Man würde gegen das arme Geschöpf die größte Ungerechtigkeit begehen, wollte man z. B. einen Hals wie den andern, ein Genick wie alle biegen.

Die Verschiedenheit jedes Pferdekörpers bedingt eine abweichende Methode in der Behandlung, und wie will man diese anzuwenden versuchen, wenn man nicht genugsam die Abweichungen der einzelnen Körperconstructionen von einander selbst zu erkennen vermag? — Diese kann nur allein aus genauester Kenntniß des Knochenbaues und der Muskellagen, der Naturwidrigkeiten hervorgehen, und die Unkenntniß derselben ist beim schönsten Reitertalent oft schuld an dem so häufigen Verderben und Ruiniren der Pferde.

Einen ganz besonderen Werth lege ich auf eine so weit ausgedehnte Kenntniß der Wissenschaft, zu geeigneter Zeit ersehen zu können, wenn bei der Dressur vorzugsweise in Anspruch genommene Gelenke oder Glieder im Allgemeinen eine weitere Anstrengung nicht ferner ohne Nachtheil ertragen können.

Für den Bereiter ist es von höchster Wichtigkeit zu wissen und sich sagen zu können, bis dahin und nicht weiter für den Moment mit der Arbeit in diesem Gange oder jener Stellung; ein Mehreres stört, zerstört, denn aus der Dressur soll ein Pferd nicht beschädigt, es soll makelloser aus ihr hervorgehen, wie es in dieselbe gekommen, und nur dann ist dieselbe als eine vollkommene zu betrachten möglich.

Begnügt man sich aber blos mit dem Hören von Collegien auf einer Thierarzneischule, und glaubt man, im theoretischen Wissen die Sache ab= gemacht zu haben, so verfehlt man seinen Zweck, man verfällt in den Fehler unserer Zeit, in den Glauben, mit den Doctrinen allein alle Schwierigkeiten überwinden zu können.

Man verschmähe es nicht, an kranken Thieren auf den Veterinär= schulen, an todten Körpern in Scharfrichtereien seine Beobachtungen anzu= stellen, man sammle Präparate, besonders kranke Hufe aller Arten, vergleiche sie mit gesunden, und widme der damit eng zusammenhängenden Huf= beschlaglehre (einem weiten und wichtigen Felde) seine gebührende Auf= merksamkeit.

Je tiefer man in dieses Studium eindringt, je mehr Interesse wird es gewähren, und durch die in Folge dessen sich unwillkürlich angeeignete Aufmerksamkeit und Beobachtung eines jeden Pferdes wird der Reiter und Sachkenner sich einen Ueberblick und eine Uebung erwerben, die ihn auf eine ganz andere Stufe der Erkenntniß stellt, wie den, welcher dieses Wissen in seinem Fach als unerheblich erkennt.

Der Wahrheit halber, die darin liegt, kann ich nicht unterlassen, der Ermahnung meines alten Lehrers, des Majors von Tenneker, hier zu gedenken, doch ja ein jedes Pferd, auch das schlechteste, um der Wissenschaft willen, wie er sich ausdrückte, eines Blickes zu würdigen.

Wie der Botaniker und Käfersammler sich einen Blick aneignet, der ihn das geringste, was in sein Fach schlägt, finden läßt, so wird dem ebenso aufmerksamen Pferdestudiensammler endlich kein falsches Haar entgehen, und die Verschiedenheit jedes Pferdes von dem anderen, und die Möglichkeit, an jedem etwas zu lernen, klar werden.

Alle Tage dasselbe und doch täglich etwas anderes.

Bei meinen sich immer wiederholenden Reitübungen auf geschlossenem Hofraume habe ich mich selbst öfters gefragt, was wohl Diejenigen denken mögen, deren Blicke unwillkürlich auf eine ewig sich repetirende Beschäftigung fallen. Der Gedanke, dieses Reiten als eine langweilige geistlose Arbeit zu betrachten, liegt so nahe, und ist so verzeihlich für einen Laien, daß ein dagegen aufsteigender Widerwillen nicht verargt werden kann.

Wenn nur eine Körperbewegung für Roß und Reiter, eine einfache Uebung des längst Erlernten in dieser Beschäftigung allein läge, so würde ich selbst keine hohe Meinung von jener Unterhaltung haben, und eine Ausdauer bei derselben allenfalls mit dem Namen der Gewohnheit entschuldigen.

Die, welche ihr Pferd aus einem anderen Gesichtspunkte nicht behandeln, und aus Repetition ein ewiges Einerlei werden lassen, treten in die Kategorie Derer, welche ihre Pferde nur im Dienst reiten, und außer diesem ihnen nur die Bewegung abverlangen, welche sie für die Erhaltung der Gesundheit und Dienstbrauchbarkeit nützlich erachten, nach vollbrachter Arbeit aber froh sind, der Mühe überhoben zu sein.

Wenn man aber als Reiter über die ersten Anfangsgründe der Dressur hinweg ist, welche selbst jedem Laien als eine fortschreitende Beschäftigung einleuchtet, so kommt man auf den Punkt, der Nichtkennern unerklärlich, geistlos erscheinen muß, und dies zur Ehre denkender Reiter zu berichtigen, sei mir mit wenigen Worten erlaubt.

Habe ich in einem vorhergehenden Capitel der Pferdehändler-Reiterei rühmlichst gedacht, so tritt diese hier wieder in den Hintergrund, denn der Zweck derselben gestattet nicht, oder nur selten, über eine gewisse gebotene Grenze hinaus zu gehen.

Weder die Zeit, noch das Wissen erlaubt hier mehr zu leisten, auch würde das Mehrere weder bezahlt noch geschätzt werden.

Wie ganz anders steht es aber mit der Reiterei dessen, der sein Pferd gebrauchen, so lange wie möglich sich erhalten will, und der einen Werth darauf legt, seinem Pferde dasjenige beizubringen, was nur irgend dessen Geistes- und Körpervermögen gestattet.

Wenn nicht Unterbrechungen in der Arbeit stattgefunden haben, die nothwendig wieder zurückbringen, also ein systematisches und ersichtliches Nachholen des Versäumten erfordern müssen, so wird schon die durch Körperverhältnisse bedingte geistige Stimmung des Pferdes, die nur zu oft wechselt, dem denkenden Reiter eine Beachtung abdringen.

Ist in dieser keine Veränderung erfichtlich, die entweder eine Nachficht, ohne eine rückfichtslose Durchführung der Tages vorher angewendeten Lection verlangt, so wird natürlich der Gedanke der nächste sein, in welcher Weise und bis zu welchem Stadio kann man heut in Durchführung des zu erlernen Begonnenen vorschreiten? Wenn diese Fortschritte nun oft äußerst langsam, oft wunderbar rasch sind, wenn statt eines Fortschrittes ein Rückschritt geschieht, der die Anwendung eines andern Dressursystems erfordert, so entstehen daraus Handlungen, welche an dem Laien meistens spurlos vorübergehen, und sich für ihn nur wieder in einem Einerlei auflösen, dem Reiter selbst aber, bei der größten äußerlichen Unbemerklichkeit, die gespannteste Aufmerksamkeit abverlangen, will er nicht, statt vorzuschreiten, retrograde Schritte thun.

Ferner sind die schwer zu beschreibenden Wirkungen der Hand zu Verbesserung unvollkommener Gänge dem nicht Sachkundigen unkennbar, und wenn es überhaupt die Aufgabe vollkommener Reiterei ist, alle Hilfen so zu appliciren, daß sie möglichst wenig ins Auge fallen, so wird damit wieder eine thätige Abwechselung verborgen, die in der Regel in das Capitel der monotonen Beschäftigung geschrieben wird.

Wenn man endlich eine stundenlange Beobachtung des Pferdes im Stalle nach der Arbeit nicht begreift, so ist dies um so unerklärlicher, da es doch dem Reiter nur zu nahe liegt, zu wissen, wie heut das Pferd die Dressur aufgenommen hat, in welcher Aufregung oder Abspannung es sich nach derselben befindet.

Das sehr Wichtige, die Pflege und Abwartung nach dem Reiten zu controliren, kommt noch hinzu, und wenn nicht ernste andere Beschäftigungen gebieten, diese Stallbeobachtung aufzugeben, so mag doch ja ein der Reiterwissenschaft eifrig Beflissener sich niemals irre machen lassen durch eine ungünstige Beurtheilung Anderer über Zeitverschwendung. Diese ist vielmehr die wohl angewendetste, denn in der Beobachtung des Blicks, in der Weise gebotenes Heu zu nehmen, in der Stellung der Schenkel, in der Bewegung der Flanken, in der Empfindlichkeit oder Unempfindlichkeit beim Abreiben und Reinigen, ist viel wahrzunehmen, und kann er heut schon erkennen, was wohl morgen zu thun sein wird, und wenn „Zeit gewonnen, Alles gewonnen", ein wahres Wort ist, so setze man sich in diesem Falle getrost der unkundigen Beurtheilung einer Zeitverschwendung aus, diese wird ihre goldenen Früchte tragen.

Nutzen der Manège für den practischen Reiter.

Der rein practische Campagnereiter wird, zu einer gewissen Vollkommenheit in der Ausübung gelangt, bald das Bedürfniß empfinden, seine Kenntnisse, die vereinzelt und oft ungeregelt, vor ihm in dem Gedanken liegen, auf eine Weise zu ordnen, und in ein System zu bringen, um klar dessen bewußt zu werden, was er weiß und was ihm fehlt. Ist wahre Liebe für sein Fach vorhanden, so wird ein Streben nach wissenschaftlicher Ausbildung nicht ausbleiben. Es ist dies die unmittelbare Folge seines practischen vorwärts strebenden Sinnes, und erlauben es ihm seine Verhältnisse, so wird er gewiß Manègen besuchen, um das zu finden, was ihm fühlbar abgeht, nämlich, sich Rechenschaft geben zu können, und einen Zusammenhang seines Wissens zu erlangen. Es kann ihm nicht genügen, aus Büchern das ihm Mangelnde zu sammeln und sich zu belehren. Selbst nur Practiker, wird er auch nur practisch das zu erkennen streben, was ihm abgeht, und er wird um deswillen auch schon den richtigen Ort des besseren Erkenntnisses finden, und keine Manège zu seiner Ausbildung wählen, wo ein schlechter Unterricht ertheilt wird. Er wird keinen Circus der sogenannten Kunstreiter zur Fortbildung seiner Kenntnisse aufsuchen, denn der erste Blick giebt ihm, daß hier Kunststücke auf Pferden gemacht werden, aber keine Reitkunst geübt wird, daß man hier als Reiter lernen kann, was man zu unterlassen, aber nicht was man zu thun hat.

Er wird also die Bahn mit Vorkenntnissen betreten, die ihn über den auf der Bahn allein ausgebildeten Scholaren stellen, und die in einem auf Erfahrung begründeten Urtheil beruhen. In Folge dieses Urtheils wird er nun bald wahrnehmen, was von dieser oder jener Lehre für den practischen Gebrauch von Werth ist, und was davon blos der rein wissenschaftlichen Theorie angehört, wahrnehmen, wo die Grenzen der Campagnereiterei find, und wo die Schulreiterei beginnt. Es wird ihm klar werden, daß er öfters in seinen nichtgeregelten Reitausübungen unwissentlich auf das Gebiet der Schulreiterei gerathen, oder daß er Campagnegänge von Pferden verlangt, die von Natur Schulgänge boten, und die er unbewußt zurückgewiesen, und eines Vortheils sich dabei begeben hat, welcher zu Erreichung eines anderen Zwecks der Ausbildung des Pferdes für ihn von Werth gewesen wäre. Er wird nicht nur Gänge, Stellungen und Bewegungen kennen lernen, die ihm fremd waren, sondern er wird auch deren in seinem geläuterten Wissen aufzunehmen sich gezwungen sehen, die er unanwendbar, vielleicht als regelwidrig vermieden hat. Mit einem Wort, es wird in ihm das System zur Reife gelangen, nach welchem er strebt, und in welchem sich überhaupt die Reitkunst bewegen muß.

Die Empfindung des lückenhaften und stückweisen Wissens kann nur für den practischen Reiter durch Course auf der Manège beseitigt worden, und die Equitations-Anstalten, wie sie in Oesterreich, Preußen und jetzt auch in Sachsen eingeführt worden, liefern den schlagenden Beweis, daß auch Seitens hochgestellter Militairs die Nothwendigkeit und Zweckmäßigkeit, schon geübte Reiter auch schulgerecht auszubilden, anerkannt worden ist.

Ich meinestheils kann nur versichern, daß die Erfahrungen im practischen Reiten mir erst dann von erkennbarerem und höherem Werth geworden sind, nachdem ich einen Cours auf der Manège zu Göttingen gemacht hatte.

Das Gefühl einer wissenschaftlich begründeten und geregelten Ausbildung giebt Vertrauen zu einer ernsten Fortbildung, und ist besonders wichtig für Diejenigen, welche selbst Reitunterricht zu ertheilen gezwungen sind.

III.

Die Uebersetzung des Miles'schen Buches „Der Huf des Pferdes" ins Deutsche forderte viele Anhänger des alten deutschen Beschlags= systems heraus, es erschienen Broschüren und Aufsätze in den ver= schiedensten Zeitschriften, die den englischen Beschlag im Allgemeinen und die von Miles empfohlenen Abänderungen insbesondere ver= dammten.

Graf Einsiedel, welcher schon seit Jahren auf Verbesserung des deutschen und Einführung des englischen Hufbeschlages bedacht gewesen und vielfältige Versuche damit zunächst bei seinen Pferden angestellt, hatte die Absicht gehabt, darüber seine Ansichten und Resultate zu veröffentlichen. Da erschien das Buch von Miles. Konnte nun Graf Einsiedel dem darin Enthaltenen auch nicht in jeder Beziehung bei= pflichten, so sah er doch dadurch einen bedeutenden Schritt vorwärts gethan, und gab dies die Veranlassung zum Erscheinen nachstehend abgedruckter Broschüre.

Einige Worte zu William Miles Huf des Pferdes und dessen fehlerfreier Erhaltung.

Der Hufbeschlag ist ein nothwendiges Uebel; wie aber diesem Uebel möglichst zu begegnen sei, war schon immer ein Gegenstand meines Nach= denkens, und wenn ich darauf viel Zeit verwendet habe, und keine damit verloren haben sollte, so würde dies mir ein Trost sein für so manche beschwerliche und ärgerliche Stunde, welche ich nothgedrungen in Schmieden zubringen mußte.

Meine Absicht, gelegentlich etwas darüber zu schreiben, stand fest; ich gebe sie aber nun auf, da das Buch von William Miles mir bekannt geworden ist, welches ich für besser halte, als irgend eine von mir aus= gehende Niederschrift hätte werden können; und da dieses Buch so sehr in meine Ansichten über den Hufbeschlag eingreift, und ich schon lange, ohne dasselbe zu kennen, auf ähnlichem Wege in practischer Ausführung mich befinde, so will ich nicht unterlassen, allen meinen Pferde besitzenden Freunden, und allen Freunden des Pferdes überhaupt dieses Buch wenigstens zu empfehlen und dabei bemerklich machen, daß nur auf diese Weise dem vielen Elend, welches wir durch den unvermeidlichen Hufbeschlag ertragen müssen, einiger Maßen abzuhelfen ist.

Miles klagt über die Mängel des englischen Hufbeschlags, der anerkannt der beste ist; um wie viel mehr haben wir Grund, über einen wenigstens zum großen Theil im Vaterlande üblichen zu klagen, der dem englischen nicht im Entferntesten nur nahe kommt.

Die Vorzüge seines Buches sich möglichst zu eigen zu machen, muß man sich angelegen sein lassen, und da Miles von dem sächsischen Hufbeschlage, wie ich voraussetzen muß, keine Kenntniß hat, und dessen Hufbeschlag doch hier und da hoffentlich seine Verehrer finden wird, so soll es meine Aufgabe sein, nicht verbessern zu wollen, sondern darauf aufmerksam zu machen, was für uns erforderlich ist, um die Miles'sche Methode bei uns mit Erfolg in Anwendung bringen zu können.

Wie schon gesagt, ist man in England mit dem Hufbeschlage weit vor uns voraus; man kennt dort die Eisen der Vorderhüfe, mit Griffen und Stollen versehen, so gut wie nicht; man kennt nur runde, der Hufform gleichende Eisen, und würde schwerlich ein sächsisches schweres Wagenpferd-, Bauern- oder Fuhrmannspferd-Eisen für etwas anderes, als einen Untersetzer unter eine Plattglocke halten.

Miles arbeitet also schon auf einer bessern Grundlage, und sein System des einseitigen Nagelns muß unbedingt in den meisten Fällen bei unserem Hufeisen mißglücken, weil von dem Wesentlichen, für den festen Halt des Eisens am Hufe, wir noch viel weiter entfernt sind, als nur mittelmäßige Schmiede in England, und die schon vernommene Aeußerung, daß Versuche nach genannter Methode verunglückt seien, beweist mir nur, daß man die Sache falsch angefangen hat.

Will man eine übermäßige Eisenmasse und Fläche mit Stelzen (Stollen und Griffen) aufnageln, welche letztere ein unaufhörliches Wuchten in den Nagellöchern und ein Köppen des Hufes verursachen, will man ferner nicht die nöthige Aufmerksamkeit der genauesten Verbindung der

Zehen-, Wand- und Trachtfläche des Hufes mit der Nagelfläche des Eisens widmen, und will man überhaupt die Verbindung des Hufes mit dem Eisen auf eine Weise erlangen, wie sie vollkommen nicht geschafft werden kann, so muß man sich freilich nicht wundern, wenn das Eisen weder mit 3 noch mit 6 Nägeln dauernd festgehalten wird, und es wird immer unmöglich bleiben, ein sächsisches Bauer-Eisen gut zu befestigen, bei welchem ebensoviel Eisenmasse über den Huf hinaus steht, als von demselben gedeckt wird.

Die Stärke des Eisens will ich hier nicht angreifen, denn diese ist bedingt und gerechtfertigt durch das Gewicht, welche es zu tragen hat, aber die Form und Bearbeitung desselben bei uns tadele ich, denn ich verlange, daß die Form des Eisens der eines Pferdehufs entsprechen soll.

Meine eigene Erfahrung hat mich belehrt, daß man nicht vieler Nägel bedarf, um ein gut passendes Eisen zu halten, denn ich beschlage schon viele Jahre meine Reit- und Wagenpferde mit nur 6 Nägeln, wende nun schon einige Zeit nur 5 Nägel an den Vorderhufen an, und habe bei Pferden mit gesunden Wänden und ohne besondere Vorsicht beim Vernieten anzuwenden, wie sie Miles empfiehlt, und bei angestrengtem Gebrauch in tiefem Boden nie ein Eisen verloren.

Der Grund, welcher mich auf diese Idee führte, war nicht Miles kluger Gedanke, die Dehnbarkeit des Hufes (Expansiv-Kraft), (welche mir auch nicht unbekannt ist), ungestört zu erhalten, sondern der Wunsch, die Hufwände durch überflüssiges Nageln nicht zu verderben, und meinen Pferden nicht mehr Unbequemlichkeit zu bereiten, wie unumgänglich nöthig ist, leitete mich.

Wenn ich nun auch nicht ganz mit Miles darin übereinstimme, daß durch das einseitige Nageln *) die Freiheit der Dehnbarkeit des Hufes vollkommen hergestellt wird, weil meiner Ueberzeugung nach die Federkraft des Hufes von der Zehe ausgeht und also schon durch die beiden, oder nur den einen Nagel der inneren Zehe im Zusammenhange mit dem Gegendruck der äußeren Nägel gehemmt sein muß, so wird doch immer

---

*) Nämlich einseitiges Nageln im strengsten Sinne des Wortes meint, soviel ich ihn verstehe, auch er nicht.

in etwas dieser Federkraft Raum gegeben, indem die innere Wand und Tracht von Nägeln frei bleibt und schon um einer theilweisen Ausdehnungs= möglichkeit willen erkenne ich die Richtigkeit des Gedankens, und die Zweck= mäßigkeit der Anwendung des einseitigen Nagelns an.

Warum aber M i l e s ferner bei seiner Beschlag=Methode eine Er= leichterung findet und wiederum dieselbe bei uns auf Schwierigkeiten stößt. liegt in der Art und Weise der besseren Behandlung, in der Art des Ausschneidens (Auswirkens) der Hufe in England.

Wer in England gewesen ist, oder viel Hufe frisch aus England gekommener Pferde beobachtet hat, wird wohl bemerkt haben, daß die Form dieser Hufe von der unserer länger schon beschlagen gewesenen Pferde ab= weicht, mehr den der Füllen auf der Weide gleicht, überhaupt mehr rund und in gesunden Dimensionen erhalten ist. — Es liegt meiner Ueber= zeugung nach darin, weil bei der englischen Art des Ausschneidens der Halt des Hufes in sich nicht gestört, die Thätigkeit zweier sich das Gleich= gewicht haltenden sollender Kräfte im Hufe durch das Durchschneiden der Verbindung des Strahles mit dem Eckstreben nicht getrennt, also der normale Zustand des Hufes mehr beibehalten wird. Diese Vorsicht findet man bei uns selten angewendet.

Wenn M i l e s durch seine Art zu Beschlagen, kranke Hufe wieder herzustellen, in die normale Form zurückzubringen versteht, so können wir uns zuvörderst damit begnügen, wenn wir gesunde Hufe dadurch gesund zu erhalten lernen, und zu diesem Ende müssen wir das Haupterforderniß, das richtige Ausschneiden der Hufe, zu erlangen suchen, welches, mit kurzen Worten wiederholt, hauptsächlich darin liegt, daß Naturkräfte im Hufe, wie die zusammenziehende der Wände und die auseinandertreibende der Eckstreben, durch das Durchschneiden derselben nicht isolirt werden.

Meiner Ansicht nach entstehen hieraus fast alle Abnormitäten und die meisten Hufkrankheiten, und je größer bei einem schon leidenden Hufe die Genauigkeit sein muß, mit welcher demselben das Eisen aufzupassen ist, desto schwerer wird es werden, diese bei den Unregelmäßigkeiten kranker Hufe zu Ausführung zu bringen.

Unter der größtmöglichen, und den meisten unserer Schmiede unbe= kannten Genauigkeit verstehe ich hauptsächlich, die ganze Hornwandfläche des Hufes waagerecht, und ich möchte sagen luftdicht, mit derjenigen Fläche des Eisens in Verbindung zu bringen, in welcher die Nagellöcher sitzen, und auf welcher die ganze Last des Thieres ruht. Und unter Genauigkeit verstehe ich, wenn allenfalls die äußere Hornwand den äußeren Rand des Eisens deckt, der innere Rand der Hornwand aber so zu sagen in der Luft, ohne Stützpunkt auf dem Eisen bleibt.

Man betrachte gefälligst die meisten unserer nicht nur in den Dorf= schmieden allein gefertigten Eisen, und man wird finden, daß von der Abdachung der Eisens an, bis zu dessen äußerem Rande, eine grade Fläche, auf welchem die Nagellöcher sitzen sollen, nicht wahrzunehmen ist. Vielmehr wird die Abdachung vom äußeren Rande ohne Unterbrechung bis zum inneren Rande des Eisens fortlaufen, und die natürliche Folge muß davon sein, daß die im besten Falle grade geraspelte Fläche der Hufwand nur mit dem äußeren Rande des Eisens in Berührung kommt, und dieser äußere Rand des Hufes also die ganze Last allein tragen muß.

Ueber ausgesprungene Wände und Wandtrennungen sollten wir uns dann billiger Weise nicht beklagen, und auf diese Art kann auch ein ein= seitig aufgenageltes Eisen nicht halten.

Das unbedingte Erforderniß eines guten Eisens, welches mit wenigen Nägeln gehalten werden soll, ist also eine waagerechte Fläche, auf dem die ganze Breite der Hornwand ruhen kann, und es findet sich diese Fläche sogar bei nachlässig geschmiedeten englischen Eisen immer vor. — Miles Buch weist dieses Bedürfniß auf verschiedenen Tafeln in Zeichnungen auf das Vollkommenste nach), und es ist ganz unnöthig, etwas Weiteres hier= über hinzuzufügen, außer noch darauf aufmerksam zu machen, daß Miles mit Recht einen hohen Werth auf die genaue Stellung der Nagel= löcher legt, die bei unseren Eisen meistens fast eben so unregelmäßig angebracht sind, als die auf Tafel 6 und 7, Fig. 1 des oft erwähnten Buches, und es ist nur, daß bei uns die Ungleichheit der Entfernung der Löcher vom Rande des Eisens weniger bemerkt wird, weil überhaupt die horizontale Ebene, welche den Saum des Eisens bilden soll, an den meisten Eisen fehlt.

Damit also auch in Sachsen die Miles'sche Beschlag=Methode An= wendung finden und gelingen kann, so ist, was ich mir in Vorstehendem zu erläutern erlaubt habe, im Wesentlichsten dabei nöthig:

1) Verwerfung der Form und Construction der größten Theils landesüblichen Eisen.

2) Naturgemäßes dem Halt des Eisens Vorschub leistendes Ausschneiden der Hufe. *)

3) Horizontale Tragfläche des Eisens mit senkrecht angebrachten Nagellöchern, nach der Stärke der Hufwand in der Tragfläche des Eisens gelocht.

Ich weiß wohl, daß ich mich durch diese Zeilen vielen Bemerkungen des klugen Kutschers aussetze, ich lasse sie mir aber gern gefallen, und es genügt mir vollkommen, wenn die gute Absicht, nützen zu wollen, nicht verkannt wird. Auch ich theile in einigen Kleinigkeiten Miles Ansichten nicht ganz, die Vorzüglichkeit des ganzen Werks aber läßt diese vergessen.

In die Klage über den mangelhaften Hufbeschlag stimmen fast Alle mit mir ein, welche Interesse an der Sache haben. Will man aber abhelfen, so muß man etwas zu thun versuchen.

Von den Conservativen in diesem Sinne, welche aus Scheu vor Mühe beim Alten bleiben, werde ich eine wohlgemeinte Einwendung nicht erhalten, Denen aber, für welche dieser Gegenstand einen Werth hat, und welche mir begreiflicher Weise einhalten können, daß die Straßen und der Winter bei uns den Gebrauch anderer Eisen nicht gestatten, erwiedere ich, daß doch wenigstens ⅜ des Jahres die landesüblichen Eisen entbehrt werden können, und daß ich mich erst kürzlich in Belgien davon überzeugt habe, wie ungleich schwerere Pferde als die unseren auch viel größere Lasten in tiefem Boden sowohl, wie auf glattem, bergigem Steinpflaster auf runden, der Form des Hufes entsprechenden Eisen bewegen, an welchen nur in seltenen Fällen Stollen und Griffe angebracht sind. Bei öfterem Besuch der Schmieden hat mich immer die normale Form, und überhaupt der gesunde Zustand der Hufe dieser colossalen flanderischen Pferde überrascht, was ich nur allein der belgischen höher stehenden Beschlagkunde zuschreiben kann.

---

*) 2) muß richtiger voran stehen, denn durch das naturgemäße Ausschneiden wird der Huf in die normale Form zurückgeführt, und nach dem Hufe muß sich die Form des Eisens richten.

So reichhaltig dieses Thema ist, so verzichte ich aber nun etwas
Mehreres darüber niederzuschreiben; Miles hat die Aufgabe gelöst, mir
kam es nur darauf an, mit diesen wenigen Worten darauf hinzuweisen
(was Miles nicht konnte, da er die Stufe, auf welcher sich die vater=
ländische Beschlagwissenschaft im Allgemeinen befindet, nicht kennt), wie
erstlich hier mehr Schwierigkeiten für die Miles'sche Methode existiren
und ferner zu erwähnen, welches nach meiner Ansicht die Hauptbedingnisse
sind, damit deren Anwendung auch in Sachsen nicht scheitere und ungünstig
beurtheilt werde.

IV.

Der vom Beschlagslehrer Hartmann aufgestellte Lehrsatz: „Der
Strahl soll nicht mit dem Tragrande der Trachten in einer Höhe,
sondern in gleichem Niveau mit der Bodenfläche des Hufeisens sein";
sowie der Ausspruch Hartmanns: „Der Schmied, welcher den Strahl
mit dem Messer beschneidet, verdient 10 Jahre Zuchthaus mit dem
Willkommen", gab die Veranlassung zu nachfolgendem Aufsatz.

In demselben erkennt man nicht nur den Anatomen, sondern
auch den scharfen Beobachter, und füllt dieser Artikel manche Lücke
über Bestimmung und Thätigkeit des Strahles aus.

Der Strahl.

Der Strahl, ein wichtiger Theil des Hufes, ist ein keilförmiges
elastisches Polster, welches zwischen den Eckstreben liegt, das Strahlbein
deckt, im gesunden Zustande in den Trachten sich verläuft und nach auf=
wärts in den Ballen übergeht.

Die von der Natur angewiesene Thätigkeit des Strahles ist, nächst
dem dem inneren Hufe zu gewährenden Schutze, mit tragen zu helfen und die
Eckstreben in ihrer Function als Erweiterungsorgan des Hufes zu unterstützen.

Der Strahl befitzt nicht die selbstständige Kraft wie die Eckstreben, den Wänden und Trachten das Gegengewicht zu halten, sondern vermag nur durch den Druck der Pferdelast und den Gegendruck des Erdbodens eine Wirkung auszuüben, die zur normalen Erhaltung des Hufes erforderlich ist.

Wenn ich einstmals schriftlich den Ausdruck „auseinander treibende Kraft des Strahles" gebraucht habe, so war er insofern falsch und undeutlich, als damit Vorerwähntes nicht genügend bezeichnet war, und kann richtig nur von einer auseinanderhaltenden mittelbaren Kraft des Strahles die Rede sein.

Wenn man davon überzeugt ist, daß der Strahl tragen helfen soll, so ist es falsch, ihn in die Luft zu stellen und durch ein Stolleneisen vom Boden zu entfernen. Es ist im Princip falsch, denselben zu beschneiden, und kann beim richtigen Beschlage und bei einem gesunden Hufe nur dessen Reinigung zur Anwendung kommen. Es ist natürlich, daß ein Organ krank wird, wenn ihm das Nöthigste zu seiner Erhaltung entzogen ist, und es ist ganz gewiß und erwiesen, daß ein kranker Strahl am Sichersten damit geheilt wird, wenn man ihn den Druck des Erdbodens kräftig empfinden läßt.

Dies weiß wohl jeder nur einiger Maßen mit dem Pferdehufe Vertraute, allein es ist principiell ebenso unrichtig, dem Strahl zu viel zuzumuthen, denselben über die Trachtenenden hervorstehen zu lassen und dann zwischen zwei Eisenschenkelenden einzuklemmen, welche ihm zur Erweiterung nach beiden Seiten keinen Raum lassen und nur gestatten, nach oben gegen Strahlbein und Ballen zu wirken.

Woher kommt denn der auf einmal so festgestellte Begriff und gepredigte Grundsatz, den Strahl unangetastet zu lassen? Er ist ein Theil der Miles'schen Lehre, die man in andern wesentlichen Dingen, namentlich beim Eisen, nicht befolgt, beim Strahl aber zum Extrem verfolgt hat.

Die in dem Buche von Miles zu findenden Zeichnungen beweisen nur zu deutlich, daß der Strahl der Regel nach mit den Trachten vergleichen soll und die Schenkelenden seines Eisens documentiren, daß er dem Strahl den möglichsten Spielraum zu lassen, nur so verstanden haben will, daß er den Erdboden erreicht, nicht gewaltsam gequetscht wird, und nicht mehr thun muß, als er bei einer starken Anstrengung des Pferdes vertragen kann.

Ich habe hier den gesunden Huf im Auge. Will man einen Huf curiren, sind keine Trachten vorhanden, so bleibt nichts übrig, als dem Strahl eine Last aufzubürden, die er bei einer der Hufkrankheit angemessenen Arbeit ertragen wird. Nur in allen Fällen das Hervorstehen des Strahles über das Eisen zur Regel machen und als eine Vorschrift von Miles bezeichnen, kann ich nicht gut heißen und zugeben.

Meine Erfahrungen haben mich belehrt, daß jeder Strahl, welcher die Bekanntschaft eines Eisens macht, diese übelnimmt. Selbst beim Miles'schen Eisen, dessen Erfolge ich seit einem 5jährigen Gebrauche kenne, ist ihm diese Nachbarschaft nicht angenehm, und wenn er auch scheinbar gesund und kräftig bleibt, so verliert er doch in etwas seine elastische Zähigkeit, und beweist dies, daß selbst beim guten Eisen der beschlagene Huf dem unbeschlagenen nie gleich kommt.

• Meine Erfahrungen haben mich ferner belehrt, daß es gewagt bleibt, bei einem Pferde, von welchem man Leistungen verlangt, den Strahl zu einem der hauptsächlichen Tragpunkte des Hufes zu machen, und den Strahl über das Eisen hervorstehen zu lassen. Wenn das Pferd die Meile in 25 bis 20 Minuten laufen muß, kann das Strahlbein bei der dabei unvermeidlichen Erhitzung des Hufes den abnormen Druck nicht ertragen und man kann froh sein, wenn man ohne Lähme davon kommt. Ich habe hierin Lectionen bekommen, und in England gilt es als Regel, den Strahl mit der Höhe der Trachtenenden des Hufes vergleichen zu lassen. Die englischen Hufe beweisen, daß eine stärkere Berührung des Erdbodens zu ihrer gesunden Erhaltung nicht nöthig ist.

Wie überhaupt ein ganz gesunder Huf, so ist auch ein gesunder Strahl hier zu Lande eine seltene Erscheinung. Wo das eine nicht ist, kann das andere vollständig auch nicht sein, und ich wiederhole, man verlangt zu viel vom Strahl, wenn er durch mehr als naturgemäßen Gegendruck, den er vom Erdboden empfängt, die übrigen Fehler des Beschlages wieder gut machen soll.

Die Freude, das Heil des Hufes hauptsächlich in einem hervorstehenden Strahle gefunden zu haben, kann ich nicht theilen. Ich freue mich nur über einen Strahl, der sich die Trachten des Hufes in gesunder Verbindung mit demselben vom Leibe zu halten vermag, und mit diesen in gleicher Höhe steht.

Wenn man aber den Strahl auch zum hauptsächlichen Haltpunkt des Hufes machen will, so thut man nicht recht daran, und verlangt auch in dieser Beziehung mehr von ihm, als ihm die Natur selbst zumuthet.

Bei den Spuren eines unbeschlagenen Hufes auf dem Eise wird man wesentlich nur die Marken der Trachten und Eckstrebenwinkel gefurcht finden, und besonders bei einem auf dem Eise ausgeglittenen unbeschlagenen Pferde wird es sich Jedem klar darthun, was im Hufe den hauptsächlichen Haltpunkt abgiebt.

Ein Huftheil, welcher beim Auftreten nachgiebt, sich eindrückt, kann nur mit halten helfen, und die überwundenen Stollen durch den hervorstehenden Strahl ersetzen zu wollen, ist eines Theils das Bekenntniß des Bedürfnisses der Stollen, andern Theils ein Irrthum im Begriff der dauernden Dienstleistung des Strahles als Halt.

Gleich den Stollen, läuft sich auch der Strahl ab, und dem Pferde bleibt nichts wie das Eisen, auf welchem bei einer guten Form desselben allein sich zu halten es sich bald angewöhnt.

Daß die Hilfe, welche der Strahl als Haltpunkt giebt, eine weit bessere, naturgemäßere ist, als Stollen und Griffe, gilt wenigstens mir als ausgemacht, und kann dies ein gutwilliger Beobachter am Deutlichsten an einem bergabschreitenden mit kräftigem Strahle versehenen Pferde wahrnehmen.

Wie wenige Pferde haben aber einen solchen Strahl, der den Erdboden bei unbeschnittenen Trachten zu erreichen vermag. Auch ohne diesen Halt sind sie deswegen nicht unbrauchbar, unbefähigt ohne Stollen und Griffe zu gehen, und habe ich als große Täuschung die Meinung der Unentbehrlichkeit dieser hufzerstörenden, gangverderbenden Hacken erkennen lernen, auf denen die Pferde nur dann erst zur Befriedigung gehen, wenn sie durch Abnutzung zum größten Theil verschwunden sind.

Ich vermag also auf hierauf bezügliche Fragen nur zu antworten, daß der Strahl weder der hauptsächliche Tragpunkt, noch der wesentliche Haltpunkt des Hufes ist, und daß, wenn man ihn dazu macht, man dasjenige von ihm verlangt, was vorzüglich nur den Trachten zugemuthet werden kann.

V.

Graf Einsiedel hatte längst erkannt, daß viele der bei unseren Pferden vorkommenden Hufkrankheiten ihre Entstehung der Anwendung unseres landesüblichen Stoßmessers zu verdanken haben; er hatte sich auf einer Reise im Orient überzeugt, daß die Orientalen im Auswirken des Hufes Außerordentliches leisten, daß dieselben mit dem arabischen Wirkmesser die durch Klima und Bodenbeschaffenheit ausgetrockneten Hufe mit Leichtigkeit und zweckentsprechend bearbeiten, hatte durch zweijährige Versuche in seiner Schmiede eigenhändig und durch den Schmiedemeister Schiemang sich von der Brauchbarkeit und Vorzüglichkeit dieses Wirkmessers überzeugt und führt uns nun in nachfolgender Broschüre dieses Instrument empfehlend vor, beschreibt in Abbildung das mitgebrachte Originalmesser und Stellung bei Anwendung und Führung desselben.

Das arabische Wirkmesser und kurze verbesserte Anweisung zum Gebrauch desselben.

Eine im Jahre 1857 unternommene Reise nach dem Morgenlande hat mir erst einen deutlichen Begriff vom orientalischen Hufbeschlage verschafft, nachdem ich lange, aber vergeblich darnach gestrebt hatte, etwas Gründliches darüber zu erfahren.

Ob dieser Beschlag eine nachahmenswerthe Beachtung verdient, lasse ich hier dahingestellt sein, so viel ist aber gewiß, daß er, wenn auf unseren geebneten Straßen und überhaupt auf Wegen entbehrlich, im Morgenlande unentbehrlich ist.

Nichtsdestoweniger bleibt aber der morgenländische Beschlag für alle Beschlagkundige interessant. — Rein practischer Natur, und nur aus der Erfahrung hervorgegangen — ist demselben vieles Nützliche zu entnehmen, und ist zu bedauern, daß er bei uns stets unbeachtet bleiben wird, weil der Werth desselben faßlich nur durch die eigene Anschauung gewonnen werden kann.

Es ist nicht hier die Absicht, eine ausführliche Beschreibung dieses Beschlages zu geben, nur so viel erwähne ich beiläufig, daß das runde, nach hinten zu aufgezogene in Löffelform endende und meistens in der Strahlgegend mit einer Oeff= nung versehene Eisen nicht nur die Sohle und den Strahl, sondern auch besonders die Ballen vor Verletzungen schützt, und daß die schwache, kaum ⅛ Zoll starke, aber sehr zähe Platte mit einem scharfen erhabenen Rande umgeben ist, welcher dem Pferde auf den unbeschreiblichen Felswegen den nöthigen Halt giebt. Dieser Halt wird vermehrt durch sechs in die Wände eingeschlagene Nägel, deren Köpfe stark hervorstehen.

Es dient dieses Eisen nicht nur zum Schutze gegen zu große Abnutzung des Hufes, sondern auch zu dessen fehlerfreien Erhaltung, denn ich fand im Orient weder Steingallen noch Hornkluft, noch Zwanghuf; und habe ich noch überdies wahrzunehmen Gelegenheit gehabt, daß besonders die dort übliche Art des Auflegens des Eisens der gesunden Huferhaltung fördernd ist.

Dem Auflegen des Eisens geht natürlich das Ausschneiden des Hufes voraus. Diese Arbeit zu verrichten, verstehen nach meiner Ansicht die Orientalen außerordentlich, und dazu bedienen sie sich eines Wirkmessers, welches zu empfehlen der alleinige Zweck dieser Zeilen ist.

Durch eine angefügte Zeichnung versuche ich deutlich zu machen, was durch Worte schwer zu erreichen ist, und wünsche ich, daß diese in halber Naturgröße gegebene Abbildung eine klare Anschauung verschaffen möge.*)

Ich bin nämlich davon durchdrungen, daß in dem landesüblichen Wirkmesser der Keim zu vielen Hufkrankheiten liegt.

Es wird dieses selten mit Sachkenntniß und durch erfahrene Hand geführt und der Anwendung des in der Construction schlechten Instruments ist es hauptsächlich zuzuschreiben, daß wir ursprünglich gesunde runde Hufe in immer länger werdende Ovale sich verwandeln sehen.

---

*) Der damals benutzte Holzstock ist leider verloren gegangen.   D. B.

Es dürfte keine unrichtige Bezeichnung sein, wenn ich sage: in der Construction dieses Instruments liegt es. daß selbst wider Willen richtiger ausgeschnitten werden muß.

Der Gebrauch dieses Wirkmessers ist folgender:

Wenn das Eisen abgenommen ist, so untersuche man sorgfältig die Wände, ob sich noch Nieten in denselben befinden; sind diese sicher beseitigt, so umraspele man ein wenig die Zehe und Wände.

Dann lasse man sich auf das rechte Knie nieder und, nachdem der Huf in die linke Hand genommen worden, stemme man den Ellenbogen fest auf das linke Knie.

Soll zuerst die rechte Seite des Hufes niedergeschnitten werden, so setze man die äußere Ecke der Messerklinge über den Winkel, welchen Tracht und Eckstrebe bildet, an, und schneide damit in einem Bogen auswärts ziehend der Zehe des Hufes entgegen.

Beim Ausschneiden der linken Seite des Hufes setze man die dem Stiele oder Schafte zugewendete Ecke des Messers über den Eckstrebenwinkel an und schneide damit zuerst nach seiner linken Schulter zu, gehe dann von der Trachtengegend, im Bogen nach rechts gezogen, zur Zehenver-kürzung über.

Nur bei einem sehr harten oder trockenen Hufe wird es nöthig sein, eine erneute Umraspelung vorzunehmen, um das Niederschneiden der Huf-umfassung zu beenden.

Will man vom Strahl die abgestorbenen Theile entfernen, so läßt sich dies bei einem hervorstehenden Strahl besonders leicht bewirken; man reinigt die linke Seite desselben mit der äußeren Hälfte der Schneide, die rechte Seite mit dem dem Schafte nahen Schneidentheile, in beiden Fällen von den Ballen der Strahlspitze zu schneidend.

Durch die dem Messer eigene Wölbung läßt sich das Abgestorbene der Sohle gut herausnehmen, aber nicht mehr, und es kann dieser wie den Eckstreben nicht leicht ein Schaden zugefügt werden.

In dem, dem heimischen Messer entgegengesetzten Gebrauche (man schneidet nicht von der Zehe nach der Tracht, sondern umgekehrt, von der Tracht der Zehe zu) liegt, daß unwillkürlich mehr und leichter Zehe weg-genommen wird, von der in der Regel zu viel stehen bleibt und die Trachten mehr geschont werden, weil man durch das Ansetzen des Messers über denselben genau weiß, was man davon wegnimmt und weniger verleitet wird, einen Huftheil zu mißhandeln, an dem das deutsche Messer stets seine Kraft zeigt und selbst der geschickte Schmied sich vorsehen muß, um damit nicht tiefer zu schneiden als er will.

Indem man der Hornfaser nicht entgegen, sondern ihrem Verlaufe nach schneidet, entgeht man dem so oft vorkommenden Ausspringen von Wandstücken und dem Ausbrechen der Eckstreben, die ohne große Vorsicht mit dem deutschen (eigentlich französischen) Wirkmesser selten ohne Schaden davon kommen.

Aus doppelten Gründen stehen nun die Pferde ruhiger beim Gebrauch des arabischen Messers. Erstens weil der Fuß nicht hoch, also nicht höher gehoben werden darf als der Schmied ihn mit der Hand, deren Ellenbogen auf dem Knie ruht, erreichen kann. Zweitens weil ein Stoßen und Rücken im Fessel- und Krongelenk nicht vorkommt und die geringe Empfindung beim Schneiden durch den Gegendruck der Hand des Schmieds fast auf- gehoben wird.

Es ist unmöglich mit diesem Messer das Pferd zu verletzen und ist bei einiger Uebung die Operation schneller und in einer Weise abgemacht, daß damit die Raspel fast entbehrlich wird, weil das Auflegen der breiten Klinge, dem Hobel ähnlich, einen schönen gleichen Schnitt giebt.

Ein nun fast zweijähriger Gebrauch dieses Instrumentes hat mich und Andere genugsam überzeugt, daß ich mich durchaus nicht geirrt habe, als ich zur Empfehlung desselben das erste Mal sprach und durch eigene Handhabung bin ich ganz klar darüber geworden, daß es ein vortreffliches Werkzeug ist, was bei mir und Denen, die es zu brauchen verstehen, nie wieder außer Gebrauch kommen wird und dessen Unbrauchbarkeit ich nun- mehr unmöglich Jemand zugestehen kann.

Man wolle dieses Instrument unverändert und mit gutem Willen gebrauchen und man wird bei recht erlernter Handhabung bald den Nutzen und die Bequemlichkeit desselben einsehen.

Unbezahlbar aber bleibt es dem, der selbst Hand anlegen und die Hufe seiner Füllen und jungen Pferde nicht der Verstümmelung, der Be- arbeitung Derer aussetzen will, die den Huf nur in Aussicht auf das später darauf zu bringende sinnreiche deutsche Eisen zu behandeln wissen.

Ein geschickter Zahnarzt wird auch mit der Hufzange einen Zahn auszuziehen vermögen, sowie ein guter Schmied endlich mit dem Brod= messer seinen Huf zurecht zu schneiden vermag, allein wenn Ersterer sich des englischen Schlüssels besser bedient, so wird auch der Schmied gut daran thun, ein gutes Instrument an die Stelle eines schädlichen und unbequemen, des zu Lande gebräuchlichen zu setzen, von welchem ein be= kannter und berühmter Veterinair=Schmied in London mir sagte, es sei das schlechteste Werkzeug, welches es giebt.

Da der englische Schmied Niemand zum Aufhalten des Hufes braucht, dies beim Beschlagen selbst mit besorgt und die Hufhornumfassung haupt= sächlich niederraspelt, so genügt ihm sein kleines Messer zum Reinigen der Sohlen und des Strahles.

Beim guten Schmied ist an sich das Wirkmesser, wie schon vorgehend erwähnt, keine Hauptsache, als Nebensache kann man es aber, und be= sonders ein besseres, nicht betrachten, wo große Fortschritte in der Beschlag= wissenschaft noch zu machen sind, und das bessere Messer eine Anleitung zum Fortschritt giebt.

Ich habe dieses Instrument nicht erfunden, sondern nur gefunden, und von Denen es herstammt, kann man in dieser Beziehung gern etwas lernen.

Ich will nicht belehren, nur nützen, hier mich aber nur darüber rechtfertigen, nicht der Vertheidiger einer Spielerei oder einer unpractischen Sache zu sein.

So wie der Kenner den guten Schmied am roh vom Ambos weg= gelegten, nicht am gefeilten und polirten Eisen erkennt, so giebt dem ein= geweihten und willigen Beobachter der erste Schnitt schon mit dem arabischen Messer den genügenden Aufschluß über dessen Vorzüge, und daß im Unter= scheiden des guten vom schlechten ich hier in keiner Täuschung mich befinde, davon giebt mir noch der Umstand sicheres Zeugniß, daß, da wo man den Nutzen des genannten Messers begriffen hat, die alten verrostet im Winkel hängen.

Will man von der Wahrheit der Sache sich überzeugen, so thut man gut, die Anwendung dieses Instrumentes sich zeigen und von Denen sich zeigen zu lassen, welche mit Handhabung desselben vertraut sind.

Ich habe es für meine Schuldigkeit gehalten, die über die Brauchbarkeit dieses Wirkmessers gewonnene Ansicht im Interesse der Beschlagkunde
nicht zu verschweigen.

Das Messer ist in zweckmäßiger Nachbildung beim Instrumenten-
macher Kunde in Dresden zu haben.

VI.

Durch die in Capitel V abgedruckte Broschüre, ferner durch zwei
dieses Messer empfehlende Aufsätze aus meiner Feder im III. Quartal-
Heft des Magazins für die gesammte Thierheilkunde von Gurlt und
Hertwig 1861 und in Nr. 7 Amtsblatt für die landwirthschaftlichen
Vereine 1861, sowie durch diejenigen Schmiede, welche unsere Lehrschmieden besucht hatten, wurde das arabische Wirkmesser allgemeiner
bekannt und war es durchaus nicht befremdend, daß in der zu Leipzig
am 27. October 1862 abgehaltenen II. Versammlung sächsischer
Thierärzte und Landwirthe an den Vorsitzenden Medicinalrath Dr.
Haubner die Frage gerichtet wurde: „Ob das vom Grafen Einsiedel
empfohlene arabische Wirkmesser Vorzüge habe vor dem deutschen
und welche?"

Die Antwort Dr. Haubner's war:

„Er kenne keine Vorzüge desselben und habe gesehen, daß
„man auch mit diesem Messer recht hübsch schlecht schneiden.
„könne. Der angebliche Vorzug, daß, weil die Klinge von
„vorn nach hinten (auf den Beschlagenden zu) gezogen
„werde, das Horn des Hufes leichter und mehr seiner
„Structur entsprechend sich abtrenne, sei in der Wirklichkeit

„nicht vorhanden. Die feste Hornmasse weiche dem gezoge-
„nen Messer nicht anders, als dem gestoßenen oder ge-
„schobenen. Uebrigens müsse bei der Arbeit mit dem
„arabischen Wirkmesser der Schmied hinter dem Pferde
„knieen und sei so der Gefahr, von einem unruhigen
„Pferde geschlagen zu werden, mehr ausgesetzt."
Diese Aeußerung Dr. Haubner's gab zu einem heftigen Federkampfe
die Veranlassung, bei welchem sich jedoch Graf Einsiedel nicht im
Mindesten betheiligte (wie er überhaupt nie einen Streit angefangen,
solchen stets vermieden, jedoch es nie unterließ, wenn er angegriffen
wurde, in ruhigem, leidenschaftslosem Tone zu antworten); er sagte
hierzu: Mir für meine Person, obgleich ich das arabische Wirkmesser
empfehle, so lange wir das englische Messer allein, wie die Engländer,
nicht anwenden können, d. h. so lange wir keine englischen Hufe
haben, ist es ganz gleich, mit welchem Messer ein Schmied den Huf
bearbeitet, vorausgesetzt, daß er damit den Huf so vorrichtet, wie es
von uns verlangt wird.

Zunächst übernahm der landwirthschaftliche Kreisverein die Antwort auf den Haubner'schen Ausspruch in einem im 7. Heft des
Jahrganges 1863 der Zeitschrift für deutsche Landwirthe enthaltenen,
auch im Separatdruck erschienenen Artikel, welcher folgendermaßen
lautet:

Das arabische Wirkmesser.

In der Ausschußsitzung des unterzeichneten landwirthschaftlichen Kreis=
Vereins vom 21. Januar d. J. ward des von dem Herrn Landesthierarzt
Medicinalrath Dr. Haubner zu Dresden über das arabische Wirkmesser in
der am 27. October 1862 abgehaltenen II. Versammlung sächsischer Thierärzte und Landwirthe zu Leipzig auf erfolgte Anfrage über die Vorzüge
dieses Messers vor dem gewöhnlichen französischen oder deutschen Stoßeisen
gefällten, in den Mittheilungen des Kreis-Vereins zu Leipzig v. J. 1862,
Nr. 4, Seite 29, abgedruckten Urtheils Erwähnung gethan.

Dieses Urtheil lautet aber wörtlich also: „Er kenne keine Vorzüge desselben und habe gesehen, daß man auch mit diesem Messer recht hübsch schlecht schneiden könne. Der angebliche Vorzug, daß, weil die Klinge von vorn nach hinten (auf den Beschlagenden zu) gezogen werde, das Horn des Hufes leichter und mehr seiner Structur entsprechend sich abtrenne, sei in der Wirklichkeit nicht vorhanden. Die feste Hornmasse weiche dem gezogenen Messer nicht anders, als dem gestoßenen oder geschobenen. Uebrigens müsse bei der Arbeit mit dem arabischen Wirkmesser der Schmied hinter dem Pferde knieen und sei so der Gefahr, von einem unruhigen Pferde geschlagen zu werden, mehr ausgesetzt."

Da dieses Urtheil mit den in dem Bezirke des unterzeichneten Kreis-Vereins und insbesondere von der für Einführung des correcten Hufbeschlags in der Oberlausitz niedergesetzten landständischen Prüfungscommission über das arabische Wirkmesser gemachten Erfahrungen in vollständigem Widerspruche steht, andererseits aber, bei dem Gewichte, welches auf die Meinung des Herrn Dr. Haubner gelegt wird, eine unrichtige Ansicht über das beregte Instrument bei manchen Landwirthen begründen könnte, so hat der unterzeichnete Kreis-Verein beschlossen, folgende wissenschaftliche Beurtheilung des arabischen Wirkmessers zur allgemeinen Kenntniß zu bringen.

Das arabische Wirkmesser wurde von dem, um die Verbesserung des Hufbeschlages hochverdienten Herrn Standesherrn Grafen von Einsiedel-Reibersdorf bei einer im Jahre 1857 unternommenen Reise nach dem Orient, in Syrien vorgefunden und zuerst in seinen Schmieden zu Milkel und Reichenau eingeführt. Dasselbe unterscheidet sich von dem bei uns gebräuchlichen (französischen) Stoßeisen sowohl durch Gestalt als auch Anwendungsweise.

Das französische Wirkmesser oder Stoßeisen hat eine 2 Zoll breite Klinge und wird durch Druck mit dem Leibe des damit schneidenden Schmiedes dem, den Fuß des Pferdes aufhaltenden, Knecht entgegengestoßen, dabei Hornspäne von ½—2 Zoll Länge entfernend, wie man es alle Tage in den Schmieden Leipzigs und Umgegend sehen kann. Das arabische Wirkmesser dagegen hat eine 5½ Zoll breite Klinge, welche der beschlagende Schmied nach sich zu zieht, dabei Späne von 4—5 Zoll Länge, oder auch, wie in der Expedition des unterzeichneten Kreis-Vereins zur Ansicht liegende Hornspäne zeigen, mit 2 Schnitten den ganzen Tragrand eines Hufes entfernend.

Schon hieraus geht hervor, daß sich das Horn des Hufes mit dem gezogenen Messer leichter trennt, als mit dem Stoßeisen; es ist dies aber in der Structur des Hufhornes begründet, denn es wachsen die die Wand zusammensetzenden Hornröhrchen von hinten nach vorn und schneidet also der mit dem Messer arbeitende Schmied dem Wachsthume derselben nach, der mit Stoßeisen arbeitende aber dagegen, und jeder Holzarbeiter weiß ja, daß ihm der Hobel, wenn er dem Wachsthum des Holzes entgegen- arbeitet, bald festsitzt.

Hieraus entspringt aber noch ein anderer und wichtigerer Vorzug dieses Messers. Die Hüfe unserer Pferde haben — zu Folge der Behand- lung mit dem Stoßeisen — fast durchgängig zu lange Zehen und zu niedrige Trachten. Diese zu langen Zehen zu kürzen, fällt mit dem Stoßeisen auch dem damit bewandertsten Schmied schwer, weil die Zehe der stärkste und härteste Theil des Hufes ist, und weil er mit dem Stoß- eisen an der Zehe flach einsetzt und wie mit jedem geschobenen Schneide- instrumente nach den schmäleren und dünneren Huftheilen der Trachten zu, tiefer kommen muß.

Umgekehrt ist es bei Anwendung des arabischen Wirkmessers der Fall, welches an den dünnen Trachtentheilen (die wir an unseren Pferdehüfen, wie oben bemerkt, meist zu schonen haben) flach angesetzt wird und nach der, stärker zu kürzenden Zehe, tiefer eingreift; dabei nach dem Schnitt, vermöge seiner breiteren Klinge, einen schönen graden, glatten Tragrand zur Auflage des Hufeisens hinterlassend. Hierin beruht es, daß auch der mit diesem Messer arbeitende unwissende Schmied die starke Zehe kürzen und die schwächeren Trachtentheile schonen muß; er kann mit dem arabischen Messer die für den Huf so wichtigen Eckstreben nicht oder nur wenig verletzen, wogegen er sie mit dem Stoßeisen nicht gehörig schonen kann.

Daß, abgesehen von der Structur des Hornes, dieser Unterschied im Flachansetzen und nachherigen Tieferkommen zwischen einem gezogenen und ge- schobenen Instrumente herrscht, sehen wir ja alle Tage beim Brotschneiden, wir schneiden nach uns zu und es fällt keinem Menschen ein, das Ent- gegengesetzte zu thun.

Es hat jedoch das arabische Messer noch folgende andere Vorzüge vor dem Stoßeisen.

Es stehen nämlich die zu beschlagenden Pferde viel ruhiger beim Ausschneiden mit dem Messer als mit dem Stoßeisen, weil bei Anwendung des Stoßeisens der Huf höher gehoben werden muß und bei jedem Stoße ein Rucken im Kronen- und Fesselgelenk stattfindet, auch der Aufhälter seine Hände dicht um die Fesseln, des festen Widerhaltens wegen, schließen muß, wodurch Störung in der nach dem Hufe zu stattfindenden Blut-circulation herbeigeführt wird und daher bei dem Pferde unangenehme Empfindungen entstehen müssen.

Bei Anwendung des arabischen Messers hält der Aufhälter den Fuß locker im Fessel, der Schmied hat den Huf in seiner linken Hand und schneidet nach sich zu, ohne in den Gelenken des Pferdes zu rücken oder zu zerren.

Der Vorwurf, daß der Schmied bei Anwendung des arabischen Messers, in Folge seiner Stellung hinter dem Pferde, mehr gefährdet sei, beruht auf Täuschung. Bei jedem unruhigen Pferde ist ein unbeholfener Schmied gefährdet, am Meisten aber mit dem Stoßeisen, weil schon ein ruhiges Pferd durch dessen, das Pferd incommodirende Anwendung unruhig werden kann, und weil beim Ausschneiden mit dem Stoßeisen das Pferd den Fuß hoch gehalten, also zum Schlage fertig hat; beim arabischen Messer hin-gegen den Fuß mehr ausgestreckt hat, also zum Schlage erst ausholen müßte.

Nochmals kurz wiederholt sind die Vortheile des arabischen Messers gegenüber dem Stoßeisen folgende: 1) schneidet man mit demselben natur-gemäß, d. h. dem Wachsthum der Hornfasern nach; 2) werden mit demselben der Natur des Schnittes nach, die starken, meist langen Zehen mehr gekürzt, die schwachen Trachten, die so wichtigen Eckstreben und der Strahl mehr geschont als mit dem Stoßeisen; 3) werden dadurch auch ungeschickte Schmiede gezwungen, richtiger zu schneiden; 4) wird durch die breite hobel-ähnliche Klinge des Messers ein schöner grader Tragrand für das aufzu-legende Eisen erzielt; 5) werden dem Pferde durch Wegfall des Ruckens und Zerrens in den Gelenken unangenehme Empfindungen erspart und dadurch 6) das ruhigere Stehen des Pferdes herbeigeführt; 7) kommen Verletzungen des Aufhälters und Pferdes nicht vor, und 8) ist die Erlernung des Schneidens mit diesem Messer in weit kürzerer Zeit (in 2 bis 3 Wochen) als mit dem Stoßeisen möglich.

Geht man nach dieser, bereits in dem in dem Amts- und Anzeigeblatt Jahrgang IX Nr. 7 abgedruckten Berichte des Amtsthierarzt Walther in Bautzen enthaltenen Darlegung der erfahrungsgemäß dem arabischen Wirkmesser beizulegenden Vorzüge auf das Urtheil des Herrn Dr. Haubner näher ein, so ist noch Folgendes zu bemerken.

Wenn Herr Professor Dr. Haubner sagt, er kenne keine Vorzüge des arabischen Wirkmessers, so steht dieses Urtheil entgegen den nach obiger Darstellung in hiesiger Provinz über die Vorzüge dieses Instrumentes gemachten Erfahrungen.

Alle Schmiede des hiesigen Landkreises, welche sich über die Führung des arabischen Wirkmessers richtige Einsicht verschafft, bedienen sich nur dieses Instrumentes, nicht mehr des gewöhnlichen Stoßeisens.

Und wollte letzteres von einem Schmiede noch angewendet werden, so lassen dies die hiesigen Pferdebesitzer selbst nicht mehr zu, da es hier allgemein bekannt ist, welche vortheilhafte Veränderung der Hüfe seit Anwendung des arabischen Wirkmessers eingetreten ist.

Hat Herr Medicinalrath Dr. Haubner mit dem arabischen Wirkmesser, wie er sich ausdrückt, „recht hübsch schlecht" schneiden sehen, so wird dies bei Gelegenheit der ersten ständischen Schmiedeprüfung und Prämiirung im Herbste 1861 der Fall gewesen sein; allein es schnitten da meist Schmiedemeister oder deren Söhne, welche das arabische Wirkmesser zum ersten Male in ihrem Leben in die Hand bekamen.

Jeder Unbefangene indessen wird zugeben müssen, daß ein Schmied, der zum ersten Mal das Stoßeisen gebraucht, ebenfalls schlecht schneiden wird, und daß das bloße Sehen des Gebrauchs in ungeübter Hand ein Urtheil nicht rechtfertigen könne, welches ein Instrument verwirft, das sich vielfach als höchst brauchbar bewährt hat.

Wenigstens ist in hiesiger Provinz über die Vorzüglichkeit des arabischen Wirkmessers bei allen intelligenten Pferdebesitzern und einsichtsvollen Schmieden nur eine Stimme, die bereits in den weitesten Kreisen des In- und Auslandes kräftigen Widerhall findet.

Denn es sei schließlich hier noch erwähnt, daß der in der Oberlausitz eingeführte Hufbeschlag nebst dem arabischen Wirkmesser in dem königlichen

Marstall zu Berlin und bei der königlich preußischen Cavalerie zur Anwendung kommt und daß die zahlreiche Beschickung der Schmiede zu Mittel beweist, wie lebhaftes Interesse an der in unserer Provinz eingeführten Verbesserung des Hufbeschlags das landwirthschaftliche Publicum bezeigt.

Baußen, am 31. Januar 1863.

Der landwirthschaftliche Kreis-Verein für das königl. sächs. Markgrafthum Oberlausitz.

Graf zur Lippe, Vorsitzender,
Schenk, Kreissecretair.

Medicinalrath Dr. Haubner brachte hiergegen im 10. Heft der Zeitschrift für deutsche Landwirthe einen längeren Aufsatz unter der Ueberschrift: Einige Bemerkungen über die Hufwirkmesser im Allgemeinen und das arabische Wirkmesser insbesondere.

Es würde zu weit führen, diesen Artikel wörtlich zum Abdruck zu bringen, zumal in den darauf folgenden Entgegnungen die den Grafen Einsiedel oder das von ihm empfohlene Messer betreffenden Stellen zum Theil wiederholt, theils aus der Widerlegung ersichtlich sind. Letztere glaube ich aber im Interesse der Sache nicht vorenthalten zu dürfen.

Zunächst erschien von mir eine Entgegnung in Nr. 4 derselben „Zeitschrift" 1864 wie folgt:

Zur Wirkmesserfrage.

In Nr. 10 vorigen Jahrgangs dieser Zeitschrift (s. S. 296 Anmerk.) erwähnt Medicinalrath Dr. Haubner eines von mir in Nr. 7, Jahrgang 1861 des Amtsblattes für landwirthschaftliche Vereine, hervorgehobenen Vorzuges des arabischen Hufwirkmessers: „daß ich in diesem Messer das Mittel sähe, einen großen Theil der Pferde vor Zwanghuf zu bewahren, weil mit diesem Messer, selbst wider Willen, richtiger ausgeschnitten werden muß."

Medicinalrath Dr. Haubner führt, um das von mir Gesagte zu widerlegen, eine entgegengesetzte Aeußerung eines anderen Thierarztes ohne Namen auf und bringt den höchst unpassenden Vergleich mit der Schaf-Scheere. Meine Aeußerung „mit dem arabischen Messer vermeide man Zwanghuf" macht er lächerlich und das von einem Unbekannten Gesagte „das arabische Messer macht Zwanghuf" benutzt er zu seiner Vertheidigung.

Daß man bei den aus dem Orient zu uns kommenden Pferden aus dem schmalen kleinen Hufe mit seinen etwas steilen Trachtenwänden durch falsche Behandlung mit dem Stoßmesser sehr leicht Zwanghuf machen kann, ist gar nicht anders möglich, aber Zwanghüfe giebt es unter den Pferden im Orient — wo das arabische Hufmesser im Gebrauch — nicht. Mehrere Hippologen, welche den Orient bereist, haben mir auf das Bestimmteste versichert, daß sie Zwanghüfe dort nicht gesehen; so namentlich hat mir Herr Graf von Einsiedel (von dem es doch hinlänglich bekannt ist, daß er einen Huf gründlich zu beurtheilen versteht) wiederholt erklärt, daß, wenn er Abweichungen von der normalen Hufform im Orient gefunden, solche eher das Gegentheil, nur keine Zwanghüfe gewesen seien.

Ich genire mich durchaus nicht, zu gestehen, daß ich früher selbst Schmied war, genire mich auch nicht, zu gestehen, daß ich mit dem Stoß-messer manchen Zwanghuf habe bilden helfen; es liegt dies aber im Messer selbst, denn es ist schwer zu vermeiden, die Eckstreben beim Auswirken unverletzt zu erhalten, sie brechen meistens aus.

Mit dem arabischen Messer bleiben diese Eckstreben und der Strahl gänzlich unberührt und Medicinalrath Dr. Haubner wird, glaube ich, die Wichtigkeit genannter beiden Huftheile für den Huf wohl kennen und wird wissen, daß, wenn man Strahl, Eckstreben und Strebenwinkel verkümmert, die Folge davon nach und nach Zwanghuf sein wird. Polen mir als Muster im Beschlag aufzustellen und mich dadurch widerlegen zu wollen, ist am wenigsten am Platze, da ich einen Polen als Lehrmeister gehabt, und selbst in Polen Pferde beschlagen, wo ich Hauklinge und Stoßmesser auf die roheste Weise so handhaben mußte, daß ich mich noch heute schäme, wenn ich daran denke. Uebrigens hat Medicinalrath Dr. Haubner gar nicht angegeben, ob die in der Anmerkung erwähnten Hüfe als

Zwanghüfe nach Polen gekommen sind, oder erst in Polen mit dem Stoßmesser fabricirt wurden. Auch stehe ich mit der Angabe:

„daß durch das arabische Wirkmesser, weil man damit die edleren
„Hufteile schonen muß, Zwanghuf vermieden wird",

nicht vereinzelt da, man lese die in der Leipziger Zeitung vom 20. bis
22. Januar 1864 vom Thierarzt I. Claffe Klingner in Görlitz erlassene
Bekanntmachung, man höre viele Schmiede, welche dieses Messer anwenden
und dabei die Hüfe in ihren Veränderungen betrachten, und frage unzählige
Pferdebesitzer, deren Pferdehüfe mit dem arabischen Messer ausgewirkt werden.

Ich will mich hier absichtlich in eine Kritik des ganzen Haubner'schen
Aufsatzes nicht einlassen, sondern schließlich nur bemerken: beträfe das
Urtheil des Herrn Medicinalrath Dr. Haubner's nicht das Wirkmesser,
sondern ein anderes, z. B. eins der chirurgischen Instrumente, in deren
Führung er vollständig Meister, so würde ich mich gern bescheiden; dagegen
werde ich nie an meinen Worten mäkeln, sie wohl gar lächerlich machen
lassen (wie in jener Anmerkung), wenn es ein Instrument betrifft, welches
ich jahrelang geführt (Stoßmesser) oder welches ich jetzt jahrelang unter
meinen Augen führen sehe und theilweis selbst führe, wie das arabische
Wirkmesser.

Hierauf im landwirthschaftlichen Centralblatt 1864, 3. Heft,
S. 261, eine Entgegnung vom Schmiedemeister Zenker in Görlitz,
welche lautet:

„Es hat sich in Nr. 10, Seite 290 der Zeitschrift für deutsche Landwirthe von Dr. Stöckhardt in Jena 1863, ein Streit über das arabische
Hufwirkmesser entsponnen, der mich veranlaßt, vom practischen Standpunkte
aus einige Bemerkungen darüber zu veröffentlichen, indem ich nach längerer
Erfahrung mich zu einem Urtheil in der Frage befähigt glauben darf.
Es kann mir nicht in den Sinn kommen, darüber eine gelehrte Abhandlung zu schreiben, — das muß ich Anderen überlassen, — aber als
Schmied, der sein Handwerkszeug kennt und dessen Vortheil es gebietet,
daß er sich das Zweckmäßigste dazu wählt, kann ich nicht schweigen, wo
ich von der Unrichtigkeit der Urtheile über dasselbe überzeugt bin. Zuvörderst bekenne ich mich hocherfreut, ein so brauchbares Werkzeug, wie

5

das arabische Wirkmesser ist, kennen gelernt zu haben, empfehle es Jedermann und versichere, daß in meiner Werkstatt kein anderes Hufmesser, außer dem kleinen englischen, welches zum Auspuzen des Strahles, der Sohle und Eckstreben nöthig, je zur Anwendung kommen wird; es müßte denn ein neues, noch brauchbareres Instrument erfunden werden. Wenn Herr Dr. Haubner für Deutschland das englische Hufmesser zum alleinigen Gebrauch empfiehlt, so ist ihm wohl der beschränkte Gebrauch unbekannt, welchen das englische Hufmesser selbst in England findet, was daraus hervorgeht, daß er Seite 294 sagt: „Die Engländer schneiden die eine Wand von hinten nach vorn und die andere Wand von vorn nach hinten", und doch haben mir meine Lehrer, welche alle den Hufbeschlag in England an Ort und Stelle und zwar wiederholt studirt haben, gelehrt, daß die Engländer den Tragrand abraspeln und nicht mit dem Messer schneiden; die Engländer benuzen das Messer nur zum Auswirken der Sohle, zum Bepuzen des Strahles und der Eckstreben. Da wir jedoch unseren Pferdehufen nicht die Pflege angedeihen lassen, wie in England und sie nicht so oft in die Schmiede bekommen als der englische Schmied, wir auch die Pferde noch nicht an das Alleinaufhalten des beschlagenden Schmiedes gewöhnt haben, so können wir auch vor der Hand mit der Raspel und dem englischen Messer allein nicht auskommen, wir müssen noch ein größeres Messer zum Wegnehmen größerer Massen von Tragrand und namentlich Zehenhorn haben, und dazu giebt es auch für den härtesten Huf kein besseres Instrument, als das von Herrn Grafen von Einsiedel und Anderen empfohlene arabische Wirkmesser. Jeder der geehrten Herren Leser dieses Blattes, welcher mich persönlich kennt, wird das von mir hier Gesagte gewiß glauben. Ich stehe dem Herrn Grafen von Einsiedel ganz fern, habe von ihm weder Nachtheile noch Vortheile zu erwarten, brauche auch auf leztere, da ich mich in guten Verhältnissen befinde, nicht zu reflectiren. Ich sage dies hier aus dem Grunde, weil Herr Dr. Haubner in seinem Aufsatze dergleichen Gedanken gegen den Ausspruch Anderer durchblicken ließ.

In Nachstehendem will ich von meinem, d. h. vom practischen, Standpunkte aus, und weil es mir, der ich mit dem Messer umzugehen habe, zukommt, versuchen, das von Herrn Dr. Haubner in der genannten Zeitschrift Gesagte zu widerlegen.

I. **Die Wirkmesser im Allgemeinen.** Herr Dr. Haubner sagt: „Das arabische Wirkmesser ist wie der arabische Hufbeschlag überhaupt nur im Morgenlande im Brauch. Eins wie das Andere war zwar bisher gekannt, aber beide sind unberücksichtigt geblieben, und zur Einführung bei uns nicht für werth erachtet worden. Erst der Standesherr Herr Graf von Einsiedel hat die Vorzüglichkeit des arabischen Messers erkannt und ist seitdem unablässig bemüht gewesen, dasselbe an Stelle des üblichen Messers bei uns einzuführen" 2c.

1) Hierzu will ich nur bemerken, daß das arabische Wirkmesser nicht nur im Morgenlande in Gebrauch, sondern in der preußischen und sächsischen Oberlausitz vielfach seine Verwendung findet. Bei mir ist es, wie schon erwähnt, längere Zeit im Gebrauch und sind fortwährend in Görlitz und Umgebung Collegen von mir bemüht, sich die leicht zu erlernende Fertigkeit im Gebrauch dieses Messers anzueignen, da die Vorzüge desselben vor dem deutschen Messer, sobald erst die richtige Handhabung gesehen und erlernt ist, jedem vorurtheilsfreien Schmiede einleuchten müssen.

Dem unter 1 1 Gesagten: „Beim Gebrauche des deutschen und des arabischen Messers ist ein Aufhalter nöthig, der den Fuß des Pferdes dem Schmiede aufhält. Beim englischen Hufmesser ist kein Aufhalter nöthig; der englische Hufschmied hält sich den Fuß des Pferdes selbst auf" 2c., pflichte ich vollständig bei und bin vielseitig bemüht, die Pferde und meine Leute an das Beschlagen ohne Aufhalter zu gewöhnen. Daß man mit dem arabischen Wirkmesser auch ohne Aufhalter das zu schneiden vermag, was man damit zu schneiden hat, davon kann Herr Dr. Haubner sich bei mehreren Schmieden überzeugen.

2) „Mit dem arabischen Messer kann man nur den Tragrand beschneiden, und man muß daneben noch ein zweites Messer haben."

Daß man mit dem arabischen Wirkmesser nur den Tragrand beschneidet, ist in meinen Augen kein Nachtheil, sondern vielmehr ein Vortheil dem deutschen Messer gegenüber. Mit dem deutschen Wirkmesser kann man die Eckstreben nie so schonen, wie deren Wichtigkeit für den Huf erfordert, denn sie brechen meist aus; es lockt ferner den Schmied, den so schneidbaren Strahl zu verstümmeln. Daß durch dieses Ausschneiden viele ursprünglich gesunde Hufe lang und schmal werden, ja durch das starke Strahlausschneiden und Ausbohren der Eckstreben Zwanghufe entstehen,

kann ich vielfach belegen. Mit dem arabischen Messer schneiden wir nur
Tragrand und benutzen noch nebenbei zum Entfernen abgestorbener Huftheile an Sohle, Strahl und Eckstreben das englische Messer, ohne deswegen,
um einen Huf gut vorzurichten, mehr Zeit benöthigt zu sein, als der
Schmied, welcher das deutsche Messer zum Nachtheile des Hufes und des
Pferdebesitzers braucht. Das unter 3 vom deutschen Messer Gesagte: „Das
deutsche Wirkmesser wird durch Stoß bewegt, unter Beihülfe des ganzen
Körpers — daraus folgt, daß man mit demselben die größte Kraft
ausüben kann ꝛc." — beruht nur auf Schein und ergiebt die Praxis
ganz andere Resultate.

Man schneide selbst, aber nach richtiger Anleitung und ohne Vorurtheil, und man wird auch am härtesten Huf mit dem arabischen Messer
ohne Kraftanstrengung mit der größten Leichtigkeit, wenigstens bei weitem
leichter, als mit dem deutschen Messer, schneiden können.

4) „Daß man mit dem arabischen Messer nur einen langen Spahn
schneiden könne und schneiden müsse", beweist mir, daß das Messer nicht
genügend und nach Vorschrift erprobt worden ist.

Ich meines Theils, und jeder meiner Leute, kann die Spähne damit
in jeder beliebigen Kürze und Länge schneiden. Auch kann ich, obgleich
es nicht nöthig, den Tragrand eines Hufes mit zwei Schnitten entfernen;
es zeigt dies nur, daß man so mit dem Messer schneiden kann.

5) Daß das englische Messer „handlich" ist, gebe ich zu; es ist nur
beschränkt anwendbar; wer es versuchen wollte, mit diesem englischen Messer
allein einen tüchtig herangewachsenen Huf eines hiesigen Fuhrmanns-
pferdes auszuschneiden, würde anderer Ansicht werden. Davon, daß das
arabische Messer leichter zu handhaben, als das deutsche und eine geschickte
Handhabung desselben leichter als mit dem deutschen sich erlernen läßt,
kann man in meiner und vielen andern Werkstätten sich täglich überzeugen.

6) Schon aus vorher Gesagtem geht hervor, daß das englische Messer
nur einen beschränkten Gebrauch zuläßt, weil man die Wand damit fast
gar nicht zu schneiden vermag. Den freiesten Gebrauch und die freieste
Führung bei unserem Pferdehufe gestattet nur das arabische Wirkmesser,
obgleich wider Willen damit richtiger ausgeschnitten werden muß, da man
nicht damit die Eckstreben und Strahl verkümmern kann, wie es mit dem
deutschen Messer nur zu oft geschieht, und es wahrlich weniger Geschick

und Kraft bedarf, damit zu schneiden, als mit dem deutschen Messer. Zugeben will ich, daß ein verständiger Schmied mit dem deutschen Messer, in Gemeinschaft mit dem englischen Messer, einen Huf eben so gut, aber nicht so leicht vorrichten kann. Man sehe nur harte Hüfe mit dem deutschen Messer auswirken, wo bei jedem Stoße das ganze Pferd, Aufhalter und Schmied erschüttert werden und sehe dagegen denselben Huf mit dem arabischen Messer mit Leichtigkeit auswirken. Das englische Messer kann also nicht, wie Herr Dr. Haubner der Ansicht ist, den Preis davon tragen, weil kein Schmied und auch kein an seine Führung gewöhnter englischer Schmied im Stande ist, hartes und stark herangewachsenes Wandhorn, wie wir es täglich zur Schmiede bekommen, damit allein zu schneiden.

Jeder intelligente, vorurtheilsfreie Schmied wird auf den ersten Blick die Vortheile des arabischen Messers einsehen, er wird nur dieses zur Verkleinerung übermäßig herangewachsener Hüfe verwenden, weil es für ihn selbst, für den Aufhalter und das Pferd weit bequemer, und wird, so lange die deutschen Pferdehufe noch keine englischen, das englische Messer nur beschränkt, d. h. nebenbei, gebrauchen können.

II. Das arabische Hufmesser insbesondere. — Aus den Auslassungen des Herrn Dr. Haubner muß ich schließen, daß er das arabische Messer wohl nicht in geschickter Hand gesehen, noch selbst dasselbe genügend versucht hat. Ich suche ebenfalls die Wahrheit in allen Dingen und darum versuche ich mit Thatsachen, die mir als Practiker zugekommen sind, meine Ansichten zu begründen. Denn

1) ist ein großer Unterschied darin, ob ich den Hornfasern[*]), wie der Laie die Hornröhrchen zu bezeichnen pflegt, entgegen oder dem Wachsthume nach schneide. Dies wird Jedem, der sich diesem Geschäfte unterzogen hat, unzweifelhaft sehr bald einleuchten; ich verweise nur auf das Ausbrechen der Eckstreben, wenn man ihrem Wachsthume entgegenschneidet. Wo bleibt also die homogene Masse, die man nach allen Seiten hin schneiden kann? Wie würde die Richtung der Hornspalten bei dieser homogenen Masse

---

[*]) Herr Dr. Haubner kritisirt das Wort „Hornfasern" und beschuldigt den landwirthschaftlichen Kreis=Verein der Unwissenheit; allein in dem kritisirten Aufsatze Nr. 7 der Zeitschrift für deutsche Landwirthe Seite 195 in der 1. Spalte ist „Hornröhrchen" gesagt.   **Der Verf.**

erklärt? Sind diese nicht stets in der Richtung der Hornfasern oder Hornröhrchen? Wie könnte wohl der englische Schmied, nach Ansicht des Herrn
Dr. Haubner, auf der einen Seite den Hornfasern des Hufes entgegen
schneiden, da derselbe bekanntlich das englische Messer zum Beschneiden der
Wand gar nicht gebraucht, sondern sich dazu nur der Raspel bedient?
Die in dieser Beziehung von dem Herrn Dr. Haubner aufgeworfenen Fragen
kann daher wohl Niemand mit „Ja" beantworten.

2) Daß mit dem arabischen Messer der Natur des Schnittes nach,
die starken, meist langen Zehen mehr gekürzt, die schwachen Trachten, die
so wichtigen Eckstreben und der Strahl mehr geschont werden, als mit
dem Stoßeisen — ist ferner ein großer Vortheil des arabischen Messers
gegenüber dem Stoßeisen, den der Herr Dr. Haubner dem Eisen auch
nicht abspricht.

Man sehe nur Tausenden von Schmieden zu, welche mit dem Stoßeisen den Huf auswirken; es ist ihnen entweder gelehrt oder wenigstens
gestattet worden, die Eckstreben auszubohren und den Strahl zu verkümmern, die Zehe dagegen, die bei fast allen unseren Pferdehufen zu lang,
kann er als sehr harten Huftheil nur schwer kürzen.

Beim Schneiden mit dem arabischen Messer ist dies nicht möglich,
es kann der Schmied nur den Tragrand, Zehen und allenfalls die Sohle
damit schneiden; er muß schonen, was zu schonen ist und kürzen, wo
gekürzt werden soll, daher ist es sehr richtig bezeichnet, wenn:

3) mit diesem Messer ungeschickte Schmiede gezwungen werden, richtiger (nicht wie Herr Dr. Haubner in seinem Aufsatze citirt: „richtig")
zu schneiden.

Sieht man einem, das Stoßeisen gebrauchenden Schmiede zu, so wird
man stets finden, daß ihm das Kürzen der Zehe ungemein schwer wird
und dies namentlich an sehr harten Hufen; man sieht ihn immer wieder,
und wenn es nur geschieht, um von der schweren Arbeit zu verschnaufen,
schneidend an die Trachten, Trachtenwinkel und Strahl kommen; es schneidet
sich ja dort viel weicher! —

Umgekehrt ist es mit dem arabischen Messer, welches nur von den
Trachten aus nach der Zehe zu gebraucht wird. Der Schmied setzt an
den meist zu schonenden Trachten mit diesem Messer an und kommt immer
an die mehr zu kürzende Zehe, dabei mit Leichtigkeit schneidend; er berührt

damit Eckstrebe, Strebenwinkel und Strahl gar nicht, sondern reinigt diese zu schonenden Theile von seinen abgestorbenen Theilen nur mit dem englischen Messer.

4) Gesteht Herr Dr. Haubner zu, „daß durch die breite, hobelähnliche Klinge dieses Messers ein schöner grader Tragrand für das aufzulegende Eisen erzielt wird." Ich habe Tausende von Hüfen zum Beschlagen vorgerichtet und jetzt durch meine Leute Tausende vorrichten lassen, allein einen so graden Tragrand, als mit diesem Messer, ist man mit dem deutschen Messer nicht im Stande hervorzubringen. Wie viel muß der das Eisen aufpassende Schmied bei einem mit dem deutschen Messer vorgerichteten Hufe mit dem Messer nachhelfen; bei einem mit dem arabischen Messer vorgerichteten Hufe bedarf man kaum der Raspel.

5) „Es werden dem Pferde die unangenehmen Empfindungen durch Wegfall des Rückens und Zerrens in den Gelenken erspart und dadurch" 6) „das ruhigere Stehen der Pferde herbeigeführt." Ich verstehe als Schmied nicht den innern Vorgang, der dies herbeiführt; ich würde es etwa Klamm nennen und erkläre mir es so, wie ich mir das Einschlafen des Beines an mir selbst erkläre, wenn ich diese über einander gelegt und so Nerven und Blutgefäße gedrückt hatte. Daß da aber noch Blut heraus kommen muß, wenn Jemand in die Weichtheile des Fußes schneidet, ist einleuchtend, denn die Hände des Aufhalters sind kein Schraubstock; aber wenn dies auch wäre, so käme dennoch gewiß etwas Blut heraus! Daß die Thiere den Fuß, woran man durch Schneiden, Brennen ꝛc. Schmerzen macht, wegzuziehen versuchen und nicht, wie der mit Verstand und Willen begabte Mensch, stillhalten, wird Jedermann alle Tage sehen können. Ich verstehe daher die Auffassung des Herrn Dr. Haubner in dieser Beziehung nicht. Die Bremse ist mir gelehrt worden, in solchen Fällen deshalb anzuwenden, um durch Hervorrufen eines bedeutenden Schmerzes an einem anderen Körpertheile (Lippe), die Aufmerksamkeit des Thieres von der Stelle, wo ich als Schmied dem Thiere Schmerz oder unangenehme Empfindungen machen muß (z. B. beim Nachgraben einer Steingalle ꝛc.) abzuleiten; das Thier steht dadurch ruhig und ich kann ungestört am Hufe fortarbeiten. Uebrigens wurden solche Zwangsmaaßregeln bei mir grundsätzlich abgeschafft.

7) „Kommen Verletzungen des Aufhalters und Pferdes nicht vor."

Diesen Satz bestreitet Herr Dr. Haubner nicht; er stellt aber dem
entgegen, daß der Schmied sich mit dem arabischen Messer selbst schneiden
und von dem Pferde leichter geschlagen werden könne, als bei Anwendung
des deutschen, weil man bei dem Gebrauche von jenem sich auf ein Knie
niederlassen muß. Hat sich mit dem Stoßmesser noch kein Schmied geschnitten? Ist noch kein Schmied, der mit dem Stoßmesser auswirkt, vom
Pferde geschlagen worden? Wie oft ist mit dem Stoßmesser die Daumspitze
und ein Stück Handballen weggeflogen und wie Mancher ist geschlagen
und getreten worden, ohne gekniet zu haben? Daß ein Pferd aber mit
dem Hinterfuße nach vorn schlagen könne, wenn ihm der Vorderfuß zum
Auswirken aufgehoben, ist mir unmöglich erschienen. Warum aber solche
Fragen aufstellen? Warum geben sich immer wieder Leute zu Locomotiven-
führern oder Dachdeckern 2c. her, obgleich so Mancher in diesem Berufe
verunglückte?

8) Bestätige ich aus an mir selbst und vielfach an Andern gemachten
Erfahrungen, daß das Erlernen des Schneidens mit dem arabischen Messer
in weit kürzerer Zeit zu erlernen ist, als mit dem deutschen. Daß das
arabische Messer zur Zeit der Veröffentlichung des von Herrn Dr. Haubner
kritisirten Aufsatzes im Marstall zu Berlin zur Anwendung kam, kann ich
bestätigen, da damals mein Freund Schiemang hinberufen wurde und 1
Monate lang die königlichen Pferde beschlug. Demselben ist so eben als
Anerkennung seiner Leistungen und Geschicklichkeit von Sr. Majestät dem
Könige von Preußen das allgemeine Ehrenzeichen huldreichst verliehen worden.
Schiemang hat seit langen Jahren schon kein anderes Messer; er gebraucht
nur das arabische und englische Messer. Ob es jetzt dort im Brauch,
weiß ich nicht. Der in Milkel gelehrte correcte englische Hufbeschlag
ist aber dort in Anwendung, das weiß ich, auch können mehrere königlich
preußische Regimenter namhaft gemacht werden, welche sowohl das arabische
Messer als auch den Milkeler correcten englischen Hufbeschlag eingeführt,
und von dort und von hier erst neuerdings Messer bezogen haben, die in
Görlitz angefertigt und zahlreich versendet werden.

Wenn es auch dem Herrn Grafen von Einsiedel, wie ich weiß, gleichgiltig ist, ob sich sein Schmied des Stoßeisens, des englischen, des arabischen
oder welches Messers überhaupt beim Auswirken der Hufe bedient, wenn
er nur den Huf so ausschneidet, wie es der Herr Graf haben will, d. h.

vernünftig, so steht doch das unzweifelhaft fest, daß das arabische Messer immer weitere Verbreitung findet und kann Jeder, der sich dafür interessirt, in Mittel, wie hier in Görlitz bei mir, die zahlreichsten Beweise davon erhalten.

Zum Schluß kann ich nur aus vollster Ueberzeugung und nach reiflichster Erfahrung dafür Zeugniß ablegen: Daß das arabische Messer alle die vom Kreis-Verein gerühmten Vorzüge besitzt und es wird, so hoffe ich zuversichtlich, immer mehr das deutsche Messer verdrängen.

Auch ich fürchte keine Entgegnung und lade alle Zweifler und Tadler ein, statt vielen Schreibens, sich in meine Werkstatt zu bemühen und da zu sehen, um zu glauben."

Görlitz, im Februar 1864.

August Zenker, Schmiedemeister.

„Zur Steuer der Wahrheit will ich hier nur constatiren, daß Verfasser vorstehenden Artikels seit einem Jahre das alte französische Hufmesser oder Stoßeisen aus seiner Werkstatt gänzlich verbannt hat und daß Herr Zenker sich ausschließlich des vom Herrn Grafen von Einsiedel empfohlenen arabischen Hufmessers in Verbindung mit dem kleinen englischen Rinnmesser mit sehr gutem Erfolge bedient. Fast alle hiesigen Luxus-, Post- und Offiziers-Pferde, so wie eine Menge Lohnkutscher- und Frachtpferde, sind zur Zufriedenheit der Besitzer in der schön und practisch eingerichteten Schmiede des Herrn Zenker beschlagen worden. Die Leute des Letzteren haben die Handhabung des arabischen Messers sehr rasch und leicht erlernt (in 8 bis 14 Tagen) und haben die mit diesem Messer bearbeiteten Hufe kräftige starke Eckstreben und einen starken gesunden Strahl bekommen, weil die Schmiede beim Gebrauche des arabischen Messers daran behindert werden, diese Theile zu sehr wegzunehmen, was mit dem Stoßmesser leider nur zu oft und leicht geschieht. Steingallen und Zwanghufe gehören jetzt bei den bei Herrn Zenker beschlagenen Pferden zur Seltenheit."

Görlitz, im Februar 1864.

Klingner, Thierarzt I. Cl.

Inzwischen hatte der Departementsthierarzt Erdt zu Cöslin im landwirthschaftlichen Centralblatt über dieses Thema geschrieben, und waren, da Erdt früher die Apotheker= und nicht die Schmiedekunst erlernt, einige Unrichtigkeiten unterlaufen, die ich in derselben Zeit=schrift 3. Heft 1864 in Folgendem widerlegte:

Das englische Wirkmesser wird nicht mit der rechten und linken Hand, wie College Erd angiebt (denn dazu müßte für die linke Hand auch ein linkes Messer sein), sondern nur mit der rechten gebraucht, wobei der Daumen der linken Hand durch Druck auf den Rücken des Messers nachhilft. Der Schmied nimmt dazu den Huf des Pferdes zwischen seine Beine wie in einen Schraubenstock, sowie er überhaupt in England das Pferd an seinen vier Hüfen beschlägt, ohne eines Aufhälters benöthigt zu sein.

Im Jahr 1861 habe ich mich in verschiedenen Schmieden Englands durch Augenschein hiervon überzeugt, und würde ich, wenn wir unseren Pferdehüfen dieselbe Pflege angedeihen ließen, wie die Engländer, wenn ferner unsere Pferdehufe in demselben Zustande wie die englischen wären, und wenn unsere Pferde alle so ruhig in der Schmiede stünden wie jene, ebenfalls nur das englische Messer zum alleinigen Gebrauch bei uns em-pfehlen, was jedoch vor der Hand noch nicht ausführbar ist, denn wir haben an unsern Pferdehüfen noch viel zu viel zu schneiden, namentlich an den sehr langen Zehen. Nun habe ich mich eben sowohl in England als auch sonst durch mehrfache Proben selbst überzeugt, daß dies mit dem englischen Messer nicht geht; der Engländer kann das Wandhorn damit auch nicht schneiden; er raspelt die Wand mit einer scharfen Raspel ab (also nicht wie Haubner Seite 294 des 10. Heftes der Zeitschrift für deutsche Landwirthe 1863 irriger Weise angiebt) und schneidet nur die Sohle und allenfalls überflüssigen Strahl mit diesem Messer.

Man sieht aus dem eben Gesagten, daß auch Haubner, um competent in der Sache urtheilen zu können, nicht genügend orientirt ist.

Wir bei uns können das englische Messer allein (d. h. ohne Beihilfe des arabischen oder des Stoßmessers) nur beschränkt gebrauchen; wir müssen, bedingt durch die bei der selteneren Erneuerung des Beschlages mehr heran-gewachsenen Hufe, zum Beschneiden des Wandhornes uns noch eines der zuletzt genannten Messer bedienen. Die besseren Schmiede, mögen sie nun das deutsche Messer (wie in der Dresdener Lehrschmiede), oder das arabische Wirkmesser (wie in den beiden Oberlausitzer Lehrschmieden u. a. a. O.) anwenden, bedienen sich des englischen Messers zum Auspußen der Sohle und des Strahles, und würde es sich daher vor der Hand nur um die Frage handeln: „Welches Messer ist am meisten zu empfehlen neben der Anwendung des englischen?"

Das deutsche Wirkmesser (Stoßmesser) hat außer den von meinem geehrten Herrn Collegen Seite 177 dieses Blattes aufgeführten vielen Nachtheilen noch den, daß bei dem Gebrauch desselben, auch in ge= schickter Hand, die Eckstreben des Hufes, deren Wichtigkeit für die Gesund= erhaltung des Hufes jeßt wohl Jedermann bekannt, selten unverleßt bleiben; daß die hohle Sohle vermöge der geraden Schneide nie entsprechend bear= beitet werden kann, entweder zu viel oder zu wenig damit herausgenommen wird; daß ferner das Kürzen der häufig sehr stark herangewachsenen Zehe des Hufes ungemein schwer und daß das stoßende Schneiden mit diesem Messer, in Verbindung mit dem festen Druck der Hände des Aufhälters um das Fessel, für das Pferd unangenehm ist, daher unruhiges Stehen desselben herbeiführt.

Das arabische Wirkmesser dagegen hat diese Nachtheile nicht. Es ist dieses Messer in vielen Schmieden der preußischen und sächsischen Oberlausiß im Gebrauch und werden — ganz gegen Haubner's Ansicht — daselbst auch die härtesten Hufe damit geschnitten, ja, einzelne Schmiede schneiden damit ganz ohne Aufhalter aus, worin doch gewiß der Beweis liegt, daß auch, wenn man nur mit einer Hand, ohne Nachdruck des Leibes, wie bei dem deutschen Messer, schneidet, Kraft und Sicherheit genug in dieser einen Hand liegt.

Jeder vernünftige Schmied, wenn er nicht, wie es häufig unter älteren Leuten bei Einführung von Neuerungen vorkommt, am alten Zopfe hängt, ja jeder Laie sieht sofort, wenn er das Auswirken mit dem arabischen Wirkmesser beobachtet, die Vorzüge dieses Instrumentes gegenüber dem deutschen Messer ein, und kann ich jedem Pferdebesißer aus innerster Ueber= zeugung nur anrathen, das deutsche Messer aus seiner Schmiede zu ver= bannen und, so lange wir noch nicht auf dem Standpunkte sind, das englische Messer allein anzuwenden, neben diesem nur das arabische Messer an die Hufe seiner Pferde setzen zu lassen.

Der Zweck dieser Zeilen ist, Unrichtigkeiten zu beseitigen; und indem ich mich mit dem Schlußwort meines Herrn Collegen Erdt: „Daß jedes bis jetzt bekannte Wirkmesser seine Mängel hat", einverstanden erkläre, ist es doch in der Ordnung, da wir noch kein vollkommeneres Instrument besitzen, daß ich von den vorhandenen die besten empfehle.

Bautzen, am 1. März 1864.

Walther, Amtsthierarzt.

Außer diesen Artikeln schrieb noch als langjähriger Augenzeuge bei Anwendung fraglichen Messers der Oeconomie=Inspector Kintze (welcher jetzt Wirthschaftsdirector in Creba) in Nr. 10 und 11 des landwirthschaftlichen Intelligenzblattes 1864, sowie im Decbr. 1863 der Thierarzt I. Cl. Klingner in Görlitz als Augenzeuge und Sach= verständiger, in den Bautzener Nachrichten und der Leipziger Zeitung, zu Gunsten dieses Wirkmessers.

Die Mode ausgenommen, bricht sich fast jedes Neue, sei es noch so practisch, nur langsam Bahn und dies um so langsamer, wenn erst ein Handwerkszopf fallen muß, oder wenn die Empfehlung des Neuen von einem sogenannten Laien ausgeht.

So auch mit dem arabischen Wirkmesser; mit dessen Einführung es, trotz seiner Vorzüge und Brauchbarkeit, nur langsam vorwärts ging, weil ältere Schmiede des Zopfes wegen sich an nichts Neues gewöhnen wollten oder durften, andererseits der Empfehler dieses Instrumentes ein Graf und leider kein Schmied war.

Dennoch haben jetzt die meisten intelligenten Schmiede, welche den englischen Beschlag bei uns oder durch von hier gebildeten Schü= lern erlernt haben, dieses Messer neben dem englischen und haben das alte Stoßmesser nicht mehr in Gebrauch, noch dulden sie dessen Anwendung von ihren Leuten.

VII.

Wie schon Eingangs erwähnt, schrieb im Jahre 1861 Graf Einsiedel als Antwort auf Hartmann's „Fuß des Pferdes" eine Broschüre, welche er „Gedankenzettel zu Ausübung des englischen Hufbeschlages" betitelte und dieselbe mit 4 Steindrucktafeln versah. In der Zeit von 7 Jahren erlebte dieses Werkchen 6 Auflagen und wurde den letzten Auflagen noch eine 5. Tafel beigegeben.

Zu den naturgroßen Abbildungen wurden theils Modelle aus England verwendet, theils sind dieselben vom Lehrschmied Schiemang angefertigt. Die Zeichnungen sind in vorzüglicher Weise von Siegwald Dahl in Dresden.

In Nachstehendem bringe ich nur den Text des Gedankenzettels und zwar den der letzten Auflage in Abdruck, da die Steindrucktafeln, welche in Bogenformat, sich hierzu nicht eignen, doch sind dieselben durch die Buchhandlung von Ed. Rühl in Bautzen jederzeit auch ohne Textbuch zu erlangen.

Gedankenzettel zu Ausübung des englischen Huf-Beschlages.

Vorwort.

Worte verhallen, aber Buchstaben bleiben, darum wünsche ich, da man nicht weiß, wie lange man lebt, ein geschriebenes Wort der Sache zu hinterlassen, die in nachstehendem A-B-C behandelt ist, und als deren Vorkämpfer man mich kennt.

Eine fünfmalige Anwesenheit in England hauptsächlich zu diesem Zwecke, und eine nun mehr als 15jährige Anwendung des englischen Beschlages in eigenen und fremden Ställen berechtigt wohl zu einem Urtheile über denselben, und darum entspreche ich dem mir zu erkennen gegebenen Wunsche, die Grundzüge dieser Beschlagmethode, welche ich mit gutem Gewissen vertrete, theils schriftlich, theils in bildlicher Darstellung zur Erinnerung aufzuzeichnen.

Die wohlgelungenen Abbildungen habe ich meinem Freunde Siegwald Dahl zu danken, der sich dieser mühevollen Arbeit aus Interesse für die Sache unterzogen hat, und die dazu angefertigten Modelle, für deren Verständniß die Zeichnungen sprechen, hat der mit dem englischen Beschlage in England selbst vertraut gewordene von den Ständen des Landkreises zum Lehrschmied ernannte Beschlagschmied August Schiemang geliefert.

Nicht ein Werk über den Hufbeschlag zu schreiben, sondern dem Betreten irgend eines Abweges auf dem gewählten Wege vorzubeugen, ist der Zweck dieser kurzen Niederschrift.

Ich halte freilich streng im Princip an der englischen Lehre, erstens weil ich weiß, daß eine bessere noch nicht existirt, und zweitens weil ich weiß, daß der nicht mehr aufzuhaltende Fortschritt nur dann ein wahrer sein kann, wenn an die Stelle des Aufgegebenen Erprobtes tritt.

Nicht das Haschen nach Fremden, sondern das Bewußtsein des erkannten Richtigen, durch sorgfältige Beobachtungen und einen langjährigen Gebrauch gewonnen, bestimmt mich zu dieser Empfehlung und verpflichtet mich im Interesse der Provinz zu dieser Mittheilung.

A.

Wir sind reich an Wissen, wenn der Huf krank ist, aber immer noch arm an Einfällen, zu verhindern, daß er krank werde. Deshalb ist hier die Behandlung des gesund zu erhaltenden Hufes der leitende Gedanke, denn ihn nicht erst krank werden lassen ist mehr werth, als den erkrankten Huf heilen zu können.

Wir werden zwar nie den Huf ganz so unter dem Eisen erhalten wie er von Natur ist, wie ihn Gott geschaffen hat, wir müssen aber dem so weit thunlich nahe zu kommen suchen, und dazu vorweg das klare Bewußtsein uns verschaffen, wie denn eigentlich der unverdorbene natürliche Huf beschaffen ist.

Nicht der kranke, sondern der gesunde Huf ist bei uns eine Seltenheit, und wo man in England schon vorbeugt, weil ein Leiden im Entstehen ist, da denkt man bei uns noch an nichts weniger, als an einen schon

vorhandenen Schaden, ja man wähnt wohl gar manchmal auf dem Wege
der Verbesserung zu sein.

Man sieht z. B. wohl, ob das Wandhorn nicht verletzt, kein Stück
desselben ausgebrochen ist, man sieht aber nicht, ob der Huf enger und
länger geworden ist.

Da wir den gesunden Huf nicht sehen, selten finden, so ist er uns
in seinem makellosen Zustande im Allgemeinen auch fremd. Wir halten
noch für gesund, was oft schon in einem hohen Stadium der Krankheit
steht, und wir erkennen die Krankheit erst nach eingetretener Lähme an.
— Wir haben fast mehr Lehrbücher über den Huf, als gesunde Hufe.

Figur h und i der Tafel III giebt Dir die Anschauung eines gesunden
unbeschlagenen Hufes, und nach meiner gereiften Ueberzeugung hat jeder
Huf von seinem Ursprunge an diese und keine andere Form der Boden=
fläche. Bei richtiger Behandlung bildet er sich stets in dieselbe zurück,
und wird, wenn auch mehr oder weniger hohl oder flach, doch immer
wieder der Kreisform sich nähern.

Die Abweichungen von dieser Form sind nicht angeboren, sondern
anerzogen, eines Theils durch Beschaffenheit der Weide und Stallpflege,
anderen Theils durch falsches Ausschneiden und durch naturwidrigen Beschlag.

Die angeerbte Neigung zu der einen oder anderen Ausartung kann
wohl vorhanden sein, die Ausbildung zur wirklichen Regelwidrigkeit ver=
anlassen wir aber selbst, und ist diese nur das Erzeugniß fehlerhafter
Erziehung und Behandlung.

Der Huf ist und bleibt nur dann gesund, wenn dessen einzelne Theile,
jeder für sich, ungeschwächt übereinstimmend zusammen wirken, und deren
mechanische Thätigkeit in keiner Weise behindert wird.

Deshalb mußt Du die Theile des Hufes und den durch sie bewirkten
Mechanismus genau kennen. Hast Du diesen klar vor Augen, so kannst
Du eigentlich den passenden Beschlag von selbst finden.

Der Huf ist nicht eine nur einfach nachwachsende, aus Wand, Sohle
und Strahl bestehende Masse, sondern er ist auch ein sich fortwährend
bewegender, beim Auftreten sich erweiternder und beim Aufheben des Fußes
sich zusammenziehender Körper, dessen Thätigkeit einmal durch die von der
Zehenwand ausgehende, in den Seiten= und Trachtenwänden verengernd

fortlaufende Federkraft, das anderemal durch die erweiternde, den Gegen=
druck übende Kraft der Eckstreben bedingt ist.

In ihrer Erweiterung ist diese Bewegung hervorgerufen durch
die Last des Pferdes, welche den beim Auftreten durch das Strahl= und
Hufbein den dazwischen liegenden Fleischtheilen und darunter liegenden
Eckstreben mitgetheilten Druck weiter giebt, dadurch die Wölbung der
Sohlen verflacht und somit Wände und Trachten auseinandertreibt, dabei
noch durch den vom Erdboden kommenden Gegendruck des Strahles unter=
stützt wird.

In ihrer Zusammenziehung ist sie gegeben, indem beim Heben
des Fußes die Spannung in Ermangelung der Last schwindet, die Sohle
wieder mehr Wölbung gewinnt, und Wände mit Trachten ihr folgen.

Diese Bewegung darf nun nicht gehemmt, es muß ihr vielmehr der
möglichste Spielraum gelassen, und ein Beschlag gewählt werden, der am
wenigsten störend einwirkt.

Dazu empfehle ich Dir nun mit guter Zuversicht den bei uns schon
bekannt gewordenen englischen Hufbeschlag in zusammengesetzter Weise, wie
Du ihn in den dazu gehörenden Eisen auf beigehenden Tafeln, namentlich
Tafel I., abgebildet findest.

Dieser Beschlag ist zusammengestellt aus den Lehren der Engländer
Miles und Field. — Den ersteren kenne ich nur aus seinem Werke, den
letzteren aber seit 24 Jahren persönlich. Field ist eine in England an=
erkannte Autorität, nicht nur im Fache der Thierheilkunde, sondern auch
auf dem Gebiete der practischen Pferdekenntniß. — Hätten wir englische,
nicht entstellte Hufe *), so würden wir dieser Zusammenstellung nicht be=
dürfen, könnten mit dem auf Tafel III. Figur a, b und c abgebildeten,
fast in ganz England gebräuchlichen Eisen nach Field auskommen. Da
wir aber meistens wieder bilden, die Folgen des alten Beschlages beseitigen
müssen, so liegt für uns in dieser Vereinigung bei der Art und Weise
der Verbildung unserer Hufe für's erste noch ein Vortheil, der Dir bei
genauer Beachtung und Nachdenken einleuchten wird.

---

*) Ein Engländer wird über diesen Ausspruch sich nur dann nicht mehr
wundern, wenn er die deutschen Hufe gesehen hat. — Kranke Hufe giebt es in
England in Folge harter Leistungen der Pferde genug, durch den Beschlag
verbildete und zerstörte aber nur wenige.

Wenn Du dennoch auf Tafel IV. die Abbildung von Eisen für entschieden kranke Hufe findest, deren Behandlung ich absichtlich hier vermeide, weil wir uns nur mit dem Verhindern, daß sie krank werden, beschäftigen, so will ich damit nur zeigen, daß man in der Hauptsache mit Wenigem auskommen kann, und auch beim Heilverfahren an den Hufen die größte Einfachheit anstreben muß.

Ich setze voraus, daß im Wesentlichen Dir der Huf nicht blos seiner äußeren Beschaffenheit nach, sondern auch nach seiner inneren Zusammensetzung und in seiner Verbindung mit dem Kron- und Fesselgelenke bekannt ist, denn sonst kannst Du nicht Hufschmied sein und selbst diese einfachen Sätze nicht verstehen.

Fehlt es Dir an dieser Kenntniß, so mache Dich durch leicht bei jedem Scharfrichter zu verschaffende Präparate damit so vertraut wie möglich, zergliedere den Huf in drei Haupttheile, die Du unbedingt kennen mußt, die Knochen, die Fleischtheile und den Hornschuh, und habe sie beim Beschlage stets lebendig vor Augen. Ich gebe Dir hier keine anatomische Auseinandersetzung der einzelnen Hufbestandtheile. Du kannst diese in jedem Lehrbuche über Hufbeschlag finden.

Ich gebe nur eine kurze Anleitung zu der von uns erfaßten englischen Beschlaglehre mit den zu deren Erfolge nöthigen Andeutungen.

Indem ich die Beschlagshandlungen der Reihe nach in einzelnen Sätzen und deren Erklärungen durchgehe, hoffe ich mich Dir am verständlichsten zu machen.

B.

1. Prüfe den Gang, ehe Du beschlägst.

Da die Pferde oft ganz anders gehen wie sie stehen, und Deine Arbeit vorzugsweise dem Gehen gilt, so mußt Du wissen, bevor Du Hand anlegst, wie das Pferd seine Glieder bewegt, und darum lasse es Dir im Schritt und Trabe auf gerader Linie und ebener Fläche so vorführen, daß Du dessen Gang von hinten und vorn genau beobachten kannst. — Selbst bei Pferden, die Du kennst, verabsäume dies nicht, denn eingetretene Veränderungen und selbst begangene Versehen können von einem Beschlage zum anderen Dich zu verändertem Verfahren nöthigen.

2. Beachte die Stellung der Schenkel und den Winkel der Feffel, ehe Du das Eifen abnimmſt.

Du ſollſt daraus entnehmen, welche Theile des Hufes bei der Ver=
kürzung durch das Meſſer mehr oder weniger berührt werden müſſen.
Du kannſt bei richtigem Verſtändniſſe hier viel nützen, aber auch ſchaden,
wenn Du die Beachtungen des Ganges mit denen des Standes nicht in
Einklang bringſt.

Der Natur nachgehen iſt beſſer, wie ihr viel helfen wollen, deshalb
frage das alte Eiſen, es giebt Dir in der Regel die beſte Antwort.

3. Reiße das Eifen nicht ab, ſondern nimm es ab.

Du ſollſt ſorgfältig aufnieten, das Umgebogene des Nagels vollſtändig
abhauen, mit Hauklinge oder Zange vorſichtig das Eiſen lüften, und wieder
zurückſchlagen. Dann die Trachten= und Seitennägel einzeln herausziehen,
das Eiſen mit der Zange am inneren Zehenſtücke faſſen, behutſam durch
das Senken der Zangenarme nach den Ballen zu heben, und dann die
Zehennägel herausnehmen.

4. Schneide oder wirke den Huf nun aus.

Wenn Du vorher beachtet haſt, welche Folgen der Druck des alten
Eiſens auf den Huf gehabt hat, ſo umgehe leicht mit der Raspel den Huf
von einem Wandende bis zum andern, die Trachten laſſe damit unberührt.
— Verkürze dann mäßig mit dem Meſſer (am beſten mit dem. arabiſchen)
nach Befinden und Bedürfniß den Tragrand in vollſtändig waagerecht
ausgeführtem Schnitte. Dann greife zum engliſchen Rinnmeſſer und
befreie Sohle und Strahl von den abgeſtorbenen Horntheilen.

a) Schone in der Regel die Tracht und verkürze
mehr die Zehe.

Die Tracht ſoll das Pferd hauptſächlich tragen, Du mußt ſie alſo
ungeſchwächt haben, und mit der Zehe ſoll das Pferd mehr fühlen, nicht
am Erdboden ſchleifen, darum muß ſie, als in der Regel unter dem
Eiſen zuviel gewachſen, der Natur wieder annähernd nachgebildet und ſo

verkürzt werden, daß zur unschädlichen Befestigung des Eisens nur das
Nöthige an Hornmasse stehen bleibt. Hauptsächlich durch den Gebrauch
des verwerflichen französischen Stoßmessers lassen wir meistentheils zu viel
Zehe am Hufe, und machen ihn durch leichtwerdendes Schneiden an den
Trachten länger, als wie er sein soll. Das Zehenwandhorn umgehe vor-
sichtig nochmals mit der Raspel, damit der Tragrand der Zehe dem der
Wände gleich breit werde. Nur dann und allein unter dem Umstande
darfst Du die Trachten niederschneiden, wenn sie entschieden zu hoch sind.*)
Das schließt jedoch nicht aus, daß durch einen feinen frischen Schnitt ihnen
die ebene Fläche wieder gegeben werde.

b) Halte die Eckstreben der Trachten-Höhe fast gleich.

Kennst Du die Eckstreben? Weißt Du, daß sie die in zwei Winkeln
umgeschlagenen Trachtentheile sind, die an der Strahlspitze wieder zusammen-
laufen? Ich habe Dich unter A. auf ihre organische Thätigkeit aufmerksam
gemacht und Du mußt sie im normalen Zustande besonders in ihrer
Verbindung mit den Trachten schonen, denn sonst sind sie nicht im Stande
diesen Gegendruck zu üben. Nur das abgestorbene und umgebogene, etwa
den Sohlenwinkel deckende Horn nimm davon in ebenem Schnitte weg,
und lasse sie mit dem Trachten-Wandhorne den Winkeln zu fast vergleichen.

c) Schneide nicht Strahl und Sohle, sondern
reinige sie nur.

Was die Natur am unbeschlagenen Hufe thut, ist sie behindert am
beschlagenen zu bewirken, darum mußt Du ihr helfen, und das Abgestorbene
beseitigen, welches des Schutzes des Eisens und der daraus folgenden
mangelhaften Berührung des Erdbodens wegen sie nicht absondern kann.
Mehr aber als die Reinhaltung und Gesundheit des Hufes unbedingt
erfordert, entferne nie von Strahl und Sohle, lasse um ein weniges das

---

*) Als ich im Jahre 1861 den Gedankenzettel schrieb, hatten wir fast ohne
Ausnahme mit zu sehr geschonter Zehe und übermäßig niedergeschnittenen Trachten
zu kämpfen. Jetzt nach Verlauf von 6 Jahren findet man oft das Gegentheil,
zu hohe Trachten und zu wenig Zehe vor. Extreme sind niemals gut, und
können zu hohe Trachten reichlich eben so viel Schaden bringen, wie zu niedrige.

Wandhorn die Sohle überragen, und strebe danach, auch den Strahl mit der Trachtenhöhe vergleichen zu lassen.

d) Lasse den Strahl mit den Trachten vergleichen.

Der Strahl soll um soviel vom Erdboden entfernt bleiben, als die Eisenstärke beträgt. Wir können hier, wie in manchen andern Stücken, den Naturzustand nicht vollständig herstellen. Könnte das Pferd sich bewegen, wie es wollte, so würde es niemals ein Eisen brauchen. Da es aber auf künstlichen Straßen wider Willen und oft bis zur größten Erhitzung laufen muß, so bedarf es für Strahl und Sohle eben so gut eines Schutzes, wie der Horntragrand.

Aus diesem Grunde beschlagen die Orientalen ihre Pferde mit einer vollständigen in der Mitte nur mit einem Loche versehenen Eisenplatte; da aber unsere Wege den dortigen Unwegen nicht gleich kommen, so haben wir auch gleichen Schutz nicht nöthig, müssen aber doch die Vorsicht gebrauchen, den Strahl nicht einer Begegnung mit dem Erdboden auszusetzen, den er bei starkem Gebrauch auf hartem Boden besonders in der Strahlbein-Gegend nicht vertragen kann.

So heilsam und dienlich diese Berührung bei kranken (vollen) Hufen auf weichem Boden und im langsamen Gange ist, so verderblich kann sie werden bei erhitzender Arbeit auf harter Straße, und deshalb ist es gut und practisch richtig, den Strahl um so weit vom Erdboden zu entfernen, als die Stärke eines stollenlosen Eisens austrägt.

Dies genügt sowohl zu seiner und des Hufes Erhaltung, als auch zu seiner Befugniß mit tragen zu helfen, da er ja doch durch die Abnutzung des Eisens dem Boden immer näher kommt, und bei gutem Beschlage ihm zunächst. Mehr thun wollen, den Strahl mit der Bodenfläche des Eisens vergleichen lassen, ist nicht räthlich und nicht richtig, denn erstens stellt man zwischen einem eisernen todten, mit dem Strahle außer Verbindung stehenden Tragrande den Naturzustand nicht her, und zweitens läuft man bei einer gesteigerten Leistung des Pferdes stets Gefahr, durch über die Gebühr bewirkten Druck entweder Hufgelenkkähme zu bekommen, oder eine vermehrte Absonderung und verfrühte Wiedererzeugung des Strahles hervorzurufen.

e) Verkürze den Tragrand des Hufes erst dann vollständig, wenn das Eisen gerichtet ist, und aufgepaßt wird.

Da eine genaue Vereinigung des Horntragrandes mit dem Tragrande des Eisens zum Festhalten am Hufe und zum gleichvertheilten Tragen unbedingt nöthig ist, so muß zu Beseitigung der Unebenheiten das Eisen erwärmt aufgepaßt werden. Du mußt also vom Wandhorn so viel übrig behalten, damit die gesengten uneben geschnittenen Theile ohne Schaden dann noch entfernt werden können.

5. Wähle das vorhandene oder schmiede das nöthige Eisen für den Huf, den Du vor Augen hast.

Nach Beschaffenheit des Gewichts sowohl, welches das Eisen zu tragen hat, als auch nach Beschaffenheit des Bodens, auf dem das Pferd gehen soll, mußt Du Dich in der Wahl der Stärke und Breite des Eisens richten.

Den Sohlenschutz kannst Du bei Wagenpferden auf steinigen Straßen und bei viel Leistung nicht entbehren, und ein schmales Eisen wird, weil es stärker sein muß, den Huf mehr wie gut vom Boden entfernen. Prüfe nun nochmals das abgenommene alte Eisen genau. Hat es gut gelegen, was deutlich zu sehen ist, und hast Du einen gesunden normalen Huf vor Dir, so kann es Dir als Muster für das zu richtende oder zu schmie= dende Eisen dienen. Mußt Du schmieden, so nimm einen der Stärke des Eisens angemessenen Stab, haue die nöthigen Stücke ab, erwärme sie zur Hälfte, schmiede die Außenseite des rechten Schenkels zur Verschmälerung der Bodenfläche stark schräg nach links, so daß er ein länglich verschobenes Viereck bildet, mache eine halbe Wendung zur inneren Seite, brich die linke Kante scharf und durchgängig, die rechte leicht und bis ⅞ Zoll vom Schenkelende, mache eine Viertelwendung zurück zur Bodenfläche, über= schmiede sie leicht, um ihr die ebene Fläche wieder zu geben, und gieb dann dem Stabe etwas hohle Richtung zum schärferen Hervortreten der äußeren Kante. Biege mit der Ballenseite des Handhammers den Schenkel in stärkeren Zirkel, als das halbe Hufeisen eigentlich nöthig hat, da beim nun erfolgenden Schmieden der Abdachung mit Hilfe des Zuschlägers (der ebenfalls einen Hammer mit einer Ballenseite haben muß) das Eisen wieder zurückgebt, an Zirkel verliert. Dem gebliebenen Tragrande gieb mit der flachen Seite des Handhammers eine feine Neigung nach außen zu dessen stärkerer Markirung. Dann falze fein von dem Schenkelende der äußeren Zehenseite zu mit dem dazu bestimmten Falzhammer. Zu einem guten und tiefen Falze ist dies zwei bis drei Mal nöthig. Dann loche vor mit dem Stempel und loche durch mit dem Spitzhammer, aber nicht mehr, als daß die Löcher an der Huffläche eben sichtbar werden, dann überschmiede die Abdachung mit der Ballenseite des Handhammers nochmals genau bis an die Löcher heran, und lasse sie in abnehmender Senkung nach den Schenkelenden zu ⅞ Zoll vor dem Ende des Eisens allmählich sich verschmälernd verlaufen, runde den Falz auf dem Horne ab und übergehe den Tragrand mit flacher Hammerseite kräftig zu dessen erforderlicher waagerechter Ebenung und Verbreiterung im Schenkelende. Beim zweiten, dem linken Schenkel, ist das Verfahren ganz dasselbe, nur daß er nach rechts schräg geschmiedet und von der Zehe dem Schenkelende zu gefalzt werden muß.

Das nun roh abgeschmiedete Eisen mußt Du in zwei Hitzen zu vollenden suchen.

6. Richte das Eisen.

Das Richten und Aufpassen ist eine wichtige Sache. Die größte Genauigkeit giebt nur den erwünschten Erfolg. Markire Dir die nöthige Länge des Eisens, die dann getroffen ist, wenn das Eisen das Trachtenende um gut ¼ Zoll überragt. Erwärme das Eisen wieder gut von der Zehe bis in die halben Schenkel, bessere die Abdachung mit dem Handhammer sauber nach, damit zwischen Abdachung und Tragrand eine scharf begränzte Linie sichtbar wird, dann erfasse den rechten Arm des Eisens so, daß die Zangenschenkel über den linken hinweggehen, lege die Huffläche des Zehenstücks aufs Horn und gieb ihr so die Richtung, die Kappe ziehe gleich nachher an der Amboßkante auf.

Durch die dem Eisen auf dem Horne gegebene Richtung tritt der innere Zehenrand stark nach dem Boden hervor. Mit einem passenden Ballenhammer mußt Du diesen (die Schenkelenden von Dir abgewendet) wieder ganz zurückschmieden, sonst verliert das Eisen seine richtige Bodenfläche und wird vorn gehoben.

Loche nun, und reichlich zurück, so daß der Nagel Freiheit in dem nach Umständen für ihn bestimmten Wege behält und regele die Löcher nach der Tragrandbreite durch entsprechendes Ansetzen des Spitzdorns.

Alsdann erwärme die Schenkel und verhaue sie mit dem halbrunden Aushauer nach der bezeichneten Länge mit Hilfe des Zuschlägers und zwar in vier Schnitten. Die ersten zwei äußeren Schnitte von der Bodenfläche der Huffläche zu, die letzteren zwei inwendig von der Huffläche der Boden= fläche zu, dann runde die verhauenen Enden auf dem Horne ab, und schmiede die Abdachung mit dem Handhammer bis an den durch die Breite der Wand gegebenen Tragrand nochmals sauber nach.

a) Das Eisen darf die Bodenfläche nicht verlieren, darf nicht muldig sein.

Das Eisen soll von innen wie außen eben, das heißt von der inneren Seite eben und waagerecht sein, soweit der Tragrand reicht, von der äußeren Seite aber eben der Art sein, daß es, auf gerade Fläche gelegt, mit dem inneren wie äußeren Boden=Rande gleich aufliegt, und weder seitwärts noch rückwärts sich köppen läßt. — Nur höchstens von der Hälfte des Zehenstücks an darf die Richtung beginnen und das Eisen sich heben.

b) Das Eisen darf sich vorn nicht heben.

Nur von Beginn der Zehenrichtung an darf es sich heben. Von da rückwärts den Schenkelenden zu muß es in gleicher Stärke und waage= rechter Linie sich verlaufen, niemals eine nach hinten sich neigende Fläche bilden.

Deshalb mache ich Dich nochmals aufmerksam auf das stärkere Ausschmieden des Stabes in der Mitte zur inneren Kante und auf das Zurückarbeiten des durch die Zehenrichtung hervortretenden inneren Randes des Zehenstücks.

Wenn das Eisen durch diesen ausbauchenden Rand gehoben ist, so verliert es nicht nur die unter a schon besprochene Bodenfläche, sondern es hebt auch durch seine Rückwärtsneigung den Zweck der Zehenverkürzung theilweise auf und wirst das Gewicht des Pferdes vermehrt und übermäßig auf die Trachten.')

Das Gefälle des Standes im Stalle nach dem Abzuge kommt noch hinzu, und Du kannst Dir leicht selbst sagen, welche Wirkung dies auf die so nie zur Ruhe kommenden Beugesehnen haben muß.

Die Schenkelenden sanft anlaufen lassen und das Zehenstück schwächer halten, ist in den meisten Fällen besser gethan. Du wirst damit ein ungetheiltes Auftreten des Fußes und demnach eine gleichmäßige Abnutzung des Eisens erlangen, wenn das richtige Verhältniß der Zehenlänge zur Trachtenhöhe noch nicht hat vollständig hergestellt werden können. Dem Zehenstücke möglichst Eisen nehmen, ist besser, wie ihm vermehrt zu geben.

c) Das Eisen muß richtig abgedacht sein.

Der hauptsächliche Zweck der Abdachung ist, das Eisen von der Sohle zu entfernen, weil sie keinen Druck desselben ertragen kann. Deshalb muß erstlich ein Mal der ganze vom Eisen zu deckende Raum der Sohle von der Abdachung eingenommen werden, und zweitens muß die Abdachung eine solche sein, daß sie allen Anforderungen eines mit Vorbedacht hohl gelassenen Raumes entspricht. Die erste dieser Anforderungen ist die Gewähr der Sicherheit, daß die Sohle wirklich keinem Druck ausgesetzt werde, und die andere ist, in den Stand gesetzt zu sein, den hohlen Raum mittelst der zur Stallpflege gehörenden Instrumente reinigen, und bis zur Wand von allen eingedrungenen Gegenständen befreien zu können, oder bei mangelnder Stallpflege den Huf durch das Auftreten im Stalle sich selbst reinigen zu lassen.

---

*) Die Trachten sollen zwar hauptsächlich alles tragen, um deswillen in voller Länge und Breite auf dem Eisen gestützt sein, allein mehr wie recht muß man ihnen auch nicht zumuthen. Deswegen trete ich aber noch nicht dem Satze bei, den ich in einer Kritik eines Deutschen über eine englische Beschlaglehre gefunden habe, der folgender Maßen lautet: „Abgesehen davon, daß die wenigsten Pferde einen Druck auf die Trachten vom Eisen ertragen, ohne zu lahmen." Wo sollen sie ihn denn sonst ertragen? Den Druck unseres deutschen Eisens können sie freilich da auf die Dauer nicht vertragen. —

Beides ist nun bei einer flachen nur wenig geneigten Abdachung nicht möglich; im ersten Falle wird jede geringe Veränderung der Sohlenfläche, theils durch verminderte Wölbung, theils durch vermehrte Absonderung die Gefahr eines zu erleidenden Druckes näher bringen, im andern Falle ist es absolut unmöglich, die dennoch in den hohlen Raum eindringenden Erdtheile, Sandkörner und kleinen Steine, durch Reinigungsinstrumente zu entfernen oder durch das Stampfen des Pferdes sich selbst entfernen zu lassen. Das bei ungenügender Abdachung zwischen Sohle und Eisen zu findende und zu beseitigen nicht mögliche Erdlager ist meistentheils die Veranlassung der feinen am Sohlenrande vorkommenden Quetschungen, darum dache vom Tragrande an, jedoch immer nach Bedürfniß, stark ab oder gar nicht, gieb dem Eisen eine ganz ebene Fläche. Bei einem guten hohlen Hufe kannst Du das letztere allenfalls anwenden, und so und nicht anders halten es auch die Engländer, nie aber werden sie dem Eisen vom äußern zum innern Rande, also eine über das ganze Eisen verlaufene Neigung geben*), und zwar aus dem einfachen Grunde nicht, weil damit die erweiternde Bewegung des Hufes aufgehoben ist.

7. Passe das gerichtete Eisen auf.

Zum wirklich nun erfolgenden Aufpassen bedarfst Du noch einer mäßigen Erwärmung des Eisens, um damit die Unebenheiten des Wandhorns zu markiren, die bei einem richtig geschmiedeten Eisen so lange durch die Raspel beseitigt werden müssen, bis das Eisen gleichsam luftdicht mit seinem Tragrande den ganzen Tragrand der Hornkapsel deckt. Dazu mußt Du, wie unter 4 e schon bemerkt, etwas Horn übrig behalten. Wenn das Zehenstück (bei Richtung auf dazu abgerundeter Zehe) richtig anschließt, die Mittelstücke mit den Wänden wohl vergleichen, so lasse das Eisen von Beginn der Trachten an sanft verlaufend sich mäßig erweitern,

---

*) Ich las jüngst in einer thierärztlichen Zeitschrift im Auszuge den Aufsatz eines Belgiers, der da sagt: „Dem Eisen muß vom äußeren nach dem inneren Rand hin eine sanfte Neigung gegeben werden." Diese Lehre wollen wir lieber nicht befolgen und vorgeschrittene Lehrer werden mich dieses Rathes halber nicht tadeln.

damit es zum Möglichwerden der Bewegung und nach Umständen der Erweiterung der Trachten auf dem Eisen neben den Enden der Trachten auswendig, um ungefähr ⅛ Zoll, inwendig etwas weniger, über den Huf hervorstehe. Prüfe dann sorgfältig, ob Du dennoch die volle Breite des Trachtwandhornes auf den Tragrand des Eisen gestellt hast, sonst kannst Du auf einen Erfolg zur Erhaltung oder Verbesserung des Hufes nicht rechnen, und mußt dazu Dich schon vergewissert haben, daß der Tragrand der Wände eben so waagerecht auf dem Eisen gestützt sei, wie der der Trachten.

Wo Du am richtigsten die Zehenrichtung anbringst, darüber wird Dich am besten der Gang des Pferdes und das alte Eisen belehren. Betrügen kann Dich aber auch leicht dabei ein schlechtes altes Eisen und ein falsch verschnittener Huf. Du wirst mit Verstand erwägen müssen, ob Du diese Richtung mehr nach außen oder nach innen anbringen mußt. Ihrer Breite nach darf sie aber immer nur die ungefähre Hälfte des Zehenstücks einnehmen: es entstehen sonst andere in der Unnatur des Beschlages liegende Uebelstände.

In England wendet man für gewöhnlich bei guten Verhältnissen des Hufes diese Richtung gar nicht an.

8. Schlage das Eisen auf.

Wenn Du die Nägel richtig vorbereitet, gerichtet und gezwickt hast, so lege das leicht abgefeilte, von allen scharfen Kanten befreite Eisen so auf, daß es der beim Aufpassen gegebenen Lage genau wieder entspricht, drücke es in den Kappeneinschnitt und schlage vorsichtig und langsam die Zehennägel ein. Biege sie um, ohne anzuziehen, und lasse das Pferd behutsam auftreten. Trägt das Eisen richtig, so schlage die mittleren Wandnägel, biege sie um und ziehe wieder nicht an. Hat es sich nicht verzogen, so kannst Du die letzten Nägel schlagen, wenn Du deren sechs bedarfst, und dann bei nochmaliger Prüfung der unveränderten Lage mit kräftigen Hammerschlägen alle Nägel nochmals übergehen, damit sie der Falz oder das Gesenk vollständig aufnimmt. Nun erst ziehe sie (bei viel Richtung die Zehennägel am wenigsten) gleichmäßig an, und kneipe sie mit einer scharfen Zange beim Vorderhufe auf dem Bocke ab; dann verstoße die scharfen Kanten der Nieten entweder fein mit der Raspel, oder stemme unter jeder Niete mit einem hohlen kleinen Stemmeisen ein wenig Wandhorn zur Aufnahme der Niete aus, ziehe nochmals leicht an und niete zu.

Nur die über das gut passende Eisen hervorstehenden und somit als überflüssig erkannten Horntheile dürfen nun mit der Raspel in wenig schräger Richtung entfernt, und endlich der ganze Huf mit einem Strich der Raspelkante zwischen Huf und Eisen umgangen werden. — Die Hufdeckhaut, die Glasur darfst Du nicht verletzen, deshalb mit der Raspel nie über die Nieten hinauf gehen, und auch diesen nur die rauhe Außenseite nehmen, damit sie nicht verletzen, oder geschwächt werden.

Eine bestimmte Regel für alle Fälle beim Aufschlagen kann ich Dir nicht geben. Ob Du die Zehen- oder Mittelnägel zuerst, die inneren vor den äußeren schlägst, wird theils gleichgültig sein, theils nach Umständen sich zu richten haben, die nicht alle zu nennen möglich sind. Ob Du den Nagel hoch oder flach treiben mußt, wird die Beschaffenheit der Wand anzeigen, die ihn aufnehmen soll, und ob Du schwache oder starke Nägel nehmen sollst, wird die Größe und Stärke des Eisens ergeben. Es lassen sich viele Fälle denken, die freilich ein Gedankenzettel wie dieser, nicht alle aufführen kann.

Zwei Dinge lege ich Dir beim Aufschlagen aber besonders an's Herz. Erstens bedenke stets, daß der Huf ein sehr empfindlicher Körper, nicht ein lebloser Kloß ist, und zweitens sei versichert, daß nicht die Zahl der Nägel, sondern die ebene und vollständige Verbindung des Hornwandringes mit dem Tragrande des Eisens dem letzteren den sicheren Halt am Hufe giebt. — Es giebt zum Beispiel in Betracht der Empfindlichkeit des Hufes keinen größeren Fehler, als mit Hammer und Zange das verschobene Eisen in seine Lage zurückzubringen, ohne die Nägel wieder heraus zu ziehen, die es verzogen haben, und es giebt in Bezug des Haltes keine größere Täuschung als die Meinung, dann das Eisen sicher nicht zu verlieren, wenn man viel (8) Nägel eingeschlagen hat. Ich habe mit 8 Nägeln sehr viel und mit 5 Nägeln fast nie ein Eisen verloren. Lochen nach . dem Horne und nicht nageln nach dem Loche ist das Richtige.

Field's Lehre ist überdies, nicht in der weißen Linie, sondern wenn möglich, an deren äußerem Rande, im Wandhorne die Nägel anzusetzen. Er hat Recht, denn diese mürbe Verbindung der Wand und Sohle zu durchlöchern, ist nur schädlich, und das nähere Vorbeigehen der Nägel an der Fleischwand kann leichter Quetschungen geben.

9. Beachte den Gang des aus der Schmiede abgeführten Pferdes.

So gut Du wissen mußt, was Du machen sollst, eben so gut mußt Du wissen, was Du gemacht hast. — Deshalb beachte das weggehende Pferd so gut wie das kommende.

Du mußt Dich überzeugen, ob Du den Zweck, der Dir bei erster Prüfung des Ganges vorschwebte, wirklich, theilweise, oder nicht erreicht hast. — Du mußt wissen, in welcher Weise das Eisen das Pferd trägt, und mußt wissen, ob Empfindlichkeiten im Gange wahrzunehmen sind, und hier wieder zu unterscheiden verstehen *), ob diese Empfindlichkeiten vom veränderten Beschlage, oder wohl gar von einem Fehler im Beschlage herrühren. Darüber könnte ich Dir ein langes Capitel vorhalten, vermag aber hier nur Deine Aufmerksamkeit auch auf diesen Punkt zu lenken, denn dieser Beobachtung ungeachtet kann doch noch Vieles nachkommen, was Dich nicht erfreut.

10. Schluß.

Wenn Du in diesem Gedankenzettel noch die Anweisung zum Schmieden der Hintereisen vermißt, so sage ich Dir, daß nur das Wichtigste hier erwähnt werden konnte, für das Fehlende die Zeichnungen sprechen, und daß Du dieses Schmieden mit Nachdenken bei Beachtung der abgebildeten Eisen von selbst zu finden vermagst. — Gieb der inneren (der Hufseite) eine ebene Fläche. Du brauchst selten Abdachung, denn der Hinterhuf ist hohler und verträgt überdies mehr. — Die Form der Eisen verweist Dich deutlich auf die Gestalt des Hinterhufes, welche vom Vorderhufe bedeutend abweicht, und die Du bei dessen Verkürzung zu erhalten oder zu erlangen suchen mußt.

––––––

*) Verstehen ist freilich hier schwer, man lernt aber verstehen, wenn man stets aufmerksam beobachtet. Möchten doch auch die Pferdebesitzer beobachten. Möchten sie begreifen lernen, daß jetzt noch jeder Gang des Pferdes nach der Schmiede kein gleichgültiger ist.

Wenn Du nun findeſt, daß die unter a, b und c, zu Nr. 6 erwähnten Punkte eigentlich zuſammenfallen, weil der eine aus dem andern
hervorgeht, ſo gebe ich Dir vollſtändig recht. Mit gutem Vorbedacht habe
ich aber dieſe Scheidung hervorgehoben, denn gerade in dieſen Punkten
werden gar zu leicht und zu oft Fehler begangen, die nicht nur Fehler
beim engliſchen Beſchlage, ſondern überhaupt Fehler ſind. — Wollen wir
den Huf geſund erhalten, ſo müſſen wir auch dieſe vermeiden.

Im freien ſchmerzloſen Gange liegt der volle ungehinderte Gebrauch
des Pferdes, und aus dem Gebrauche geht die Leiſtung hervor, die deſſen
Werth allein beſtimmt. — Nicht verbrauchte Glieder ſind es, die ſo viele
unſerer Pferde werthlos machen, ſondern Zwang, Schmerz in den
Hufen iſt es meiſtentheils, der ſie uns als ſtruppirt erſcheinen läßt, und
dieſer Schmerz rührt her von begangenen Fehlern beim Beſchlage.

Die Veranlaſſung zum zaghaften Auftreten, gebundenen Gange, zu
Angegriffenheit der Sehnen u. ſ. w. ſuche zuvörderſt im Hufe. — Nach
den hier gegebenen Anleitungen wirſt Du in den meiſten Fällen über kurz
oder lang wieder ein frei gehendes Pferd ſchaffen, und wirſt verhindern,
daß ein entſchiedenes Hufleiden ſich ausbilde, daß der Huf krank werde.

C.
Erklärung der Abbildungen.

Tafel I.

a. 1. Das linke Vordereiſen in ſeiner Huffläche.

a. 2. Das linke Vordereiſen in ſeiner Bodenfläche dem Hufe entſprechend
aufgepaßt und mit 5 Nägeln aufgeſchlagen.

Beachte die abweichende Lochung für inneren und äußeren
Schenkel.

b. 1. Das rechte Vordereiſen in der Huffläche mit punktirten Linien,
welche anzeigen, wie die Trachtenwand auf dem Eiſen ſitzen ſoll.

b. 2. Das rechte Vordereiſen in der Bodenfläche.

b. 3. Der Querdurchſchnitt eines Schenkels.

c. Hintere Anſicht eines Vordereiſens zur Verdeutlichung des Miles'-
ſchen Schenkelabſchnittes und des ſchrägen Abfalls des Eiſens
von der Huffläche zur Bodenfläche.

d. Seitenansicht des Vordereisens zum Verständniß der richtigen
Zehenrichtung.

e. Vordere Ansicht eines Vordereisens zum weiteren Verständnisse
der Zehenrichtung.

f. Die innere Seitenansicht eines linken Vordereisens.

g. Die breite Seite
h. Die schmale Seite } eines sich bewährten Nagels.

Tafel II.

a. 1. Die Huffläche des linken Hintereisens } für Wagenpferde.
a. 2. Die Bodenfläche des linken Hintereisens

b. 1. Die Huffläche des rechten Hintereisens } für Reitpferde.
b. 2. Die Bodenfläche des rechten Hintereisens

Ueber das abgestumpfte Zehenstück bleibt die halbe Zehen-
wandbreite hervorstehen, um Verletzung an den Vorderschenkeln
zu vermeiden.

b. 3. Die hintere Ansicht des Hintereisens.

Das Stollende etwas höher wie das Streichende, weil
ersteres sich schneller abnutzt.

c. 1. Die Huffläche eines auf glattem Boden vorzüglich brauchbaren
englischen Jagdeisens.

c. 2. Die Bodenfläche desselben Eisens.

c. 3. Die Seitenansicht desselben Eisens.

Tafel III.

a. Die Huffläche eines rechten Vordereisens nach Field.

b. Hintere Ansicht dieses Eisens zur Beachtung des von Miles abweichenden Schenkelabschnitts.

c. Seitenansicht dieses Eisens ohne Zehenrichtung, welche für gewöhnlich in England nicht angewendet wird.

d. Querdurchschnitt eines beschlagenen Hufes.

e. Längendurchschnitt eines mit Zehenrichtung beschlagenen Hufes.

f. Hintere Ansicht eines nach Field beschlagenen Hufes zu Beachtung
der Entfernung des Strahles vom Erdboden.

g. Seitenansicht eines in richtigen Proportionen gehaltenen beschla=
genen Fußes ohne Zehenrichtung.

h. Der linke ⎱
i. Der rechte ⎰ Vorderhuf in seinem natürlichen Zustande.

Tafel IV.

Für kranke Hufe.

Das geschlossene Eisen.

a. 1. Hufsläche des linken Vordereisens.

a. 2. Bodensläche des linken Vordereisens.

   Hauptsächlich bei Flach= und Vollhuf anwendbar.

b. 1. Hufsläche des rechten Vordereisens.

b. 2. Bodensläche des rechten Vordereisens.

   Anwendbar bei Hornspalte, getrennter Wand, eingezogener
Wand, mangelnder Wand, Steingalle ꝛc. mit Unterlage von
Leder zu Stützung des Strahles.

   Diese Unterlage bezweckt:

   1) Den Strahl weicher zu stützen.

   2) Beim Nachgeben des Strahles den geschwundenen
    Zwischenraum durch Verdoppelung der Unterlage
    wieder herstellen zu können, ohne das Eisen weg=
    werfen zu müssen.

   3) Das Ausweichen des schlüpfigen Strahles auf glattem
    Eisen zu Vermeidung einer Verschiebung zu ver=
    hindern.

Das ¾ Eisen.

c. 1. Die Hufsläche des rechten Vordereisens.

c. 2. Die Bodensläche desselben Eisens.

   Besonders anwendbar gegen Steingalle und dienlich bei
schiefem Huf, einseitigem Zwanghuf.

c. 3. Ansicht des Querdurchschnitts des abgeschlagenen Schenkels.

   Um die Eisenstärke muß der Huf hier vom Erdboden ent=
fernt bleiben, deshalb der abgeschnittene Schenkel dem anderen
gleich stark bleiben.

96

Das Zwanghufeisen.

d. 1. Hintere Ansicht eines englischen Eisens gegen Zwanghuf nach
Field mit nach Außen geneigtem Tragrande und Eckstreben-
Aufzügen.

d. 2. Seitenansicht desselben Eisens, zur Verdeutlichung, von wo an
die Neigung nach Außen beginnen muß.

Der Grad der Krankheit des Hufes wird stets den Grad
der Neigung zu bestimmen haben.

Bei leichteren Fällen genügt waagerechter Tragrand mit den
Eckstreben-Aufzügen.

Bei nicht zu veralteten Trachtenverengungen thut schon
das gewöhnliche aber richtige englische Eisen seine Schuldigkeit
vollständig.

Tafel V.

Für fehlerhaften Gang.

a. 1. Huffläche   ⎫
a. 2. Bodenfläche ⎬ des rechten Vordereisens.
a. 3. Profil   ⎭

Für Streicher am Fesselgelenk und in dessen nächster Umgebung. Die Stelle des verschmälerten Tragrandes deutet an,
wie viel von der Hornwand das Eisen zu überragen hat.

b. 1. Huffläche   ⎫ des rechten Hintereisens.
b. 2. Bodenfläche ⎭

Für Streicher am Fesselgelenk.

c. 1. Huffläche   ⎫
c. 2. Bodenfläche ⎬ des linken Vordereisens.
c. 3. Hintere Ansicht ⎭

Für Streicher am sogenannten Knie, dem obern Theile des
Schienbeins und inneren Griffelbeines.

Der innere Schenkel des Eisens hat in der Huffläche auch
mit der Trachtenwand ziemlich zu vergleichen.

Wintereiſen.

d. 1. Bodenfläche ⎫
d. 2. Huffläche ⎬ des rechten Vordereiſens.

An Letzterer eingefeilte Abdachung, für den Fall, daß eine ſolche nöthig.

d. 3. Bodenfläche ⎫
d. 4. Profil ⎬ des linken Hintereiſens.

Seit 9 Wintern nun mir ein bewährter Nothbehelf für alle, ſelbſt für ſchwere Arbeitspferde bei gutem Eiſen-Material und runden Hüfen.

In der Wochenſchrift für Thierheilkunde und Viehzucht Nr. 4 1862 erſchien ein Aufſatz des Grafen, welcher über den ſ c h i e f e n H u f handelt, wie folgt:

Ein kleiner Beitrag zum Hufbeſchlage.

Der ſ c h i e f e Huf muß unter Umſtänden bleiben wie er iſt, wenn nicht der Gebrauch des Pferdes, das ihn hat, beeinträchtigt werden ſoll.

Iſt der ſchiefe Huf durch Fehler der Behandlung und des Beſchlages e n t ſ t a n d e n, geht das Pferd regelmäßig und iſt die Schenkelſtellung eine richtige, iſt vielmehr ein einſeitiger Zwanghuf (in den meiſten Fällen nichts anderes) g e b i l d e t worden, ſo beſſere man ihn nach den nun in Sachſen immer mehr und mehr Eingang findenden Grundſätzen und beſtrebe ſich, den Naturzuſtand wieder herzuſtellen.

Iſt aber der Huf von Natur ſchief, das heißt ſchief in Folge falſcher Schenkelſtellung und regelwidrigen Ganges, ſo hüte man ſich, an dieſer Natur v i e l zu verbeſſern, und man laſſe und erhalte dieſen Huf ja ſo, wie ihn die Natur hier anders nicht brauchen kann.

Ich habe mich im verfloſſenen Jahre von der Wahrheit des ſo eben Ausgeſprochenen von Neuem überzeugt, ſorgfältige Beobachtungen darüber angeſtellt, und wenn ich zugebe und weiß, daß der ſchiefe Huf zu heilen iſt, ſo weiß ich aber auch, daß er in manchen Fällen und leider oft nicht vollſtändig geheilt werden darf, denn was nützt das Pferd, das mit normalen Hufen nur im Stalle ſtehen kann? —

Ich habe z. B. auf der Insel Wight mit ein paar Miethpferden Touren der angestrengtesten Art in sehr gebirgigem Terrain gemacht, die schiefe Hufe hatten und die durch den Beschlag schief erhalten werden mußten, weil die Pferde sonst sich nicht nur gestrichen haben würden, sondern sicherlich auch bei der Verbrauchtheit und Regelwidrigkeit ihrer Glieder gefallen wären.

Im schnellsten Gange bergab mit uneingehemmtem Wagen auf theilweise aufgeschütteten klargeschlagenen Feuersteinen fielen sie nicht nur nicht, sondern machten selbst nie einen falschen Tritt, was der sicherste Beweis eines, wenn auch schief erhaltenen, dennoch gesunden, wenigstens nicht schmerzhaften Hufes war.

Ein schiefer Huf kann nun streng genommen nicht gesund genannt werden, denn er muß mehr oder weniger eine verengerte innere Strahlfurche, eine merklich geschwundene Strahlgrube, einen gequetschten Sohlenwinkel und aufwärts geschobenen inneren Ballen haben, der Bogen der inneren Seiten- und Trachtenwand wird einer geradern Linie gewichen, die eine Seite des Hufes oft auch niedriger sein, und vom Kronen-Rande abwärts eine senkrechte Linie gedacht, wird dieser den Bodenrand der Trachtenwand oft überragen.

Dies ist, von verschiedenen vorkommenden Fällen nur einer hier genannt, also ein kranker Zustand des Hufes, der Jahre lang wohl bestehen kann, ohne merklich zu schaden, mitunter aber auch im ersten Stadium der Bildung Schaden thut, und dann oft zu großen Täuschungen in der Erkenntniß der Lähme Veranlassung giebt, weil manchmal der andere Huf schiefer ist als der, auf welchem das Pferd lahmt.

Oft ist es aber bei fehlerhaften Schenkeln mit dem Hufe doch anders beschaffen. Das verbildete Bein bedarf eines verbildeten Hufes, und ist da von Jugend auf zum Bedürfniß und zur Natur geworden, was eigentlich Unnatur ist.

Hier gilt es nun, die besondere Natur nicht weiter zu stören und in dem angenommenen Zustande zu erhalten, damit für diese absonderliche Gesundheit und den Gebrauch weiter kein Nachtheil entstehe.

Nach meinen in England gemachten Beobachtungen verstehen die Engländer diese Behandlung vorzüglich gut, und wissen sie sich Pferde brauchbar zu erhalten, die bei uns für einen angestrengten Dienst vollständig verloren sein würden, und ich habe wiederholt an meinen eigenen Pferden die Erfahrung gemacht, daß die Hufverbesserung, nämlich die Zurückbildung in die Normalform, in manchen Fällen ihre Grenzen haben muß.

Man verstehe mich nicht falsch, als wollte ich der Pflege des schiefen Hufes das Wort reden, und man verlange hier nicht die ausführliche Behandlung eines künstlich schief zu erhaltenden Hufes. Dies würde für diese Zeilen zu weit führen und ist überhaupt wegen der Verschiedenheit der einzelnen Fälle unter sich eine schwer zu beschreibende Sache.

Hier nur so viel, daß die Hauptsache im zweckentsprechenden Stützen*) und im richtigen Grade der Belastung der Seiten- und Trachtenwand auf dem Eisen, in der Placirung der Nägel und in der guten Beurtheilung liegt, welche Stelle des Hufes (für den speciellen Fall) der Normalform gewichen ist und weichen muß, wenn der Huf — künstlich schief erhalten bleiben soll.

Das hier zu brauchende, dieser Hufform noch besonders genau nachzubildende Eisen muß aber doch immer so beschaffen sein, daß man den Zustand des Hufes in seiner Gewalt behält, und das ist eben das Schwierige, was ich nirgends besser wie in England und dennoch im Einklang mit den dort geltenden Principien in Anwendung gebracht gefunden habe.

Daß dies meinen Respect vor der englischen Beschlagwissenschaft nur noch erhöht, zumal wenn man dieselbe auch auf dem Lande gut und gleich ausgeübt findet, möge mir Niemand verdenken, und wenn man mir, beiläufig gesagt, das starre Festhalten am wirklich englischen Beschlage vorwirft, was doch nur in soweit geschieht, als es sich mit unseren Verhältnissen verträgt, so lasse ich mir diesen Vorwurf gern gefallen; denn ich muß die Engländer immer noch als meine Lehrmeister anerkennen, sehe täglich mehr ein, daß ich sie noch nirgends übersehe und daß ich es auch nicht anders machen kann, wenn ich die Principien ihres Beschlages richtig erfaßt haben will.

Nicht schwierig ist es, nun einen Huf schief zu machen; man kann dies bei uns alle Tage sehen, und meistens da, wo es nicht am Orte ist.

Wir können aber auch oft sehen, daß Pferde sich streichen, stark verletzen und in Folge dessen fallen, überhaupt zum angestrengten Dienste

*) Im Nichtstützen liegt die Heilung des schiefen Hufes.

7*

untauglich werden, weil die Form ihrer Hufe ihrem Gange nicht entspricht, und da ich in England sehr werthvolle Pferde gefunden habe, die mit richtig gebildeten Hufen in ihrem Gange behindert gewesen wären, mit dem künstlich schief erhaltenen Hufe aber das Unglaublichste leisteten, so habe ich es für wichtig gehalten, die Behandlung der Engländer hierin näher in's Auge zu fassen, und wollte ich nicht unterlassen, zur Erhaltung manches oft noch recht brauchbaren Pferdes darauf aufmerksam zu machen, daß, mit Verstand und Geschick behandelt, etwas schiefer Huf mitunter nicht nur nicht schadet, sondern als guter Nothbehelf dienen kann.

In demselben Jahre folgte Vorstehendem im Amtsblatt für die landwirthschaftlichen Vereine Sachsens Nr. 4 folgender Aufsatz:

Können wir Stollen und Griffe noch nicht überwinden?

Stollen und Griffe werden ja von Vielen immer noch für unvermeidlich gehalten und sind es auch für's erste im Winter in einem geschärften Zustande noch; sie werden auch nicht eher ganz verschwinden, was freilich sehr zu wünschen wäre, bis wir ein Winterbeschläge finden, was diese Hacken uns vergessen läßt. — Daß ich für meine Wagen- und Reitpferde Schraubstolleneisen nicht mehr anwende und etwas anderes gefunden habe, was ich nun schon im dritten Winter brauche, beweist noch nicht die vollständige Entbehrlichkeit der bisher gebrauchten scharfen Stolleneisen, und da ich noch weitere Versuche, besonders bei Lastpferden, anstellen will, so sollen meine angewendeten Eisen hier weiter auch nicht berührt werden.

Daß sich aber der Gebrauch von Stollen und Griffen eigentlich nur im Winter rechtfertigen läßt, und daß jeder Tag der Entfernung dieser naturwidrigen Eisen von den Hufen ein Gewinn ist, dies ist mir zur großen Gewißheit geworden, und ich freue mich, mit dieser meiner Ansicht nicht mehr so allein zu stehen. Es steht fest, daß die Engländer, die Umgebung von Liverpool ausgenommen, Stollen und Griffe für die Vorderfüße grundsätzlich verwerfen, und in manchen Gegenden Englands auch hinten keine Stollen, noch viel weniger Griffe anwenden, wovon ich mich im verflossenen Jahre wieder zur Genüge durch eigene Anschauung überzeugt habe. — Nur dadurch, daß man selbst diesen Fehler so lange begangen hat, kann man sich erklären, wie noch so Viele an diesem Beschlage hängen, der für den Halt am Boden (Schnee und Eis ausgenommen) eine Täuschung und für die Gesundheit des Hufes ein Verderben ist.

Indem ich nun den Gebrauch der Stollen und Griffe für den Winter nicht weiter bekämpfe, will ich zu rechtfertigen suchen, daß sie wenigstens zwei Drittel des Jahres zu entbehren sind, und daß man im Sommer wieder gut zu machen streben muß, was man im Winter damit verdorben hat.

Woran liegt es denn nun eigentlich, daß so Manche noch ohne Stollen und Griffe nicht auszukommen vermeinen?

Meines Erachtens erstens in dem Mangel der Kenntniß des Hufes selbst und dessen Behandlung. Es ist unmöglich, daß ein Pferd bergauf z. B. den Boden mit einer einen halben Zoll zu langen Zehe richtig fassen und mit einer einen halben Zoll zu niedrigen Tracht prompt genug betreten kann. Das Fassen erfolgt zu früh, kraftloser, und das Auftreten zu spät. Der Act der Berührung mit dem Boden ist zu getheilt, geschwächt, und wird noch dabei eine höhere Anforderung an die Sehnen gestellt, die, weil sie naturwidrig, hemmend und schädlich ist. — Das Pferd soll bergauf wie bergab zur Schonung der Sehnen ein wenig gleiten.

Hat man einen falsch behandelten Huf, das heißt eine nicht richtig verkürzte Zehe und verschnittene niedrige Trachten, so wird man nicht verlangen können, daß das Pferd auf einem der Natur entsprechenden Eisen gehen kann, es wird dann freilich der die Trachten ersetzenden Hacken bedürfen, und so lange man den Huf nicht einigermaßen wieder in die natürlichen Verhältnisse zurückgebracht hat, wird freilich der Gebrauch des stollenlosen englischen Eisens nicht befriedigen können. Sicherlich liegt aber dann der Fehler nicht am Eisen, sondern an den entstellten Hufen.

Wenngleich die erste Bedingung eines Fortschrittes nach englischer Vorschrift das Vermeiden von Stollen und Griffen ist, so kann ein gut gemachtes Stolleneisen doch immer noch besser und dienlicher sein als ein falsch verstandenes englisches Eisen, und nichts ist irriger als die Meinung, den englischen Beschlag angewendet zu haben, wenn man nur Stollen und Griffe weggelassen hat.

Zweitens liegt, oft wenigstens, darin viel, daß wir zu große und unverhältnißmäßige Anforderungen an die Kräfte unserer Pferde stellen.

Kleine kümmerliche Thiere, die Gott weiß was schon auf Kosten ihres
Körpers erlitten haben, ehe sie zum Ackerdienst gelangen, werden vor die
nämliche Düngerlast gespannt wie starke frische Pferde, und weil es eben
ein Pferd ist, so muß es auch die dem Wagen für gewöhnlich zugetheilte
Last ziehen können.

Wenn die Last mit der Kraft, die sie bewegen soll, nicht harmonirt,
so können freilich nur unnatürliche Hilfsmittel aushelfen, man muß Hacken
anbringen, und das Thier, das Gott mit Hufen geschaffen hat, mit Krallen
versehen, und man begeht dabei noch den Fehler, daß man diese nicht
richtig anwendet, denn alle zum Klettern geschaffenen Thiere haben die
Mehrzahl der Krallen nicht hinten, sondern vorn an den Füßen. Ein
verkehrt aufgeschlagenes Stollen- und Griff-Eisen würde bei diesen Anforderungen noch mehr leisten, da man ja doch die Gesundheit der Hufe
dabei nicht in Betracht zieht.

Was ist denn nun aber mehr werth, ein gesundes 5 bis 6 Jahre
länger dauerndes Pferd oder das Plus an Last, welches es mit Stollen
und Griffen zu bewegen im Stande ist? Selbst wenn ich zugeben wollte,
daß ein Pferd mit diesen Hacken mehr leisten könnte als mit einem gut
erhaltenen demgemäß beschlagenen Hufe, so würde wohl das Exempel zum
Vortheil des länger erhaltenen Pferdes ausfallen, und ich kann mir Be-
rechnungen sparen, da die Thatsache besser spricht, daß bereits viele practische
Landwirthe die Richtigkeit des Exempels eingesehen haben, danach handeln,
und sich nun weder vor Bergen noch vor schlüpfrigem Boden fürchten.

Bei einem bescheidenen Anspruch auf Glaubwürdigkeit erzähle ich auch
noch das Factum, daß ich im verflossenen Sommer in Ventnor auf der
Insel Wight ein allerdings vorzügliches Karrenpferd täglich habe eine beträchtliche Last Kohlen vom Meeresufer zu meiner Wohnung einen Berg
hinauf schaffen sehen, den ich selbst stets nur mit Anstrengung ersteigen
konnte, und ich habe bei genauer Beobachtung nie gefunden, daß das
Pferd bergauf wie bergab mehr gleitete, als es eben zur Erhaltung seiner
gesunden Glieder absolut nothwendig war. Es hatte weder an den
Border- noch Hinterfüßen Stollen, und war des losen Steingerölles wegen,
welches die dortigen Nebenwege auszeichnet, mit dem glatten breiten englischen Straßen-Eisen beschlagen.

Daß ich Hunderte von Pferden in ähnlichen Situationen zu meiner Information beobachtet habe, will ich nur beiläufig erwähnen, und man verdenke mir dann nicht, wenn ich in meiner Meinung bestärkt worden bin, daß Stollen und Griffe ein zu beseitigen mögliches Uebel sind. Wenn ich mich hier nur auf kurze Andeutungen beschränke, warum Stollen und Griffe schaden, so liegt dies in dem mir hier zur Disposition gestellten Raume, und ich sage nur, sie sind schädlich

1) weil sie den Fuß mehr als flache Eisen vom Erdboden entfernen und dessen wohlthätige Einwirkung auf den Huf behindern,

2) weil sie den in der Luft stehenden Fuß nur auf drei Punkten stützen,

3) weil sie bei gewöhnlich ungleichmäßiger Abnutzung der drei Punkte ein Köppen in den Fessel- und Kronengelenken verursachen,

4) weil sie unnöthig die Last am Hufe vermehren,

5) weil sie zur Befestigung einer größeren Anzahl Nägel bedürfen,

6) weil in den seltensten Fällen ein Stolleneisen dem vollständigen Verlaufe der Trachtenwand folgen und diese stützen kann, und die Trachtenenden, die nicht mehr tragen, dem zu Folge sich zusammenziehen,

7) weil die Stollenenden des Eisens in der Regel weiter auslaufen müssen und deshalb mehr zu Verletzungen Anlaß geben,

8) endlich weil sie den Gang des Pferdes hemmen und ungeschickt machen.

Der Täuschungen weiter nicht zu gedenken, in welchen Diejenigen leben, welche meinen, wirklich vier Wochen lang Stollen und Griffe an den Eisen zu haben, spreche ich nur aus, daß in vorstehenden 8 Punkten die Sache lange noch nicht erschöpft ist.

Vorzüge des flachen Eisens sind noch, daß es länger dauert, an Eisenmasse dabei gespart wird, es bei richtigem Verständniß der Bearbeitung leichter und schneller anzufertigen ist, weniger Erdboden darauf und daran hängen bleibt und die Straßen nicht so verdirbt. Auf dem Acker besonders wüßte ich weiter keinen Vorzug des Stolleneisens zu nennen, als daß es als eine Art Extirpator mit benutzt werden kann.

Wenn selbst in England hier und da Stimmen laut werden, um wieder einzuführen, was seit hundert Jahren als Fehler bereits beseitigt war, so darf ich mich freilich nicht wundern, wenn ich in den Augen Vieler noch Unrecht behalte; ich rufe aber den Zweiflern zu, „versucht die Sache ernsthaft, macht sie aber richtig, und ihr werdet zu derselben Ueberzeugung kommen, die ich nun schon so lange habe."

Diesem Artikel lasse ich gleich zwei in den landwirthschaftlichen Annalen des mecklenburgischen patriotischen Vereines enthaltene Berichte folgen:

Dem englischen Hufbeschlage mit Anwendung des arabischen Wirkmessers wird in rasch zunehmendem Maße die Aufmerksamkeit der Landwirthe, sowie der Militairbehörden zugewandt, und darf Herr Graf Einsiedel wohl jetzt schon dem wohlthuenden Bewußtsein sich hingeben, daß die Beschlagemethode von Milkel sich allgemein Bahn bricht. So lesen wir in einer längeren compilatorischen Auslassung des Regierungsrath Haffer im landwirthschaftlichen Anzeiger der Bank- und Handels-Zeitung, daß der Verein westpreußischer Landwirthe einen Schmied zur Lehrschmiede nach Milkel entsandt habe. Ferner protocollirt die Monatsschrift des landwirthschaftlichen Provinzial-Vereins der Mark Brandenburg ꝛc. von v. Schlicht, August-September dss. Js., einen Vortrag des Thierarzt Strecker in der Generalversammlung des Vereins, daß bei den von ihm auf hohen Befehl angestellten Versuchen der englische Hufbeschlag sich sowohl hinsichtlich der Conservirung der Hufe als auch in öconomischer Hinsicht als ganz vortheilhaft herausgestellt hat. In der Zeit vom 1. November 1862 bis 1. Juni 1864 sind nämlich von zwei ihm gestellten Beschlagschmieden der Escadron 90 Pferden 3200 Eisen theils nach Miles, theils nach Field aufgeschlagen worden. Darunter befanden sich

30 Cavalerie-Reitpferde, } die nur vorn,
40 Offizier-Reitpferde,

8 Offizier-Reitpferde, die vorn und hinten,

12 Wagenpferde, die vorn und hinten, hinten stets mit Stolleneisen und sechs Nägeln

beschlagen wurden. Die Eisen lagen bei allen durchschnittlich 4 bis 6 Wochen, ja bei einigen Dienstpferden versuchsweise auch einige Mal 10

Wochen ohne Nachtheil und ohne daß inzwischen eine Befestigung nöthig gewesen wäre. Die Pferde gingen stets sicher und findet der englische Beschlag bei Reitpferden immer mehr Anwendung.

An Hufkrankheiten wurden geheilt meist durch Beschlag 6 Pferde mit Hornspalten, die dieselben aus anderen Gegenden mitgebracht hatten; sonstige Hufübel blieben bald fort. In dem Ausrufe des Referenten aber: „der englische Hufbeschlag wird nach und nach vernachlässigt werden und dieselben üblen Folgen nach sich ziehen wie der deutsche. Würde der deutsche Beschlag überall so ausgeführt, wie er auf Lehranstalten gelehrt wird, so würde man wenig Ursache haben, sich zu beklagen. Der Huf-Beschlag, wie er auf Thierarzneischulen gelehrt wird, unterscheidet sich nur unwesentlich von dem englischen", erkennen wir das Echo einer Stelle in der Polemik des Departements-Thierarzt Erdt, deren Zurückweisung durch Graf Einsiedel wir Seite 247 unserer Annalen vorlegten unter Wahrung des selbstverständlichen ersten Theiles des Ausrufes, daß nämlich auch Schmiede, welche den englischen Hufbeschlag erlernt haben, ihr Fach nachlässig betreiben können zum Nachtheil der Pferdebesitzer. Das arabische Wirkmesser glaubt Thierarzt Strecker nicht empfehlen zu können, weil es „bei seiner Größe (kleiner darf es nicht sein, denn sonst hat man nicht die dazu nöthige Gewalt) Gewandtheit und Kraft erfordert." Wir rathen dem Schmied, dem letztere Eigenschaften fehlen, bei Zeiten Hammer und Ambos mit Bügeleisen und Plättbrett zu vertauschen. — Ueber die Frage des Programms der erwähnten Versammlung: „Wie haben sich die von Pintus angefertigten Gußstahl-Hufeisen bewährt?" geht das Protocoll leider völlig mit Stillschweigen hinweg.

Des Torffuhrmanns Pferd mit Pantoffeleisen.

Vor einem halben Jahre kam ein Torffuhrmann zu mir und bat mich, ihm sein Pferd zu beschlagen. Nach seiner Aussage ging dasselbe öfters lahm, und machte ich ihm, da das Pferd sehr flache Hufe hatte, den Vorschlag, dasselbe englische Pantoffeleisen tragen zu lassen. Hierzu war der Mann aber durchaus nicht zu bewegen, er meinte, bei seinem Fuhrwerk müßte das Pferd Eisen mit Griff und Stollen haben, so nur könnte dasselbe sich halten, im anderen Falle müßte er wohl gewärtig sein, daß es ihm alle Augenblicke auf der Chaussee oder auf steilen Wegen niederfalle. Im Landweg und für Pferde, die nicht arbeiteten, möchte der Beschlag ohne Stollen vielleicht zu gebrauchen sein, aber bei seinem Geschäfte wäre er nicht anwendbar. Ich machte den Fuhrmann darauf aufmerksam, daß eben sein Pferd auf den Pantoffeleisen viel besser als auf den Eisen mit Griff und Stollen gehen würde, aus dem Grunde, weil dadurch, daß der Strahl die Bodenfläche mitberühre und durch das einseitige Nageln die Elasticität des Hufes, die jetzt beinah verloren wäre, wieder hergestellt würde, auch ein Eisen ohne Stollen der natürlichen Stellung und Gangart des Pferdes besser entspräche 2c. — Daß der Strahl die Erdfläche mit berühren sollte, leuchtete dem Manne Anfangs nicht recht ein; dann würde sein Pferd erst recht lahm werden, äußerte er kopfschüttelnd und war durch keine Vorstellungen zum Beschlagen ohne Stollen zu bewegen. Nach einiger Zeit, da das Pferd schon mehrere Paar Eisen vertragen hatte, fragte ich ihn, wie dasselbe jetzt ginge? er antwortete: o, es geht so ziemlich, besser wie sonst, aber es ist doch schnurrig, jedesmal, wenn das Pferd frisch beschlagen wird, geht es schlecht, das giebt sich aber nach und nach und zuletzt, wenn die Eisen beinah vertragen sind, geht es am besten. Ich stellte ihm vor, daß dies ganz einfach davon käme, weil das Pferd zuletzt die Griffe und Stollen abgelaufen hätte, der Strahl hierdurch der Bodenfläche näher käme, und das Pferd nun so zu sagen schon auf Pantoffeleisen ging, und brachte ihn endlich so weit, daß er mir gestattete, seinem Pferde englische Pantoffeleisen aufzuschlagen. Seit dieser Zeit geht das Pferd gar nicht lahm, ist auch niemals gefallen oder ausgeglitten, und der Mann ist jetzt vollständig von der Zweckmäßigkeit der englischen Pantoffeleisen überzeugt. Derselbe war heut bei mir und hat mir die Versicherung gegeben, daß sein Pferd nie so gut wie auf den Eisen ohne Stollen gegangen hätte.

Rostock, Wollenweberstraße 37.

Heinrich Behrens.*)

*) Ist ein Schüler der Lehrschmiede zu Mittel.

Nr. 1 des in Berlin erscheinenden „Sporn" brachte einen Aufsatz vom Hofwagenbauer Reuß zu Berlin, in welchem der Gedankenzettel mehrfach erwähnt, jedoch auch abweichende Ansichten von den darin enthaltenen entwickelt wurden. Da dieser Aufsatz mehrfache Erwiderungen von beiden Seiten nach sich zog, lasse ich dieselben hier folgen.

Ueber Hufbeschlag.

Von allen Thieren, die Vater Noah in die Arche nahm, ist das Pferd unbestritten eins der edelsten und für den Sport mit das wichtigste. Wir Menschen haben jedoch grade dieses nützlichste Geschenk der Schöpfung auserlesen, um es auf eine Weise zu quälen, die, wie wir uns einbilden, bei seinem Gebrauch unerläßlich ist. Während die meisten Hausthiere frei in unsrer Nähe leben, wird das Pferd häufig schon von seiner frühesten Jugend an eingesperrt und darf bis zu seinem Lebensende kaum einen Schritt nach eigenem Willen thun. Halfter, Zaum, Gebiß, Sporn, Geschirr und Peitsche sind für das arme Thier erfunden, und damit seine Tortur möglichst lange dauere, wird sein Huf mit einem Eisen beschlagen, die größte Marter, gegen welche es sich, wenn es auch noch so sehr schmerzt, nicht einmal zur Wehr setzen kann. Wer gesehen, wie größtentheils mit den Hüfen des unglücklichen Pferdes beim Beschlagen umgegangen wird, begreift leicht, warum so viel lahme und struppirte Krüppel auf dem Pflaster herumlaufen. Darüber sind Alle einig, daß der Hufbeschlag in Deutschland so schlecht ist, wie er überhaupt nur sein kann; um so unbegreiflicher scheint es, daß verhältnißmäßig so wenig geschieht, diesem Uebelstande abzuhelfen. Es ist zu hoffen, daß die kleine Zahl verdienstvoller Männer, welche diesen Gegenstand mit allem Ernst neuerdings in die Hand genommen hat, durchdringen möge. Unter der Voraussetzung, durch Besprechung der guten Sache zu nützen, ließ ich mich bei Jahre langer practischer Erfahrung und eifrigem Studium zu den nachfolgenden Andeutungen bestimmen.

Geschrieben ist über das Thema genug. Graf Einsiedel sagt in seinen Gedenktafeln: „Es giebt mehr Lehrbücher über den Hufbeschlag als gesunde Hüfe." Hat daher diese Literatur bis heutigen Tages nur wenig geholfen, so liegt dies wohl daran, daß die meisten Abhandlungen sich mit abstracten Theorien beschäftigen, die dem nicht wissenschaftlich gebildeten Hufschmied theils unbekannt, theils unverständlich blieben. Das erste, wirklich populär gehaltene Buch war von einem Engländer, Mr. Miles, verfaßt, sein großer Nutzen ist allgemein anerkannt; seitdem sind ähnliche Broschüren, zuletzt die eben erwähnten Gedenktafeln, erschienen. Alle diese Besprechungen haben (abgesehen von einigen Widersprüchen) das große Verdienst, uns einen Gegenstand wiederholt vor die Augen zu führen, der durch vielseitige Beleuchtung zum klaren Austrag gebracht werden muß. Ob es Mr. Miles zuzuschreiben, daß der englische Hufbeschlag den deutschen so sehr übertrifft, mag dahingestellt bleiben, so viel aber steht fest, daß man in England höchst selten ein schlecht beschlagenes Pferd zu Gesicht bekömmt, während in unserm Vaterlande das Umgekehrte der Fall ist. Eigentlich haben die Engländer in Bezug auf Beschlagen gar nichts Neues erfunden, sondern nur die Sache practisch aufgefaßt und die Natur als Lehrmeisterin angenommen, was sie sehr bald auf den richtigen Weg geführt hat.

Für die Lebensart des Pferdes im Naturzustande reicht der un= beschlagene Huf, wie er aus der Hand des Schöpfers hervorgegangen, voll= kommen aus; wir sollen nur insofern nachhelfen, als sich durch die Culturverhältnisse auch die Lebensverhältnisse des Pferdes geändert haben. Wenn wir nun den Huf bei dem anhaltenden Gebrauch auf chaussirten Wegen und Pflasterstraßen durch einen Eisenrand schützen müssen, so ist es selbstredend, daß wir bei dem jedesmaligen Beschlagen so viel von der unteren Fläche, d. h. von der Sohle des Hufes, wegnehmen, als das Pferd im Naturzustande ohne Eisen davon abgeschliffen haben würde, weil sonst der Huf seine Form und Elasticität verliert. Durch das Wegschneiden wird ferner das Wachsthum des Hornes gefördert, man erhält also viel früher neue, gesunde Hüfe. Im Verkennen dieser Wahrheit liegt der Hauptfehler des deutschen Beschlages, da unser Schmied selten hinreichend vom Hufe wegnimmt und irrthümlich glaubt, daß die Sohle tragen müsse, also nicht stark genug sein könne. Dies ist aber durchaus unrichtig, nur die Wände des Hufes, die Trachten und der Strahl, haben zu tragen, die Sohle ist allein zum Schluß des Hufes, sowie zur Bedeckung der inneren zarten Fleischtheile vorhanden, und muß deßhalb im Gegentheil möglichst dünn und nachgiebig sein, sollen die darüber liegenden Hufgelenkbeine nicht gequetscht werden.

Der zweite Fehler, der in unseren Schmieden gang und gebe, besteht in dem Wegschneiden der Eckstreben, d. h. der Hornkeile zwischen Strahl und Wand sowie des Strahles selbst, eine Manipulation, die gewöhnlich mit „Luftmachen" bezeichnet wird. Das Verfahren ist ganz fehlerhaft, denn im Naturzustand wird das Pferd die Eckstreben und den Strahl immer nur flach ablaufen, nie aber die ersteren herausschleißen. Es liegt deshalb auch für uns kein Grund vor, an der Stelle etwas auszuschneiden. Der Strahl ist eine elastische, sich langsamer abnutzende Masse als die Randfläche des Hufes, und bleibt wenigstens unter allen Umständen mit dieser gleich hoch stehen, weshalb das barfüßige Pferd bei jedem Tritt zuerst mit dem Strahl die Erde berührt. Warum nun aber unsere Schmiede ohne Ausnahme den Strahl wegschneiden und selbst Graf Einsiedel in seinen Gedenktafeln das Princip aufstellt, er müsse von dem Boden freistehen, ist nicht begreiflich, man müßte denn glauben, unser Herrgott habe sich bei Erschaffung des Pferdes geirrt und den Strahl zu dick geformt. Jedenfalls scheint es logischer, daß der Strahl, wie er eben ist, ganz richtig construirt und als natürliches Polster zum Schutz der zarten Theile dorthin gelegt ist. Diesem Zweck gemäß ist er eine ganz gefühllose Masse, unempfindlich, wenn das Pferd auf denselben auftritt. Wer den Strahl wegschneidet und so gegen das Naturgesetz verfährt, wird Zwanghufe, Strahlfäule, Hornspalte und Steingallen erzeugen.

Das Geheimniß des richtigen Hufbeschlages liegt also in Bezug auf Auswirkung darin, daß man von der Sohle soviel herausschneide, als nur immer möglich, dagegen vom Strahl und von der innern Seite der Eckstreben niemals auch nur das Allermindeste wegnehme. Was am Strahl zu viel stehen bleibt, wird sich schon von selber abschleifen. Analog haben wir bei der Form des Hufeisens ebenfalls das Richtige zu treffen und hierbei möglichst wenig an der natürlichen Form des Hufes zu ändern. Denken wir darüber nach, so wird sich das Anbringen eines hinten am Eisen hervorstehenden Stollen als ein unleugbarer Irrthum herausstellen. Der Erfinder des Stollen ist der größte Thierquäler seines Jahrhunderts gewesen. Selbst in mechanischer Hinsicht ist der Stollen ein Unding, indem er sich sofort abnutzt und das Pferd somit täglich eine andere

Fußung bekömmt. Die Städter sagen zur Befürwortung des Stollen, derselbe sei nöthig, damit sich die Pferde auf dem Pflaster halten können, und die Landbewohner bringen ihn an, weil er in der Stadt gebraucht wird. Wie aber der Stollen dem Pferde auf großen, mehr oder weniger abgerundeten Pflastersteinen einen Halt bieten soll, verstehe, wer da wolle. Wir behalten den Stollen eben nur bei, weil ihn Großvater gehabt, und der Kutscher sagt, er könne ohne ihn nicht fahren. Als Beweis der Unrichtigkeit solcher Behauptung sehe man doch z. B. die Tausende von Pferden in London, welche in alle erdenklichen Fuhrwerke eingespannt, ohne Stollen, auf dem schlüpfrigsten Pflaster der Welt geben müssen. Nicht die Abwesenheit der Stollen, sondern die Ungeschicklichkeit unserer unerfahrenen, zoppenden Kutscher ist daran Schuld, wenn das Pferd, auf alle mögliche Weise genirt, stürzt. Die Uebelstände eines Eisens mit Stollen liegen klar auf der Hand; man denke an die zahllosen Preller, welche das arme Thier auf dem empfindlichsten Theile seines Hufes hierdurch erhält. Die Art und Weise, wie die deutschen Schmiede das Eisen hinten abrichten, damit dasselbe nicht auf den Eckstreben aufliege, hilft dem Uebelstande der Erschütterung keineswegs ab. Nein, es entsteht hierdurch sogar eine Verschlimmerung des Uebels, denn nun zerrt das Eisen erst recht bei jedem Tritt an dem Hufe herum und biegt sich in Kurzem hinten durch, so daß es ganz verbogen und ungleichmäßig auf dem Hufe aufliegt. Ein so construirtes Eisen, nach achttägigem Gebrauch abgenommen, zeigt deutlich, daß es hinten aufgelegen, gleichviel, wie stark es auch beim Beschlag abgebogen war. Es muß hiernach einleuchten, daß der Stollen eine ganz unpractische, unvernünftige Erfindung ist, welche je eher je lieber verworfen werden müßte. Hunderterlei Formen von Eisen verhindern das Rutschen auf dem Pflaster, selbst auf dem Eise viel besser und sicherer als ein Stollen.

Ob man das Eisen mit 5 oder 6 Nägeln am Hufe befestigt, macht keinen großen Unterschied, wenn dasselbe nur von einer Eckstrebe bis zur andern überall genau auf den Huf paßt, und nirgend über die Wandfläche hervorsteht. Ohne Aufbrennen ist das genaue Aufpassen eines Eisens auf den Huf nicht möglich, und der kleine Nachtheil, welcher möglicherweise hierdurch verursacht wird, steht jedenfalls in keinem Verhältnisse zu dem größeren Schaden, den ein nicht anliegendes Eisen hervorbringt.

Zur guten Conservirung der Hüfe gehört schließlich, daß man dieselbe von allen Seiten vollständig rein halte, so daß überall das freie, blanke Horn zu sehen ist. Beim Nachhausekommen von der Arbeit müssen die Hüfe abgewaschen und dann mit etwas reinem Schmalz bestrichen werden, damit man das Ansetzen des Stallschmutzes vermeide; nie aber ist die Anwendung einer dicken klebrigen Hufschmiere zulässig.

Jos. Reuß.

Es folgt in Nr. 5 derselben Zeitschrift die Antwort des Grafen Einsiedel.

Ueber Hufbeschlag.

Der Aufsatz von Herrn Joseph Reuß in der Beilage zu Nr. 1 des „Sporn" kann ja nur mit Freude begrüßt werden, denn er hilft selbst mit arbeiten, und läßt den in Schriftstücken neuerdings bekannt gewordenen Arbeitern an der Sache die Gerechtigkeit widerfahren, daß durch ihre Thätigkeit dieser wichtige Gegenstand zu einem klaren Austrag gebracht werde. Damit dies weiter geschehen könne, sind Besprechungen, Austausche von Ansichten nöthig, zumal da es dem Stande der Sache nach nur natürlich ist, daß bei uns noch sehr verschiedene Ansichten über einen wirklich guten Hufbeschlag existiren.

Wenn ich nun in diesem Aufsatze namentlich genannt worden bin, mir auch einen gelinden Tadel des Herrn Verfassers zugezogen habe, so liegt es wohl nahe, daß ich mit dem Austausch der Ideen auch eine Recht= fertigung zu verbinden suche.

Obgleich es möglich ist, daß der Herr Verfasser eine andere An= schauung gewinnt, wenn er Satz 4 c und d meines Gedankenzettels noch= mals durchliest und ich zur Verdeutlichung der fraglichen Stelle

„— der Strahl soll nur so viel vom Erdboden entfernt bleiben, als die Eisenstärke beträgt —" die Worte hinzufüge: „bei er= neuertem Beschlage",

so kann ich doch nicht unterlassen, zu erwähnen, daß ich das Princip, der Strahl müsse vom Boden frei bleiben, pure nicht aufgestellt habe, vielmehr wohl deutlich aus dem Sinne des ganzen Satzes 4 d hervorgeht, daß eine Berührung mit dem Boden stattfinden müsse, aber nur nicht in gleichem Grade, wie die des die übrigen Huftheile schützenden Eisens.

Unser Herrgott macht gewiß keine Fehler, und hat deshalb auch den
Strahl nicht besser und widerstandsfähiger bedacht, wie den Horntragrand.
Darum ist auch bei dem normalen, barfußen Hufe Strahl und Tragrand
stets gleich abgenutzt und in gleicher Berührung mit dem Erdboden bei
jedem Auftritte.

Wir begehen aber einen Fehler, wenn wir glauben, daß der Strahl
neben einem Eisen derselbe ist, eben so elastisch und polsterartig wirkend
bleibt, wie bei dem unbeschlagenen Hufe, und irren uns, wenn wir meinen,
dem Strahle keine Art von Schutz gewähren zu müssen.

Ich für meine Person nehme nun für denselben keinen anderen
Schutz in Anspruch als den, daß er um so viel, als die Stärke eines
stollenlosen Eisens austrägt, bei einem frischen Beschlage vom Boden entfernt bleibe. — Ich bezwecke und erreiche damit erstens, daß er nicht nur
sich und den Huf durch mäßige, allmählich vermehrte Berührung mit dem
Boden, soweit dies beim Uebel des Beschlages überhaupt möglich, gesund
erhält, sondern zweitens auch seine Function als Tragpunkt in richtigen
Grenzen gehalten, bei unserem Gebrauch auf naturwidrigen Straßen erfüllt.

Von dieser Anschauung gehen auch die Engländer bei Behandlung
ihrer beschlagenen, in harter Arbeit begriffenen Hufe aus, und ich habe
mich vollständig davon überzeugt, daß sie Recht haben. Dazu aber, so
viel wie möglich, von der Sohle herauszuschneiden, und darin das Geheimniß des Hufbeschlages in Bezug des Auswirkens zu erblicken, vermag
ich mich nicht zu bekennen, vermag nur zuzugeben, daß man vom Strahl
wie von der Sohle nur das Abgestorbene entferne, und kann nur unter
dem Umstande einer Verdünnung der Sohle beitreten, wenn deren über-
triebene Härte und Stärke die Elasticität des Hufes behindert.

Zum Schluß vermag ich die Bemerkung nicht zu unterdrücken, daß,
wenn die Engländer die Natur als Lehrmeisterin angenommen, sie, wenigstens uns Deutschen gegenüber, doch etwas Neues erfunden haben; denn
nach des Herrn Verfassers eigenem Ausspruche stehen wir im Allgemeinen
jetzt weder auf dem naturgemäßen, noch auf dem practischen Standpunkte
der Beschlagkunde.

Ich muß ferner noch erläuternd erwähnen, daß meine kleine Arbeit,
„der Gedankenzettel", als speciell für die Verhältnisse meiner Provinz geschrieben, im Auslande nicht vollständig verständlich sein kann.

Graf Einsiedel.

Neuß antwortet in Gemeinschaft des Kreisthierarztes Hildach in Nr. 8 des „Sporn":

Noch einmal Hufbeschlag.

Auf den Artikel des Herrn Grafen Einsiedel in Nr. 3 dieses Blattes hätte ich eigentlich nichts zu erwidern, da der Herr Verfasser seine Ansichten über den Hufbeschlag nur vollständig verständlich für die Verhältnisse einer Provinz des Königreichs Sachsen geschrieben zu haben erklärt. Allein da auch die für das Ausland modificirte Ansicht des Herrn Verfassers, wonach der Strahl bei erneuertem Beschlage um die Eisenstärke vom Boden entfernt bleiben soll, nach meiner Ansicht noch immer eine große Miß-handlung des Hufes in ihrem Schooße birgt, so muß ich wiederholt auf diesen Gegenstand zurückkommen, um so mehr, als die Behandlung des Strahles der wundeste Fleck beim deutschen Hufbeschlag ist.

Ob der Strahl um die Eisenstärke, d. h. ⅜ Zoll oder um 2 Zoll von der Erde entfernt bleibt, ist in der Wirkung ganz gleich, denn der Huf ist kein Gummiballen, welcher sich nach Belieben dehnt und quetscht. Steht der Strahl nicht mit der übrigen Tragfläche des Hufes oder des Eisens ungefähr gleich, dann kann derselbe nicht tragen, d. h. er kann die Functionen nicht ausüben, zu welchen die Natur ihn geschaffen hat.

Warum der Strahl beim beschlagenen Hufe eine andere Wirkung haben soll wie beim unbeschlagenen Hufe, ist mir unbegreiflich, und aus dem Artikel des Herrn Grafen Einsiedel auch nicht ersichtlich, obgleich die entgegengesetzte Ansicht als ein Fehler bezeichnet wird.

Der Zweck des Schutzes aber, den wir dem Tragrande gewähren und den der Herr Graf auch für den Strahl in Anspruch nimmt, scheint noch einiger Erläuterung zu bedürfen. Wir schützen den Sohlenrand des Hufes doch offenbar nur deßhalb durch ein Eisen, weil sich derselbe sonst beim Gebrauch auf Kunststraßen zu rasch abschleifen würde. Wenn wir also den Strahl nicht auch durch ein Eisen schützen, so ist nur zu befürchten, daß sich der Strahl zu rasch abschleifen könnte, was wahrlich nicht dadurch verhindert wird, daß wir von vornherein auch noch vom Strahl etwas herunterschneiden. Man versuche es nur und lasse ein Pferd bei neuem Beschlage mit einem über das Eisen etwas hervor-ragendem Strahl eine Stunde auf irgend einer Kunststraße gehen und man wird finden, daß sich der Strahl sofort mit der Eisenfläche gleich, abgeschliffen hat. Geht das Pferd länger, so wird sich der Strahl durch die Unebenheiten der Bodenfläche immer etwas bis unter das Niveau der Sohlenfläche des Eisens abschleifen, und daher wird dann beim neuen Beschlage, selbst wenn man von der Sohle einen Spahn herunterschneidet, ohne den Strahl mit dem Messer zu berühren, derselbe nicht über das neue Eisen, welches dicker ist wie das alte, hervorragen.

Wenn der Herr Graf Einsiedel von Entfernung des abgestorbenen Strahles spricht, so verurtheilt er sein System dadurch vollständig, denn bei einem gesunden, richtig behandelten Strahl, der durch den Gebrauch immer bis auf das richtige Niveau abgeschliffen wird, ohne mit dem Messer des Hufschmiedes in Berührung zu kommen, giebt es keine abgestorbenen Theile, wie alle Pferde meines Stalles und die in den besseren Schmieden in England beschlagenen Pferde beweisen.

Ich kann also nur wiederholen, was ich früher gesagt habe. Man schneide vom Strahl nie etwas, von der Sohle aber so viel wie möglich herunter, verpöne die Stollen, und man wird bald gesunde Hüfe haben. Um aber den Zaghaften auch durch ein wissenschaftliches Gutachten zu beruhigen, füge ich eine Notiz meines Thierarztes über diesen Gegenstand hier bei.   Jos. Reuß.

Seit mehreren Jahren in dem Stalle des Hrn. Jos. Reuß hierselbst als Thierarzt fungirend, bin ich von genanntem Herrn aufgefordert, meine Ansicht über die Behandlung des Strahles beim Beschlagen der Hüfe hier auszusprechen.

· Die Natur hat diese ganz gefühllose, hornige, elastische Masse zwischen die Eckstreben eingeteilt, um die beiden Trachtenwände auseinander zu halten und dem Pferde als Stützpunkt zu dienen. So lange wir der Natur nicht entgegen arbeiten, wird der Huf auf seiner Sohlenfläche weit auseinander stehende Trachten zeigen. Jedes Abweichen vom Naturgesetze, jedes Verkürzen und Verkleinern des Strahles wird sicherlich eine Ver= engerung der Trachtenweite nach sich ziehen und bald den Zwanghuf produciren, da ein Schwinden des Strahles eintritt, sobald derselbe nicht die ihm von der Natur vorgeschriebene Function ausüben kann. (Vergl. das treffliche Handbuch von Leisering und Hartmann, S. 219, wo es heißt):

„Wird der Strahl so weit vom Erdboden entfernt, daß er denselben nicht mehr k r ä f t i g berühren kann, so ... trocknet er
aus oder verfault."

oder Regiments-Veterinair-Arzt Weber in der Wochenschrift für Thierheilkunde und Viehzucht, 1862, Seite 423:

„Ruhe ist Tod für den Strahl, Bewegung ist Leben."

Die Befürchtung, daß beim Stehenlassen des Strahles derselbe zu
groß und über die Huffläche hervorstehend wird, widerlegt die Praxis; wir
sehen, es wird stets so viel abgelaufen, daß die Sohlenfläche eine gleiche
ist; auch erzeugt der von unten wirkende Druck auf den Strahl nicht
etwa Entzündung und Lahmheit, sondern dieser Druck ist Bedingniß zu
seiner normalen Existenz.

Seit fünf Jahren etwa werden die in den Ställen des Herrn Reuß
stehenden Pferde nach den angegebenen Principien beschlagen, und stets ist
eine Verbesserung des ganzen Hufes eingetreten. Die bekannte Traber-
Stute Lady Franklin, welche mit schlechten Hüfen und verkümmertem
Strahl hierher kam, seit fünf Jahren, wie angegeben, beschlagen, auf dem
Berliner Pflaster und chaussirten Wegen in der stärksten pace täglich
gefahren, hat jetzt ganz n o r m a l e Hüfe, der Strahl liegt gesund und
voll zwischen den Eckstreben, und nie ist das Thier lahm gewesen, obgleich
dasselbe stets auf den Strahl tritt. Würden unsere Schmiede sich nicht
hartnäckig gegen die rationellen Fortschritte in der Hufbeschlagkunst verschließen, würden sie den Strahl, an dem sie am liebsten herumarbeiten,
mit ihren Angriffen verschonen und dafür die Sohle beschneiden, dann
würden wir in unserem Lande nicht mehr so viele verkrüppelte Hüfe zu
beklagen haben.   H i l d a c h , Königl. Kreis-Thierarzt.

Die Beantwortung vorstehenden Aufsatzes übernahm in Nr. 13
des „Sporn" der thierärztliche Verein der sächsischen Oberlausitz
folgendermaßen.

Zur Hufbeschlagsfrage.

Als Antwort auf den Artikel von Herrn Reuß in Nr. VIII gebe ich
nachstehende Auslassung einer mir nahe stehenden thierärztlichen Corporation,

mit dem Bemerken, daß ich ein eigenes System nicht vertrete, strict nur, und namentlich im fraglichen Punkte, das englische befolge, und mit den englischen Lehrsätzen in dieser Beziehung stehen und fallen werde.

Graf Einsiedel.

Der unterzeichnete Verein, welcher den in dieser Zeitschrift erhobenen Streit über den Hufbeschlag aufmerksam verfolgt hat, erlaubt sich, da für Herrn Jos. Reuß ein College, Herr Kreisthierarzt Hildach, seine Stimme erhebt, auch für Herrn Grafen Einsiedel, wenn auch kein ausführliches, wissenschaftliches Gutachten, so doch zur Beruhigung der Zaghaften eine kleine Notiz.

In vorliegendem Falle handelt es sich um die Frage:

„Soll der Strahl mit dem Tragrand des Hufes (Gr. Einsiedel) oder mit der Bodenfläche des Eisens (Jos. Reuß) in gleichem Niveau stehen?"

Der unterzeichnete Verein, bestehend aus 28 Thierärzten, welcher sowohl an den Pferden des Herrn Grafen als auch an Pferden aus ihrer Praxis, sowohl bei wiederholten Besuchen der beiden ständischen (in England gebildeten) Lehrschmieden als auch anderen Schmieden unserer Provinz Beobachtungen angestellt hat, erklärt die Ansicht des Herrn Grafen Einsiedel: „den Strahl mit dem Tragrand vergleichen zu lassen" als naturgemäß und allein richtig, und auch wir können analog den Engländern, die Vorschrift: „den Strahl mit der Bodenfläche des Eisens vergleichen zu lassen" nicht anders nennen als eine theoretische Spielerei, die sich in vielen Fällen von selbst bestraft, wie wir zur Bestätigung mehrfache Beispiele aufzuführen vermöchten. Durch vorliegende Hufe können wir beweisen, daß die Verfechter der letzten Vorschrift nicht sehen wollen, daß die Natur selbst ihr Gegner, denn wenn sie wirklich den Strahl einige Zeit Eisen= stärke betragend über den Tragrand hervorstehend erhalten, so stößt die liebe Natur selbst das Vorstehende, Abgestorbene des Strahles ab, und der junge Strahl steht trotz ihres Mühens und Streitens wieder mit dem Tragrand des Hufes und nicht mit der Bodenfläche des Eisens in gleichem Niveau. Auch wir schneiden am Strahle nichts, höchstens die daran herumhängenden Lappen, der Strahl stößt von selbst das unbrauchbar Gewordene ab; denn durch die Abnutzung der Eisen und durch die Senkung des Strahles beim Auftreten kommt er, wenn er auch nur mit dem Trag=

rande des Hufes gleich hochgehalten wird, mit dem Boden in Berührung. Doch kommen auch hier in Bezug auf die Selbstabstoßung Ausnahmen wie überall vor.

Mit der Ansicht unseres geehrten Herrn Collegen am Schluße seines Gutachtens, daß die Schmiede statt des Strahles lieber die Sohle beschneiden sollen, können wir uns ebenfalls nicht einverstanden erklären, und zeigt uns diese Empfehlung, daß Herr College dem von ihm angezogenen „trefflichen" Handbuche von Hartmann (vid. S. 159) selbst entgegen ist. So wie dort steht, so sagt auch Herr Graf Einsiedel in seinem Werkchen 4 c.: „Schneide nicht Strahl und Sohle, sondern reinige sie nur", worin wir ihm vollständig beipflichten.

Uebrigens ist es höchst lobenswerth, daß sich Männer, wie Herr Jos. Reuß, für den Hufbeschlag — der so lange zum Nachtheile der Pferdebesitzer und der armen Thiere selbst im Argen gelegen — interessiren und hat namentlich Herr Reuß und unser geehrter Herr College in Berlin ein großes Feld, auf welchem sie segensreich wirken können, wie man ja täglich an den dort auf der Straße gehenden Pferden, ja selbst an den königlichen Marstallpferden (von denen wir eine große Anzahl gebrauchter Hufeisen mit Zwanghufform zu Händen haben) sehen kann. Streitigkeiten, namentlich wenn es sich blos um Theorien handelt, befördern keineswegs den edlen Zweck, den sowohl Herr Graf Einsiedel als auch Herr Jos. Reuß verfolgen, der da ist: „Verbesserung des Hufbeschlages in unserem Vaterlande"; und damit ist doch Herr Reuß einverstanden, daß derselbe großer Verbesserung bedarf.

Der unterzeichnete Verein, dasselbe Princip: „Verbesserung des Hufbeschlages" verfolgend, kann nur mit dem innigen Wunsche schließen, daß Herr Reuß in Berlin dieselben Erfolge erzielen möge, die Herr Graf Einsiedel durch die von ihm errichteten beiden Lehrschmieden, durch seine Schriften und mündlichen Belehrungen in so großartigem Umfange in Sachsen und weit darüber hinaus bereits längst erzielt hat.

Bautzen, d. 2. Juni 1863.

Der thierärztliche Verein
für das Königl. Sächs. Markgrafthum Oberlausitz.

118

Letztgenanntem Vereine, dem der Graf Einsiedel seit dem Jahre 1861 als Ehrenmitglied angehörte, widmete Derselbe 1863 eine kleine Broschüre, die ich wörtlich zum Abdruck bringe.

Zwei Worte über Normalität des Hufes.

So wie die Begriffe über die Formen der gesunden und kranken Sprunggelenke in ihren feinen Abweichungen nicht ganz festzustehen scheinen, eben so scheint der Begriff normal beim Hufe noch nicht zur Genüge ausgetragen zu sein, und es ist wohl nicht unwichtig für den, der mit dem Hufbeschlage zu thun hat, die möglichst klare Auffassung dieses Begriffs anzustreben.

Wenn normal im Allgemeinen regelrecht, der Idee von Vollkommenheit entsprechend heißt, so muß normal hier naturgemäß, die Regeln der gesunden Natur vertretend heißen, und würde man sonach streng genommen einen beschlagenen Huf schon nicht mehr normal nennen können, denn bei der besten und richtigsten Behandlung desselben treten nothgedrungen Veränderungen ein, die einen beschlagenen ausgeschnittenen Huf wesentlich von einem unbeschlagenen unangetasteten unterscheiden.

Um mich verständlich zu machen, will ich hier nur so viel erwähnen, daß z. B. der abgerundeten naturgemäß abgenutzten Zehenwand nur mangelhaft im Eisen nachgegangen werden kann, und jede derartige in der Natur vorkommende Abnutzung der Seitenwand in der Nachbildung vermieden werden muß, weil sonst eine Einklemmung des Hufes, eine Beeinträchtigung der Dehnbarkeit desselben entstehen würde.

Die Sohle wird stets reiner gehalten werden müssen, als es die des unbeschlagenen Fußes erfordert, denn die Absonderung kann durch Abnutzung in mangelnder Bodenberührung nicht erfolgen und der Strahl wird zwischen dem Eisen das nie sein, was er zwischen zur Erde kommenden Eckstreben ist, er wird an Form, Stellung und Elasticität dem Naturzustande gegenüber verlieren, und wird den isolirten Stand zu seinem Nachtheil stets empfinden.*)

*) Da der Strahl beim noch nicht beschlagen gewesenen Hufe in der Regel so zwischen den Eckstreben liegt, daß er mit denselben vergleicht, also von beiden

Die oft weit hin umgeschlagenen, einen Theil des Sohlenwinkels deckenden Eckstreben können ihre schützende Eigenschaft unter dem Eisen nicht behalten, denn der unter ihnen liegende Theil der Sohle kann wohl einen wechselnden, nie aber den dauernden Druck des bis zu den Trachten⸗ enden reichenden und festgenagelten Eisens vertragen und so ist die Huf⸗ natur selbst beim regelrechtesten Auswirken zum Beschlage schon verlassen, und die Bezeichnung normal streng genommen auch nicht mehr anwendbar.

Das Streben nach Vollkommenheit führt wohl manchmal zu der Täuschung, daß man normal mit ideal verwechselt, und damit den rechten Boden des Begriffes verliert.

Der verschiedenen normalen Abweichungen vom Ideal muß man sich bewußt werden, besonders um die noch unüberwundenen Uebelstände des besten Hufbeschlags nicht zu verschlimmern.

Ich glaube, man darf nicht den Huf für sich, sondern nur im Zu⸗ sammenhange mit dem Schenkel betrachten, wenn man dessen Normalität oder dessen Regelwidrigkeit richtig beurtheilen will. Man muß ihn ferner von dem Standpunkte aus betrachten, in denselben sich hineindenken, in dem er sich befinden würde, wenn er unbeschlagen geblieben wäre, und kann, auf die Spitze gestellt, nur den als normal, naturgemäß bezeichnen, der so ist, wie ihn das Bein und der Gang des Beines braucht.

Abweichungen vom Ideal sind nicht immer Fehler, Krankheiten, sondern es sind Bedingungen der Natur, die ihr Recht hat und vertritt in Form und Bewegung der Glieder, die den Huf zum Stütz⸗ und Aus⸗ gangspunkt haben.

Man wird mir einhalten, daß wenn Bein und Gang des Pferdes fehlerhaft, regelwidrig ist, es mit dem Hufe auch nicht viel anders stehen wird, und ich will gern zugeben, daß das Ideal der Präparaten⸗Sammlung dabei nicht immer getroffen sein wird. Ich kann aber nicht zugeben, daß z. B. ein mäßig schiefer Huf, ein flacherer Bogen der inneren Wand,

Seiten wesentlich durch dieselben geschützt wird, so verliert er beim beschlagenen Fuße diesen Schutz, denn die Eckstreben bleiben nach gereinigter Sohle nicht mehr was sie waren, weichen, bröckeln ab, müssen in Folge dessen bis zum trocknen Horne vom abgestorbenen befreit werden, und so bleibt der Strahl allein ohne Seitendeckung stehen, und soll nun unter erschwerten Umständen, verlassen, naturgemäße Verrichtungen ausüben.

geringe flache Wölbung der Sohle, seitwärts getretener Strahl, steilere oder schrägere Stellung der Seitenwände, viel oder wenig Winkel der Zehenwand, und was da mehr, krank oder regelwidrig ist, denn die Natur des Individuums bedarf oft dieser abweichenden Formen, und wenn die Natur sich diese ohne Zuthun der Menschen geschaffen hat, so sind dies die rechten, also auch normalen.

Entgegengesetzten Falls werden nun Abweichungen wieder normal genannt, die meines Dafürhaltens weit weniger Anspruch auf diese Bezeichnung haben.

Man kann sich oft schwer nur darein finden, die rundere Form der Bodenfläche des Hufes als die natürliche anzusehen. Das an das Oval gewöhnte Auge vermißt in der naturgemäß abgenutzten Zehe Huftheile, die man durch Anwendung des halbmondförmigen, des Zeheneisens wieder ersetzen zu müssen glaubt, eingezogene Trachtenenden werden über die vordere runde Hufform außer Acht gelassen, welche Lage die Eckstreben haben, kümmert wenig, wenn sie nur da sind, und ein breiter hervorragender Strahl, abgesehen von seiner Form und Proportion zu den anderen Huftheilen, beruhigt vollständig über den Zustand des Hufes.

Dies und ähnliches möchte ich die Verirrungen nennen, denen man verfällt, wenn man ohne strengeres Eingehen in die Natur des Hufes, die Idee normal verfolgt, und auf dem richtigen Wege der Beurtheilung ist man wohl nur erst dann, wenn man unter Beachtung des Gebrauchs und der Bewegung der Glieder, den danach geformten unbeschlagenen Huf sich vor die Augen führt.

Ich will nicht in Abrede stellen, daß nach solchen Grundsätzen z. B. den Hufbeschlag auszuführen, eine schwere Aufgabe bleiben dürfte, denn es müßte danach das zu beschlagende Pferd dem Schmiede einen auf dem Weidegange bis zum richtigen Stadium abgenutzten Fuß präsentiren.

Da es sich hier nur um Regelung eines Begriffes handelt, so kann es wohl nicht schaden, eine genaue etwas peinliche Betrachtung aufzustellen. und beabsichtige ich nur auf diesen oft zu leicht genommenen Punkt einen tieferen Blick zu lenken.

Indem ich diese kurze Darlegung dem thierärztlichen Vereine als ein Zeichen williger Mitwirkung widme, möchte ich nicht in Zweifel ziehen, daß gleiche Betrachtungen manchem Gliede des Vereins in Folge der neu belebten Hufbeschlagsfrage aufgestoßen sein werden, und rege ich diese nur in der Ueberzeugung an, daß die hauptsächliche Beschäftigung der Thier-ärzte bei den Pferden noch im Hufe zu suchen ist.

Wenn es nicht in Abrede gestellt werden kann, daß Fortschritte in der Beschlagwissenschaft gemacht worden sind, und der englische Hufbeschlag in der Provinz sich immer mehr und mehr verbreitet, so stehen diesem noch Schwierigkeiten entgegen, die außer denen, welche jeder Neuheit ent-gegen treten, nicht ganz leicht zu überwinden sind.

Die erste ist schon die, daß in der Regel die Thierärzte nicht aus-übende Schmiede, und die Schmiede nicht Thierärzte sind, und da der englische Beschlag mehr Kenntnisse und Geschick erfordert, als der bisher geübte, so gehen die oft gut und richtig getroffenen Anordnungen des Thierarztes unter in dem Unvermögen des Schmiedes, theils das Angeord-nete zu verstehen, theils das Verstandene auszuführen, und selbst zu schmieden vermag der Thierarzt aus Mangel an Uebung nicht.

Was werden soll, ist noch nicht, kann erst nach und nach werden, nämlich daß die Schmiede eine tiefere Kenntniß des Hufes und seiner organischen Thätigkeit erlangen, um die darauf begründeten Lehrsätze des englischen Hufbeschlags richtig verdauen zu können. Selbst bei bester tech-nischer Fertigkeit muß man sich Rechenschaft geben können, warum man es so und nicht anders machen darf, und dies fehlt den meisten unserer Schmiede noch.

Die Befähigten darüber immer mehr aufzuklären, wäre eine sehr wohlthätige Wirksamkeit unseres Vereins, und einen Schmied sich zu bilden, liegt gewiß speciell im Interesse eines jeden Thierarztes, der nicht selbst ausübender Schmied ist.

Eine andere Schwierigkeit ist, daß die geprüften, durch Prämien ausgezeichneten Schmiede oft sich gehen lassen, das Erkannte nur nachlässig ausüben, und damit ihre Kunden täuschen, die, wenn sie keine Griffe und Stollen an den Eisen sehen, meinen, ein richtig und sorgfältig beschlagenes Pferd zu haben.

Die Herren Stände des Landkreises wollen ihre Prämien nicht um-sonst gegeben haben, und haben unstreitig das Recht, danach zu fragen, ob die prämiirten Schmiede der ihnen zuerkannten Auszeichnung sich würdig machen.

Von betroffenen Vernachläffigungen müßten meines Dafürhaltens die Thierärzte sowohl wie die Pferdebefitzer bei der landständischen Hufbeschlags-Deputation Anzeige erstatten.

Ein drittes Hinderniß ist, daß die Schmiede, welche nicht mit fort können oder wollen, die Befähigten und dem Fortschritte ergebenen gefliffentlich irre zu machen und abzuhalten suchen.

Was ihr könnt und weshalb man euch prämiirt hat, haben wir fast schon wieder vergeffen, ist so eine der beliebten Redensarten, und es wäre gewiß dienlich, wenn der Verein sich Proben des längst Gewußten und beinahe wieder Vergeffenen geben ließe, um die verkannten Talente durch Prämien aus Vereinsmitteln zu krönen.

Es ist zum Glück schon ein zu großes Loch in den alten Schlendrian geriffen, um den Fortschritt aufzuhalten. Die, welche es versuchen, thun sich selbst den größten Schaden, und werden es später bitter empfinden.

Sehr zufrieden müffen wir aber sein, daß es gelungen ist, eine wesentliche Schwierigkeit zu mindern. Eine Hauptsache zum Gedeihen des Hufbeschlages, das Intereffe und das Verständniß der Pferdebesitzer daran, ist belebt und mehr geklärt, und liegt hierin für das Heil der Sache der kräftigste Hebel. Die Herren wiffen jetzt, daß auf den Beschlag etwas ankommt, sie wiffen, daß sie es in ihrem Beutel empfinden, wenn sie dem Schmied nicht auf die Finger sehen, und es kann von Seiten unseres Vereins wie der landwirthschaftlichen Vereine nicht genug gethan werden, damit die Pferdehalter sich wirkliche Kenntniffe im Beschlage erwerben.

Die ständische Verwaltung unserer Provinz hat erkannt, daß nichts daran gelegen ist, zu Ausübung des Hufbeschlages so und so viel mehr gesetzlich berechtigte Schmiede zu haben, sondern daß es darauf ankommt, vorzügliche Schmiede zu bilden, die mit Verstand und Geschick, nicht handwerksmäßig[*]), sondern wiffenschaftlich, den Hufbeschlag auszuüben verstehen.

Aus diesem Grunde hat sie Prämien ausgesetzt, und aus der Höhe derselben geht zur Genüge hervor, daß sie nicht Schmiede-Subjecte haben

---

[*]) Man hat das Pferdebeschlagen bisher gleichgiltiger behandelt, als das Stiefelbesohlen, und die Engländer sagen, wir können alle deutschen Handwerker gebrauchen, nur die Huffchmiede nicht.

will, wie sie z. B. Regiments-Veterinairarzt Weber in der Wochenschrift
der Thierheilkunde Nr. 33, Seite 267 und 268, sehr treffend schildert,
sondern solche, welche anderen und den vielen Schwachen im Fache zum
Muster dienen, damit Schaden abgewendet werde, und dem Lande ein
reicher Nutzen erwachse.

Daß wir uns bereits auf einem nicht ganz unfruchtbaren Felde
daheim im Hufbeschlage bewegen, hat uns, die wir sorgsam beobachtet
haben, die Schau in Hamburg bewiesen. Der englische Hufbeschlag, den
wir dort in theils dürftigen, theils unglücklichen Nachahmungen, vielleicht
vermeintlichen Verbesserungen, angetroffen haben, ist bei uns schon nach
r i c h t i g e n Grundsätzen ins Leben übergegangen.

Nicht in der Modellkammer, sondern auf der Straße, an Reit-, Wagen-,
Acker- und Lastpferden ist er vielfältig zu finden, und ganze Stöße von
verbrauchten Eisen in den Lehrschmieden können den Beweis liefern, daß
das englische System in der Hauptsache verstanden zur Geltung kommt.

Möge dieses Resultat dem Vereine ein Sporn bleiben, ferner für
Verbreitung der Huf- und Hufbeschlagskenntnisse zu wirken.

Eine neue, im Jahre 1864 erschienene Anweisung zum Gebrauch
des arabischen Wirkmessers lasse ich gleichfalls wörtlich folgen:

Da die nur Denen ausgehändigte Gebrauchsanweisung vom Jahre
1860, welche sie von mir verlangt haben, vergriffen ist, so entspreche ich
in Nachstehendem dem an mich mehrseitig gebrachten Wunsche, und gebe
dieselbe in der Wiederholung der über den Gebrauch des arabischen Messers
feststehenden Regeln kurz wieder, und lasse nur noch einige erläuternde
Bemerkungen nachfolgen.

G e b r a u c h.

Wenn das Eisen abgenommen ist, so untersuche man sorgfältig die
Wände, ob sich in denselben noch Nieten (Stifte) befinden; sind diese sicher
beseitigt, so umgehe man Wände und Zehe mit der Raspel, in dem Grade,
als man von genannten Horntheilen durch das Messer entfernen will.

Nachdem der Fuß gehoben, und der Huf in die linke Hand genommen
worden, lasse man sich auf das rechte Knie nieder, und stemme den linken
Ellenbogen fest auf das linke Knie. Will man zuerst die rechte Seite des

Hufes niederschneiden, und steht das Trachtenende tiefer wie der Strahl, so setze man die äußere Ecke der Messerklinge an dem Winkel, welcher Tracht und Eckstrebe bildet, an, und schneide damit auswärts ziehend im Bogen der Zehe des Hufes zu. Beim Ausschneiden der linken Seite des Hufes setze man die dem Schafte nahestehende rechte Ecke des Messers am Eckstrebenwinkel an, schneide so zuerst seiner linken Schulter zu, dann von der halben Tracht ungefähr im entgegengesetzten Bogen wie vorher der Zehe zu, bis man dem schon ausgeführten Schnitte der rechten Hufseite begegnet.

Die Eckstreben sind etwas mehr mit dem Messer niederzuschneiden und die Sohle damit insoweit zu reinigen, als eines Theils die Höhe der ebengeschnittenen Trachten angiebt, anderen Theils die gebogene Klinge die Beseitigung der abgestorbenen Sohlen-Stücke gestattet.

Gebieten Umstände den Strahl zu berühren, so reinigt oder verkürzt man die linke Seite desselben mit der äußeren Hälfte der Messerschneide, die rechte Seite mit der dem Schafte nahestehenden inneren Schneide, in beiden Fällen das Messer von dem Ballen der Strahlspitze zu führend.

Nur bei sehr harten und trockenen Hufen wird eine wiederholte mäßige Umraspelung des Zehenwandhornes nöthig sein, um das Nieder= schneiden des Tragrandes bis zum Aufpassen des Eisens zu beenden.

––––––

Alles Neue in der Welt hat seinen Kampf zu bestehen, so auch das arabische Wirkmesser. — Nun ist zwar dasselbe nichts Neues, im Gegen= theil etwas sehr Altes, nur aber bei uns im Gebrauch neu, denn 6 Jahre sind nicht ausreichend, um alte eingewurzelte Vorurtheile mit Erfolg zu überwinden, und werden noch lange die absonderlichsten Behauptungen der Fehler oder Unzulänglichkeiten dieses Instrumentes auftauchen, Diejenigen aber sicherlich nicht mehr irre machen, welche durch längeren Gebrauch wissen, was sie an demselben haben. Wenn man früher mit apodictischer Gewißheit aussprach, daß das arabische Wirkmesser gar nicht zu brauchen sei, und damit auch sagte, daß die Orientalen, die sich dessen ausschließlich nur bedienen, ein Hufmesser haben, mit dem man nicht schneiden könne, so hat man jetzt doch darein gewilligt, zuzugeben, daß es zu brauchen ist, vermeint aber, daß es nur sehr geschickte Schmiede zu führen vermögen.

Da nun bekanntlich bei uns alle Schmiedeburschen damit schneiden, andere als arabische und englische Messer in den Lehrschmieden der Ober-lausitz und vielen Privatschmieden des In- und Auslandes nicht existiren, man überdies in ganz kurzer Zeit, natürlich mit mehr oder weniger Ge-schick, die Handhabung des arabischen Messers erlernt, und Stallleute selbst, oft mit bestem Erfolge, damit die Arbeit für den Schmied verrichten, so kann ich die Behauptung, daß dieses Messer „sehr geschickte Schmiede bedürfe", nicht anders wie unrichtig bezeichnen, und müssen Diejenigen arge Tölpel sein, die nicht ebensogut den kürzesten wie einen langen Span damit zu schneiden vermögen.

Daß das arabische Messer Niemand, selbst den Tölpel nicht zwingt, nur einen langen Span zu schneiden, wollen wir zu aller Zeit Jedem, der sich davon überzeugen will, durch die That beweisen, und wird gerade umgekehrt, den langen Span zu schneiden dem Ungeschickten eher noch schwerer fallen.

Die Behauptung, daß harte Hüfe gar nicht damit zu schneiden seien, ist eben so falsch. Da die Hüfe so vieler meilenweit herzu gebrachter Pferde nicht erweicht, nicht eingeschlagen sein können, welche in unseren Schmieden beschlagen werden, wir keiner Haulinge oder Kneipzange be-dürfen, um die Zehe zu verkürzen, welche ohne diese Hilfe mit dem deut-schen Messer im Schweiß des Angesichts nur herunter zu bringen ist, und wie selbstverständlich, wir nicht blos von Natur weiche Hüfe vor das Messer bekommen, so muß es doch wohl möglich sein, harte Hüfe mit dem arabischen Messer zu bearbeiten, und vorgenannter Behauptung stelle ich getrost die entgegen, daß bei derjenigen Kraft, die überhaupt zu Ausschneiden eines Hufes erforderlich, der härteste Huf mit dem arabischen Messer leichter zu beschneiden ist, wie mit jedem anderen Messer, und liegt schon darin dafür ein sprechendes Argument, daß dies Messer aus dem Morgenlande stammt, wo Klima und Bodenbeschaffenheit zu Erweichung der Hüfe wahrlich nichts beitragen und eine Pflege derselben nach unseren Begriffen nicht existirt.

Es bedarf wohl nicht mehr einer ausführlichen Namhaftmachung der Vorzüge des arabischen Messers. — Der, welcher es kennt und braucht, weiß, ob er darüber in Illusionen lebt, und weiß, welchem Gebiete die Einwendungen angehören, die unter dem Scheine unparteiischer Beobach-tung ihm entgegengestellt werden. Wenn man nur gut und richtig schneidet, ist es mir ganz gleichgiltig, mit welchem Messer man auswirkt, und würde ich den alleinigen Gebrauch des englischen Messers entschieden vertreten, wenn es für unsere Verhältnisse, wie sie zur Zeit noch sind, ausreichte. Da dies aber nicht ist, die deutschen Schmiede mit dem Aufhalten der Füße noch nicht allein fertig werden, und sie bei der Beschaffenheit unserer Hufe viel Kraft-Aufwand und die doppelte Zeit brauchen würden, indem das englische Messer eigentlich nur die Bestimmung der Reinigung (Bearbeitung) der Sohle des Strahles und der Eckstreben hat, der Trag= rand in England hauptsächlich nur mit der Raspel verkürzt wird, was vermöge der Art der dortigen Schmiede, den Fuß ohne Hilfe Anderer zu halten, leichter auszuführen ist, so müssen wir neben dem englischen noch ein anderes Messer haben, und da das arabische

zum Niederschneiden des Tragrandes unter allen Umständen ausreicht, zum Ebenen desselben die Raspel fast entbehrlich macht, man beliebig den kurzen wie den langen Span damit schnei= den kann,

nicht leicht zuläßt, daß zu viel von den Eckstreben entfernt werde, Ausgrabungen in den Sohlenwinkeln nicht gestattet,

der leichteren Verkürzung der Zehe Vorschub leistet,

nicht zu mehr wie nöthigem Niederschneiden der Trachten verleitet,

dem Schmiede bequem und die Führung leicht zu erlernen ist,

dem Pferde wie dem Aufhalter keine Gefahr bringt, und endlich

dem Pferde das ruhige Stehen sehr erleichtert, weil der Fuß nicht fest und hoch gehalten zu werden braucht,

so muß ich nach sechsjähriger strengster Prüfung dem orientalischen Messer vor dem deutschen den Vorzug geben, und wüßte ehrlich gesagt keinen anderen Fehler desselben zu nennen, als daß es groß und unbequem zum Einpacken auf Reisen ist, und bei den bei uns gestellten Anforderungen an die Hufreinigung des englischen Messers noch daneben bedarf.

Die aufgetauchten Streitfragen über dieses Messer lasse ich hier un= berührt, spreche nur aus, daß ich sie nicht angeregt habe, wie Manche wohl glauben mögen, da durch mich im Jahre 1857 das Messer aus dem Oriente mitgebracht ward, überlasse vielmehr ruhig dieses Instrument seinem Schicksal, würde aber sicher auftreten, und aussprechen, ich habe mich darüber geirrt, wenn ich mich geirrt hätte. Da ich mir aber ganz klar bewußt bin, daß ries nicht der Fall ist, so kann ich unmöglich Partei gegen dasselbe nehmen, und schätze es besonders noch um deswillen, weil Jeder, der um den Huf-beschlag sich selbst kümmert, und nicht zu kraftlos und ungeschickt ist, dem Schmiede nun nicht nur zuzusehen braucht, sondern selbst Hand anlegen kann, wenn er Gefahr für sein Pferd erkennt, und selbst der Tölpel gleichen Schaden am Hufe leicht nicht anrichten kann, welchen zu vermeiden dem geschickten Schmiede mit dem Stoßmesser oft Mühe macht, oder nicht gelingt. Das arabische Wirkmesser ist in getreuer Nachbildung beim Instrument-macher S. Kunde, Dresden, äußere Pirnaische Gasse Nr. 23 und 24, und beim Schmiedemeister Zenker in Görlitz zu haben, stets aber zu empfehlen, den Gebrauch durch geübte Hand sich zeigen zu lassen, denn eine geschrie-bene Anleitung wird selten völlig genügen.

Im Octoberhefte des landwirthschaftlichen Centralblattes erschien vom Departementsthierarzt Erbt in Cöslin ein Aufsatz unter der Ueberschrift „Der Pferdehuf und sein Beschlag". Diesem 27 Octav-seiten umfassenden Aufsatz schien eine Absicht oder ein Auftrag unter-zuliegen, denn er strotzt voller Beleidigungen und Angriffe auf Graf Einsiedel. Noch mehr ist unterliegende Absicht daraus zu entnehmen, daß die damalige Redaction des Centralblattes keine Erwiederung des Grafen aufnahm*); er mußte dieselbe im Amtsblatt f. d. l. B. als Extra-Beilage drucken lassen.

In einem Briefe schreibt mir Graf Einsiedel gleich nach Er-scheinen des Erbt'schen Aufsatzes: „Ueber die darin enthaltenen Ver-irrungen möchte ich lachen, allein daß meine langjährigen und wie Sie wissen uneigennützigen Bestrebungen so verkannt werden, das schmerzt mich."

Aus nachfolgender ersten Erwiederung des Grafen Einsiedel in Nr. 3 des Amtsblattes wird man den Inhalt der Erbt'schen Schrift zum Theil ersehen.

---

*) Ist auch mir so ergangen. D. B.

Das Octoberheft des landwirthschaftlichen Centralblattes für Deutschland enthielt einen Aufsatz, welcher die Vorzüge des deutschen Hufbeschlags
vor dem englischen darlegen sollte. In solchem hat der Verfasser, Departements-Thierarzt Erdt in Cöslin, meiner vielfach gedacht, ohne sich
hierbei in Schmeicheleien zu ergehen, z. B. bemerkt, eine Behauptung von
mir widerstreite den einfachsten Regeln der Mathematik und gesunden
Vernunft, oder, dieselbe habe auch für mich keinen Sinn u. s. w.
Auf diesen Aufsatz übersandte ich der Redaction des gedachten Blattes
nachstehende wortgetreue Entgegnung; es ward solche mit der Aufforderung
an mich zurückgegeben, nicht allein mehrere Stellen zu streichen, sondern
auch alles andere, zur Sache nicht gehörige, wegzulassen. Hierzu konnte
ich mich um so weniger verstehen, als ich eine Censur über mich nicht
anerkenne und nicht weiß, was der Redaction als zur Sache gehörig anzusehen beliebt.

Dem Publicum überlasse ich das Urtheil über die Unparteilichkeit
des landwirthschaftlichen Centralblattes, welches Angriffe zuläßt, die Vertheidigung abweist, das Urtheil, ob ich die Grenze der Vertheidigung überschritten, und über die Sache selbst.   Graf Einsiedel.

Anm. der Redaction. Obschon diese Entgegnung des Herrn Grafen Einsiedel
in dem Blatte ihre Stelle zu finden hätte, wo der Angriff erfolgt ist, obschon der Umfang des Amtsblattes es verbietet, in diesen weiter gehenden
wissenschaftlichen Streit sich einzulassen, so glaubt die Redaction es der
Gerechtigkeit schuldig zu sein, diese Entgegnung aufzunehmen, nachdem das
landwirthschaftliche Centralblatt sich dessen geweigert hat. Es geschieht dieses
darum in einer Separatbeilage.

Antwort des Grafen von Einsiedel

auf den im Octoberhefte 1863 des landwirthschaftlichen Centralblattes für
Deutschland enthaltenen Aufsatz über den Pferdehuf und seinen Beschlag
vom Herrn Departements-Thierarzt Erdt zu Cöslin.

Im Drange vieler Geschäfte hätte ich es beinahe vergessen, Herrn
Departements-Thierarzt zu bekennen, daß ich vorgenannten Aufsatz gelesen
und mit vielem Interesse wiederholt durchgegangen habe. Diese wiederholte
Durchsicht berechtigt mich aber zu der Vermuthung, daß diesem Aufsatze
noch eine andere Tendenz zu Grunde liegt, als aufzuklären, und da ich

diese verstanden zu haben meine, glaubte ich eine andere Form der Entgegnung nicht wählen zu können.

Deßhalb soll es mir auch nicht in den Sinn kommen, in gleich
langer und breiter Abhandlung auf eine Widerlegung der mir zu Theil
gewordenen Enthüllungen mich einzulassen, es hieße gänzlich den Zweck
dieses Aufsatzes verkennen, und nur leeres Stroh dreschen, eingehend zu
berichtigen, wo an einer Berichtigung nichts gelegen zu sein scheint und
werde ich mich nur in gedrängten Zeilen darauf beschränken, einige der
Irrthümer hervorzuheben, welche Herr Verfasser zu Tage gefördert hat
und die selbst von seinen Hinterleuten nicht unterschrieben werden würden,
wenn sie sich dazu bekennen müßten.

Im Allgemeinen muß ich gleich zum ersten Satze bemerken, daß wenn
die fortschreitende Cultur im vermehrten Gebrauche der Pferde auf künstlichen Straßen ein Fortschreiten der Wissenschaft zu fordern hat, so muß
auch die Wissenschaft dieser Anforderung genügen, und durch die That
beweisen, daß sie etwas leisten kann. Wo aber dieser Fortschritt geblieben
ist, das beweisen erstens die Klagen der Pferdebesitzer, und zweitens die
Hufe unserer Pferde, die trotz Lehrstellen, Lehrbüchern und Modellkammern
bis zur Zeit noch in dem hilflosen Zustande sich befinden und aus dem
sie weder v. Bowinghausen, v. Tennecker, Schwab u. s. w.
herausgerissen hat. — Auf den Straßen Berlins besonders habe ich
mich (und lange vor meinen Reisen nach England) stets vergebens
darnach umgesehen.

Aus genanntem einfachen Grunde ist eben diese an sich so einfache
Materie noch nicht erschöpft, wie der Herr Verfasser meint, und wenn man
die neueren und besseren Werke in diesem Fache durchgeht, so sieht man
in den Controversen, welchen Schwankungen die deutsche Wissenschaft
noch unterliegt, und obgleich einer dem andern so ziemlich nachgeschrieben
hat, so erkennt man, daß ein klarer vereinbarter Begriff über gewisse
Grundprincipien noch nicht feststeht.

In England hat man nun schon seit längerer Zeit über einen solchen
sich geeinigt, und die Erfolge der englischen Lehre dort wie hier beweisen,
daß sie richtig ist, indem die Hufe darnach bleiben, oder wieder werden,
wie sie von Natur waren. Unter allen Umständen aber kann Goodwin's
nach Schwab angeführte Auslassung, daß vielleicht in keinem anderen

Lande soviel verdorbene Hufe zu finden wären, wie in England, nicht beweisen, daß deswegen der deutsche Beschlag der richtige, vorzügliche sei. Wäre Goodwin, der Aeltere, in Deutschland gewesen, so würde er gewiß dem Urtheile seiner Landsleute beistimmen, die mich besucht haben, und aussprachen, so schlechte Hufe zu finden haben sie nicht erwartet, und wäre Schwab in England gewesen, hätte er selbst gesehen und geprüft, so würde er gewiß in seinem Katechismus ein anderes Zeugniß als das eines englischen Sonderlings über den englischen Beschlag niedergelegt haben.

Dem englischen Grundbegriffe, welchen ich in meinem Gedankenzettel unter A. Satz 11, 12, 13 und 14 an die Spitze gestellt, in allen Punkten auf's Strengste Rechnung tragen, heißt nach meiner Ansicht das richtige Ziel verfolgen, und wo dieser Begriff (die organische Beweglichkeit des Hufes, die man in Berlin nicht zugiebt) nicht anerkannt wird, ist für mich weder etwas zu suchen noch zu holen, denn nur auf diesem beruhen meine weiteren Sätze, und ist es mir klar dargethan, daß nur im strengsten Verfolge desselben, und in einem diesem entsprechenden Beschlage zu dem Resultat zu gelangen ist, die Hufe annähernd zu erhalten, wie sie geschaffen worden sind. Daß nun der ältere deutsche Lehrbeschlag dem entspräche, und in Wirklichkeit das ist, was der englische nur zu sein scheint, ist eine so seltsame Behauptung, daß man beinahe annehmen muß, der Herr Verfasser habe sich auf ein ihm practisch vollkommen fremdes Feld begeben.

Wenn ich bestens acceptire, was Herr Departements-Thierarzt sagt, daß die Deformitäten der Hufe überall nur durch die Menschen ver= schuldet, die Huffehler an sich nicht erblich sind, nur deren Anlagen sich vererben, und ferner seinem Urtheile über die Bewahrung des Strahles vor übernatürlichem Bodendrucke beitrete, wie mein Gedankenzettel beweist, so wird er mir doch zugeben, daß das bisherige deutsche Verfahren, die alten Lehren im Beschlage, diesem Satze nicht entsprechen, eben nach den Gesetzen der Mechanik und Statik den Huf nicht dazu gelangen lassen, daß er bleiben kann, wie ihn Gott geschaffen hat, und daß erst in neueren Schriften und Beschlaglehren besser und richtiger darauf Rücksicht genommen wird. — Ob dies eine Annäherung des englischen Beschlages an den deutschen, oder eine erlangte bessere Einsicht der Deutschen, formulirt nach englischen Begriffen, ist, wollen wir hier nicht weiter untersuchen, soviel

scheint mir aber doch für einen Jeden, der die Sache näher kennt, erwiesen
fest zu stehen, daß man sich die Lehre der Eisen ohne Stollen an den
Vorderfüßen, die Lehre eines scharf begrenzten waagerechten Tragrandes
für Aufnahme der Wände und Trachten und von da ab einer Abdachung
2c. in England nicht aus Deutschland geholt hat, und daß die deutsche
Wissenschaft erkannt hat, natürlich ohne es einzugestehen, daß sie noch zu
schöpfen nöthig habe, denn an dem alten deutschen Eisen ist weder ein
Tragrand noch eine Abdachung, wohl aber eine von außen nach innen
geneigte Fläche, die zwar in der Trachtengegend waagerecht sein soll,
meistens aber den Umständen nach nicht waagerecht sein kann, zu finden.
— Als ehrlicher Deutscher habe ich nun offen eingestanden, woher ich
mein vermeintliches Wissen genommen, habe die deutschen Weizenkörner,
die bei mir oft gesäet worden, aber nie aufgehen wollten, als Spreu aus-
gesegt, und habe mir, meine deutsche eigene Gerechtigkeit über Bord werfend,
einen Saamen über dem Canal geholt, aus dem ich gute Früchte erziele,
und durch den ich mir den Dank der wirklich Sachkundigen, denen ich
ihn mitgetheilt, erworben habe. Ich habe aber diesen Saamen nicht mit
deutschem vermengt, habe eingesehen, daß man nur Fehler begehen und
unklar werden kann, wenn man mit solchen Mischungen sich befaßt, und
habe durch Gebrauch und Erfahrung erkennen gelernt, daß die am englischen Saamen in Deutschland manchen Ortes entdeckten Fehler gar keine
Fehler sind, und nur aus Irrthum und Vorurtheil als solche angesehen
werden.

Wenn mir nun Herr Erdt einhalten wird, daß ich demnach den
deutschen Lehrbeschlag gar nicht zu kennen scheine, so muß ich ihm mittheilen, daß S. v. Tennecker an der Thierarzneischule zu Dresden mein
Lehrer war, daß ich ein ganzes Jahr hindurch zu meiner Information,
namentlich im Hufbeschlage, bei ihm in seiner Privat-Praxis famulirt
habe, noch Probeeisen aus jener Zeit besitze, also mit dem alten rationellen
deutschen Kunstbeschlage soweit vertraut bin, und auch vertraut war, um
denselben nach allen Regeln der Wissenschaft anzuwenden. Trotzdem kam
ich in der Praxis damit zu keinem andern Resultate, als daß die Hufe
der so vielfach und zahlreich von mir aus England bezogenen Pferde nach
wenigen Monaten andere Formen annahmen, die ich für bessere nicht
erkennen konnte, und so entschloß ich mich denn, die im Jahre 1839 schon

9 *

aus England von Field mitgebrachten Eisen hervorzusuchen, und der Ver=
gleich dieser mit den deutschen zeigte mir erstlich einen andern Weg, und
zweitens zeigte mir die Anwendung bald, daß ich mich bisher immer nur
auf dem Holzwege herumgetrieben hatte. — Durch diese ebenfalls noch in
meinem Besitze befindlichen Eisen kann ich nun klar und deutlich beweisen,
daß die Grundbegriffe des englischen Hufbeschlages seitdem unverändert
geblieben sind, und ich weiß es, daß selbst viel früher schon man darüber
in England einig war, was heut noch bei uns theils nicht gekannt, theils
als überflüssig erkannt wird.

Die drei, Seite 244, vom Herrn Verfasser aufgestellten Fragen sind
von mir gewiß nicht weniger sorgfältig erwogen worden, als von Denen,
die sich in jüngster Zeit mit der Hufbeschlags-Reform befaßt haben, und
würde gewiß keiner dieser Herren in Wort und Schrift ohne vorhergängige
„vernunftgemäße" Erörterung derselben aufzutreten gewagt haben. — Daß
wir sie uns zum Theil anders beantwortet haben, wie Herr Erdt, liegt
in der individuellen Anschauung und Verständnisse der Sache, und wie
ich sie mir beantwortet habe, geht aus meinem Gedankenzettel hervor,
den aber Herr Departements-Thierarzt theilweise falsch, theils gar nicht
verstanden zu haben scheint. Ich kann nichts dafür, daß ich ihm nicht
deutlich geworden bin, die, für welche er geschrieben, haben ihn verstanden
und noch viele andere dazu, und wissen diese z. B., was ich mit meinem
Satze:

„schone in der Regel die Tracht und verkürze mehr die Zehe"
sagen will, denn sie verstehen, daß das Mißverhältniß zwischen einer in
der Regel zu lang gewachsenen Zehe und einer zu viel beschnittenen Tracht
wieder naturgemäß ausgeglichen werden soll, und wissen, was es heißt,
wenn ich sage:

„dem Zehenstücke möglichst Eisen nehmen ist besser, wie ihm
vermehrt geben",
denn sie haben erkannt, daß alles Verstärken des Eisens in der Zehe nichts
hilft, wenn die Länge der Zehe zur Höhe der Tracht außer Proportion
gekommen ist, und da dies so oft vorkommt, und nicht immer auf einmal
eine geraume Zeit zu lang gehaltene Zehe gehörig gekürzt und eine ver=
schnittene Tracht erhöht werden kann, so haben sie auch eingesehen, daß in
Beachtung meines vorgenannten Satzes der Weg zu allmähliger Herstellung

der richtigen Verhältniffe liegt. Sie wissen ferner, wie man die breiten Schenkelenden des Eisens zu formen und zu legen hat, ohne deswegen das Eisen zu schmal und zu kurz zu machen, und damit weder die Ballen des Strahles noch die Eckstreben zu quetschen braucht. — Sie wissen, was ich damit meine, wenn ich sage, ich habe mit 8 Nägeln viel, und mit 5 Nägeln fast nie ein Eisen verloren. — Sie kennen die Huffläche des englischen und die des deutschen Eisens, und wissen, daß wenn man zwei Flächen ihrer ganzen Breite und Länge nach waagerecht aufeinander stützt, und gleichsam luftdicht mit einander verbindet, nach den Regeln der Cohäsion eine geringere Befestigung dazu nöthig ist, und giebt ihnen der gesunde Menschenverstand, daß hier die Regeln von A. Riese's Rechenbuch allein nicht Anwendung finden können. Sie können wenigstens klar und deutlich aus dem Gedankenzettel entnehmen, daß ich weiß, wie die Ab- nutzung des Zehenstückes des Eisens erfolgt, und können aus einzelnen Sätzen, namentlich B. 1 und 2, und Zeichnung Tafel III. Figur e, erfehen, wie weit die Gefahr des begangenen bedenklichen Principfehlers bei Verkürzung der Zehe geht, und wenn Herr Erdt meine kleine Schrift vom practisch instruirten Standpunkte aus prüfen könnte, würde er selbst finden, bei wem die groben Verirrungen liegen, die er rechts und links austheilt, und würde erfahrungsgemäß den Werth eines Zehentritts mit dem eines Trachtentritts vergleichen können.

Wenn es ganz richtig ist, daß die Abnutzung des Zehenstückes haupt- sächlich durch das Aufheben des Fußes erfolgt, worüber ich und die meisten Fachmänner im Dunkeln sein sollen, so muß ich dem geehrten Herrn Ver- fasser doch sagen, daß meiner Erfahrung nach eine bestimmte Regel darüber durchaus nicht aufgestellt werden kann. — Diese Abnutzung erfolgt oft beim Auftreten, Niedersetzen des Fußes so gut wie beim Aufheben desselben, hängt individuell ganz von Stellung des Schenkels, vom Gang und der Gangart des Pferdes, von dem Verhältniß der Zehenlänge zur Trachten- höhe, von der momentanen Gewichtsverlegung und von der Fläche ab, auf der sich das Pferd bewegt. Er kann finden, daß auch dies in meiner kurzen Schrift angedeutet ist, und kann wohl einem alten Practiker ein Urtheil darüber zutrauen, der tagtäglich im Sattel den Gang des Pferdes fühlt, auf dem Bocke denselben in besonderer Berücksichtigung des Beschlages beobachtet, und Leistungen aller Art von seinen Pferden fordert, um eben keinen Irrthümern zu verfallen. — Wenn 20jährige Aufmerksamkeit auf die Bewegungen der Pferdefüße noch zu Täuschungen führen kann, dann wäre es freilich besser, blos vom anatomischen Theater, von der Lehrschmiede und der Studirstube aus zu entscheiden, und dann ist es auch richtig, Fachmannsurtheile als untrüglich anzusehen.

Da es nun aber doch nicht immer glücken will, nur diese Ansicht aufkommen zu lassen, und z. B. die preußische Armee gediegene Offiziere höheren und niederen Grades genug hat, die sich eines Anderen überzeugt, besonders davon überzeugt haben, daß der Hufbeschlag in der preußischen Armee noch lange nicht so gut ist, „wie er nur sein kann", so muß ich auch in die Aeußerung des Herrn Departements-Thierarztes, daß nur 2¼ Procent der Armeepferde jährlich wegen Huflähme ausrangirt werden, einen gelinden Zweifel setzen. Zuverlässiger Mittheilung zu Folge sollen 50 Procent der lahmen Pferde jährlich wegen periodischer Lähme verkauft werden. Ich möchte meine Hand ins Feuer dafür legen, daß wenn man die Sache umdreht, eher das Richtige herauskommt, daß 50 Procent wegen Huflähme, und 2¼ Procent nur wegen periodischer Lähme zur Ausmusterung kommen. Das darf man aber freilich nicht zugeben, denn sonst kommt die Schuld nicht auf die Mannschaften und Offiziere. — Ich urtheile nicht nach allgemeinem Hörensagen, sondern nach dem offenen und freiwilligen Geständnisse vieler mir bekannter und eben dieses offenen Geständnisses wegen geschätzter preußischen Collegen des Herrn Departements-Thierarztes, und haben diese den englischen Hufbeschlag, wie er eben noch bei uns anzuwenden möglich ist, angenommen, nicht „weil er englisch ist", sondern weil er der richtigste ist, aus voller Ueberzeugung und nach bereits erlangten schlagenden Resultaten in demselben. Ich habe in diesen Herren sehr klare und vorurtheilsfreie Menschen kennen gelernt, die sich nicht scheuen werden, zu bekennen, daß sie theils aus freiem Antriebe, theils auf Veranlassung ihrer das Bedürfniß erkennenden Offiziere hierher gekommen sind, und mir vielleicht auch das Zeugniß ausstellen werden, daß ich nicht nöthig habe, nachdem S. v. Tennecker in Dresden mein erster und W. Field sen. in London mein letzter Lehrer im Hufbeschlage war, noch auf die Lehrstelle nach Berlin zu gehen.

Nach Cöslin bin ich freilich nicht gekommen, sonst habe ich mich aber etwas in der Welt umgesehen, auch so manche Thierarzneischule,

selbst ohne daß man mich kannte, besucht, und da ist mir denn im Punkte
des Hufbeschlages, als guter Deutscher, für mein Vaterland noch mancher
Wunsch übrig geblieben. — Ein Wunsch, der mich bewog, nicht für mich
zu behalten, was ich mir in England geholt habe, sondern das Geholte
zum Nutzen meiner Landsleute zur Geltung zu bringen.

Im Besonderen kann ich Herrn Departements-Thierarzt nicht verschweigen, daß er sich in einem gewaltigen Irrthume befindet, wenn er
glaubt, „daß nun doch wohl der englische Beschlag am voll-
endetsten in der Miles'schen Schrift repräsentirt sei."
Miles ist meines Wissens ein Schüler von Field sen., hat im peinlichen
Verfolge seines einseitigen Nagelns (Befestigung des Eisens mit möglichst
wenigen Nägeln) auch eine einseitige Richtung angenommen, für England
wenig, für Deutschland aber durch die Uebersetzung von Guitard indirect
viel Nutzen gestiftet, und bei aller Einseitigkeit doch ein Paar Lichtpunkte
errungen, die in meinem Gedankenzettel nicht übergangen sind.

Ich bin der Letzte, der bestreiten würde, daß der Field'sche Beschlag
viel besser ist, als der Miles'sche, bestreite aber bestimmt, daß der Field'sche
als eine Verbesserung des Miles'schen, aus diesem hervorgegangen sei, und
ist es überhaupt unrichtig, den englischen Beschlag nach dem Miles'schen
Werke beurtheilen zu wollen. Der englische Militairhufbeschlag ist in der
Bodenfläche des Eisens oft anders, wie der gewöhnliche. In der Huffläche
werden aber die Regeln hauptsächlich nach Field festgehalten, und habe ich
bei meiner letzten Anwesenheit in London 1862 die Hufe zweier Schwadronen
Horse-Garde-Pferde mit dem Roßarzt des Regiments Huf für Huf durchgegangen, und konnte ich dem tüchtigen Manne nur meine Bewunderung
und volle Anerkennung aussprechen, denn so viel schöne Hufe, gleichsam
aus einem Gusse, hatte ich noch nirgends beisammen gefunden.

Durch die That ist bereits auch bei uns schon bewiesen, daß bei
Militair-, Post- und Lastpferden der englische Beschlag sehr wohl zu brauchen
ist. — Herr Erdt mag sich gefälligst nur bei uns in der sächsischen Oberlausitz umsehen, und an den Offizierspferden unserer Regimenter, wie auf
den Straßen in Dresden kann er sich davon überzeugen, daß die Pferde
genannter Gattungen wenigstens ohne Stollen gehen und arbeiten können.

Ueber das Capitel der Unentbehrlichkeit der Stollen verweise ich Herrn
Erdt ganz einfach auf das Werk von Leisering und Hartmann, in welchem

Seite 136—148 ein ganz treffender Artifel über dieses Thema enthalten ist. Stollen, die nur die Höhe der Stärfe des Eifens haben, hat man bei viel Arbeit der Pferde nur 8 bis 10 Tage, dann reitet und fährt man ohne Stollen, aber fehr zufrieden mit dem Gange der Pferde auf fchlechten Pantoffeleifen, und betrügt fich und die Pferde.

Das vom Herrn Verfaffer felbft anerkannt Naturgemäßefte aufgeben, und um vermeintlicher Sicherheit willen Naturwibriges anwenden, die Eckftreben durch Stollen erfetzen wollen, die nichts von den Eckftreben haben, und in Kurzem verfchwunden find, kann ich vom practifchen Stand= punkte aus auch nicht für richtig halten, kann deshalb nur als zweckmäßig erkennen, felbft die fchwerften Laftpferde, außer im Winter, wie faft überall in England, ohne Stollen zu befchlagen, um zur Confervirung der Sehnen das naturgemäße geringe Gleiten der Pferde nicht zu hindern.

Ich kann nicht umhin, nochmals und etwas ausführlicher auf den vom Herrn Verfaffer am

„gründlichften zu widerlegen nöthigen und bedenklichen Princip= Fehler"

zurückzukommen, den er in der Zehenftücksabnutzung und der entfprechenden Zehenverkürzung findet, und muß ich ihn deshalb auf eine von ihm felbft mir genannte Autorität, Schwab, S. 82, Fig. 73, aufmerkfam machen, und wenn er diefe Figur mit den bezüglichen Abbildungen meiner Stein= druchtafeln vergleichen will, wird er finden, daß ich mit diefem bedenklichen Verfahren lange nicht fo weit gehe, wie Schwab, und wenn man der Zehe foviel Horn läßt, um die unfchädliche Befeftigung des Eifens zu bewirken, fo läßt man ihr beftimmt immer noch mehr, als die Natur ihr am un= befchlagenen Hufe gelaffen haben würde, und ich halte es in diefer Be= ziehung, zum Glück auch nicht mehr allein ftehend, für keinen „Unfinn", unter Berückfichtigung der Umftände und Mängel jeden Befchlages der Natur möglichft nachzukommen zu fuchen.

Da wir einmal dabei find, kann er gleich daneben, Seite 83, in der fchief aufwärts laufenden Tragfläche der Wände, Figur 74, einen Beweis erhalten, welche Begriffe in der erfchöpften Wiffenfchaft noch herumfchleichen.

Nach nun fchon von deutfchen Fachmännern anerkannten Grundfätzen hilft felbft alles waagerechte Stützen der Trachten auf ebenen Trachtenftücken

nichts, wenn man die Wände zwischen schräge nach innen geneigte Eisen-
flächen einklemmt, und analog seinem Wandschnitte würde Schwab den
Zehen- und Mittelstücken seines Eisens eine andere Richtung zu geben wohl
nicht gesonnen sein.

Um Herrn Erbt nur einen kleinen Beleg dafür zu geben, daß mir
die betreffende Literatur nicht ganz fremd ist, bitte ich ihn, auch noch auf
S. 97, Fig. 58, des Werkes von J. C. Groß und Friedrich Meyer einen
Blick zu werfen, die sehr verständig und richtig für die Wände eine waagerechte Schnittfläche vorschreiben und hier doch für gut befunden haben,
Schwab nicht Alles Wort für Wort nachzuschreiben, und zu meiner Rechtfertigung gleich darunter eine nicht minder starke Zehenverkürzung abbilden,
und demgemäße Zehenrichtung am Eisen S. 98 vorschreiben. Einen solchen
„Schnitzer" hat z. B. Miles in seinem Lehrbuche nicht begangen, die Sei-
nigen sind mit diesem und dem ähnlichen nicht zu vergleichen, und von
den mir über ihn bekannt gewordenen Kritiken kann ich nur sagen, daß
ich sie nicht geschrieben haben möchte, muß aber der Wahrheit gemäß bekennen, daß ich den Miles'schen Beschlag in Deutschland im Allgemeinen
noch mangelhafter angewendet gefunden habe, wie er schriftlich beurtheilt
worden ist. —

Um nicht mit meiner zum Eingange gemachten Bemerkung in Widerspruch zu kommen, erwähne ich nur noch, Vieles mit Stillschweigen über-
gehend, eines Punktes, in welchem Herr Verfasser den englischen Beschlag
in schmähendster Weise angreift und am meisten damit Unrecht thut. Es
ist dies der sogenannte Streichschenkel am Hintereisen. Wenn er das „aller
Natur hohnsprechende Monstrum"'auf meinen Steindrucktafeln, Tafel II.,
Figur c. 1 und c. 2, betrachten will, so wird er finden, daß der andere,
der äußere Schenkel beinahe eine gleiche Form hat, und da dieser doch
unmöglich des Streichens wegen da sein kann, so muß er entschieden einen
Zweck, einen dem Innern entsprechenden Zweck haben. Dieser Zweck ist
nun vornehmlich, dem Pferde einen sichern, aber etwas nachgebenden Halt
auf glattem, schlüpfrigem Boden zu geben, dem Fesselgelenk eine mäßige
Drehung nach außen zuzulassen, darin die gewaltsamen Stauchungen zu
dämpfen, und endlich auch bei eingetretener Ermüdung das Streichen in
dem Trachtentheil zu verhindern, was nach harter Arbeit öfter vorkommt,
wie Herr Erbt meint, und ich nach meiner Erfahrung mit den 5 Procent

nicht auskomme, die er dazu bewilligt hat. Fig. a. 2 und b. 2 Taf. II. wird ihm klar machen, daß die Verschmälerung der Bodenfläche schon vor Beginn der Trachten zunimmt, und noch nie haben wir, hier wie in England, die Erfahrung gemacht, daß diese den Tragrand waagerecht bis an's Trachtenende stützende Eisenschenkel bei Hinterhufen Steingallen oder Wandtrennungen verursacht haben. Wenn das Eisen sich nicht verschiebt und nicht zu lange liegen bleibt, ist an einen Schaden gar nicht zu denken, und der Nutzen des Eisens ist hier, in Bezug auf Dauer desselben und Halt des Pferdes am Boden, so evident geworden, daß viele Besitzer ansehnlicher Ställe andere als mit zwei solchen Streichschenkeln versehene Eisen gar nicht mehr dulden. — Das oben genannte Eisen, Fig. c. 1 und c. 2 Tafel II., ist aber ein so vorzügliches, in der Praxis sich so bewährendes, daß es selbst Frachtfuhrleute in einer benachbarten Stadt anwenden und ich es jetzt oft mit bestem Erfolge selbst auf Schnee und Eis bei schweren Arbeitspferden gebrauche.

Glaubt Herr Erdt wirklich, daß die Erfinder dieses „Monstrums" sich soweit verirrt haben, um von ihm auf diese Weise zurecht gewiesen werden zu müssen?

Die Belehrung, wo sich die Pferde hauptsächlich streichen, ist ja eine richtige und wohlgemeinte, aber nur für das große Publicum passend, wie überhaupt Herrn Erdt's Abhandlung auch vermuthlich nur bei diesem einen Eindruck hinterlassen wird. — Mehrere seiner Herren Collegen besitzen bereits von mir Eisen, die Herr Erdt nicht kennt, die aber zur Genüge beweisen, daß ich weiß, wo gewöhnlich die Pferde sich streichen, und die beweisen, welche tiefe practische Sachkenntniß den Engländern in diesem Punkte eigen ist. Ich besitze eine ganze Sammlung gebrauchter englischer Streicheisen für Vorder- und Hinterfüße, wo auf alle Arten des Streichens Rücksicht genommen worden, habe sie größtentheils selbst schon lange angewendet, und kann ich es nur als einen überraschenden Einfall bezeichnen, der seinen Ursprung beim Herrn Verfasser selbst vielleicht gar nicht gefunden hat, über jenes Hintereisen ein so schroffes Urtheil zu fällen. Er könnte, wenn er sich hier an Ort und Stelle davon überzeugen wollte, bald eine andere Anschauung darüber gewinnen, noch nebenbei über viele seiner Zweifel aufgeklärt werden, und sowohl auf das Schmieden der Eisen, wie auf deren Befestigung am Hufe ein Verfahren beobachten, das ihn sicher günstiger für den englischen Hufbeschlag stimmen würde.

Zum Schluß will ich nur noch erwähnen, daß, wenn Herr Departements-Thierarzt uns mit einem Besuche erfreuen will, und er in einer anderen Absicht kommt, als ich nach Form und Ausdruck seines Angriffs voraussetzen muß, daß er geschrieben hat, ich ihn in nicht minder freundlicher Weise aufnehmen werde, wie alle seine Collegen, und ihm bis in's kleinste Detail mit Vergnügen Rede und Antwort zu stehen bereit bin.

Milkel, im Januar 1864.

Erdt antwortete hierauf im Centralblatte und forderte eine nochmalige Entgegnung des Grafen heraus, die in Nr. 7 des Amtsblattes wiederum als Extra-Beilage erfolgte, sie lautet:

Nachstehendes hätte zwar wieder seinen Platz im landwirthschaftlichen Centralblatte für Deutschland zu finden, nach dem Vorausgegangenen aber, und da ich der geehrten Redaction nicht weiter beschwerlich fallen will, habe ich die Redaction unseres Amtsblattes für landwirthschaftliche Vereine um Aufnahme dessen ersucht. Ich verwahre mich aber gegen einen anderen Sinn, als meine volle und unbeschnittene Antwort auf den Aufsatz „der Pferdehuf und sein Beschlag" giebt, und da ich es bereits dem Urtheile des Publicums überlassen, ob ich die Grenzen der Vertheidigung überschritten habe, so beschränke ich mich lediglich in folgender

Beantwortung der Erwiederung Herrn Erdt's
im Aprilhefte genannter Zeitschrift auf einige unvermeidliche Bemerkungen und Berichtigungen.

Da ich eine andere Ansicht über den Zweck des Aufsatzes „der Pferdehuf und sein Beschlag" schon habe, so geht aus der neueren Behandlung desselben nur noch deutlicher für mich hervor, was die Hauptsache ist und habe ich somit meine Position durch ein strategisches Manöver gar nicht aufs Spiel gesetzt und die Sache in ganz gewöhnlicher Weise nur in's rechte Licht gestellt.

Die Furcht vor der überzeugenden Wahrheit meines geehrten Gegners kann nicht zu groß sein, da er selbst zugiebt, daß er nicht Schmied ist ꝛc.

den Hufbeschlag nie zu einer seiner Lebensaufgaben gemacht, auch keinen inneren Beruf dazu hat, nur die Spur der Wahrheit verfolgt, die er zu Gefallen einiger seiner Freunde aufdeckt, auf einem Gebiete, dem er eigentlich keinen Geschmack abgewonnen zu haben scheint. Also Aufopferung im Interesse der Wahrheit und Wissenschaft ist es, die den Herrn Verfasser gedrängt hat, meine für die oberlausitzer Schmiede geschriebene kleine Schrift anzugreifen!

Wie mir, so ist es auch manchem anderen Sterblichen nicht möglich geworden, dies allein aus seinen Zeilen heraus zu lesen, und wenn ich wiederholt dieselben mit vielem Interesse gelesen habe, so halte ich es für angemessener, den Grund dafür hier lieber zu verschweigen.

Unter den mir nahe stehenden Sterblichen bin ich soweit bekannt, daß ich nichts wegwerfe, oder wegwerfend behandle, was nur irgend Werth hat, von Jedem gern lerne, weil man nie auslernt, und nur in natür= lichster Weise Erfahrungssätze aufstelle, die aber wohl Sterblichen als Infallibilitäten erscheinen können, die im Vollbewußtsein der Wissenschaft den wahrhaft practischen Standpunkt nicht zu finden vermögen.

Ueber die noch nicht zur Geltung gekommenen Grundsätze der Be= schlagskunde Herrn Erdt's kann ich natürlich nicht urtheilen, denn ich kenne sie nicht, und habe ich mir nur über seinen hauptsächlich mir ge= widmeten Aufsatz ein Urtheil erlaubt, oder bin vielmehr zu einem solchen gezwungen worden. Mit Freuden und dankbar werde ich aus seiner Beschlagslehre ziehen, wenn sie bekannt wird, was mir fehlt, weil man eben nicht auslernt, nur muß ich ihm bekennen, daß ich nicht blindlings zu den Verehrern des Sprichwortes „prüfet Alles und behaltet das Beste" gehöre, denn es hat schon Manchen, der sich selbst nicht richtig erkannt hat, irre geleitet.

Ich dächte, daß in meiner Antwort Stellen genug zu finden sind, wodurch ich die Tendenz Herrn Erdt's, nachzuweisen, daß der rationelle deutsche Beschlag naturgemäßer und deshalb zweckmäßiger wie der englische sei, beantwortet habe. Ich habe mich nur nicht in ausführlicher und directer Weise über die Naturwidrigkeiten des deutschen Kunstbeschlages ausgesprochen, denn dazu braucht man viel Raum und aus meinen Sätzen 1) „der englischen Grundbegriffe, welcher ich in meinem Gedankenzettel 2c. bis fremdes Feld begeben" und 2) „durch die That ist bereits auch bei

uns schon bewiesen" :c. bis „das naturgemäße Gleiten der Pferde nicht
zu hindern" geht gewiß ein Uebergehen der Frage nicht hervor, und daß
ich den deutschen Kunstbeschlag in System und Methode gegenüber dem
Handwerksbeschlage nicht unberücksichtigt gelassen habe, geben, glaube ich,
die Sätze „Im Allgemeinen muß ich gleich" bis „über gewisse Grundprincipien noch nicht feststeht" und „Wenn mir nun Herr Erdt einhalten
wird" bis „als überflüssig erkannt wird" verständlich zu erkennen.

Da die Hufe der englischen Pferde nach Anwendung des rationellen
deutschen Hufbeschlages eben so schlecht, wo nicht noch schlechter werden,
wie die der deutschen, so kann man diesen rationellen Beschlag nicht von
dem Vorwurfe der Fehlerhaftigkeit frei sprechen, und die Schuld auf den
Handwerksbeschlag gleichen Systemes allein, oder auf die Hufe der deutschen
Pferde schieben, die sich nach Anwendung des englischen Beschlages, natürlich
mit einer entsprechenden Hufpflege Hand in Hand gehend, ebenso in ihre
Naturform zurückbilden, wie die der englischen, und damit beweisen, daß
die Schuld nicht an ihnen, sondern an dem Systeme des Beschlages liegt,
den wir rationell nennen.

Wenn ich in dieser Beziehung nach so mannichfachen Erfahrungen,
und nach so vielem Nachdenken darüber in dem deutschen Lehrbeschlage
eine Ratio hätte entdecken können, und wenn ich nicht im Erfolge bei
Anwendung des englischen Beschlages in so unzähligen Fällen eine bessere
Ratio gefunden hätte, so würde ich mir meine wiederholten Reisen nach
England gewiß gespart, und auf ein weiteres Verfolgen der Sache verzichtet haben.

Da nun aber gleich mir viele Andere genau wissen, seit wann, und
durch wen der deutsche Kunstbeschlag eine andere und rationellere wenn
gleich noch nicht völlig ausgetragene Richtung gewonnen, man in dieser
Richtung, soweit die Ausführung glücken will, dem englischen Beschlage
näher gekommen, dem deutschen rationellen sich aber entfremdet, hat, und
viele Schüler von Lehrstellen sich bei mir informirt haben, und noch in-
formiren, weil sie anderwärts darüber eine richtige Anweisung nicht erlangt
haben, und nicht erlangen konnten, so kann ich nur finden, daß mir Herr
Erdt in der jetzt gegebenen Ausführung seines Satzes, der Seite 253 nichts
bewiesen hat, und kann nur finden, daß ich ihm schon ganz passend darauf
geantwortet habe.

Wenn mit gleich eifriger Einführung des rationellen deutschen Hufbeschlages mehr geleistet werden könnte, wie mit der des englischen, dann
würde kein Schwanken eingetreten sein, nicht allmählig ein mehr und
mehr dem englischen ähnlicher nach deutschen Begriffen verbesserter Beschlag
an verschiedenen Lehrstellen sich eingebürgert haben, es würden nicht
Stimmen erfahrener Männer endlich für denselben laut geworden sein,
und die Einführung des wirklich englischen Beschlages, wie er den Umständen nach bei uns anzuwenden möglich ist, würde wohl lediglich auf
die Gränzen von Mittel beschränkt geblieben, nicht sogar bis in die nicht
zu ferne Nachbarschaft Herrn Erdt's vorgedrungen sein. In dem angestellten Beweise, daß mit Einführung des rationellen deutschen Beschlages
mehr geleistet werden könne, Herrn Erdt eine unlautere Tendenz zutrauen
zu wollen, bin ich weit entfernt. In seiner, von der meinigen abweichenden Ansicht über die Sache finde ich keinen Anstoß. Gewiß auch Miles
in seiner Art ist ein Sonderling, aber er und Goodwin haben nur in
England gesehen und geprüft, haben keine Idee vom rationellen deutschen
Beschlage, welcher, wie er war, immerhin System und Character hatte,
sicher aber nun, wenn auch nur langsam einem besseren Systeme weichen wird.

Schwab hat aber nach Goodwin, danach was er nicht gesehen, ge-
urtheilt, und sich durch von Goodwin gerügte Fehler, die überall, also
auch in England vorkommen, verleiten lassen, an der Tüchtigkeit des englischen Systemes, des Lehrbeschlages, zu zweifeln.

Wie schon in meiner ersten Antwort ausgesprochen, hat Field in
seiner Lehre seit 20 und mehr Jahren keine Aenderungen vorgenommen,
die dort aufgetauchten Differenzen betreffen nur Subtilitäten, und von
einem System-Wechsel, wie jetzt in Deutschland, ist in England keine Rede,
und dies beweist eben, daß der erwünschte Standpunkt in der Wissenschaft
als Ursache nicht längst und früher wie in Deutschland erreicht war.
Berichtigen muß ich nun noch, daß, wenn ich gesagt hätte, die fortschreitende Cultur im Hufbeschlage verlange auch einen Fortschritt der Wissenschaft im Hufbeschlage, Herrn Erdt Recht geben würde, eine Verwechselung
der Ursache und Wirkung zu rügen; da ich aber seinen Satz der fort-
schreitenden Cultur nur auf den Fortschritt im Straßenbaue beziehen kann,
so glaube ich, daß nicht an mir die Verwechselung der Begriffe liegt.

Ich gestehe gern zu, daß ich mich besser ausgedrückt haben würde, wenn ich gesagt hätte, „die im organisch=belebten Körper des Hufes vor= handene mechanische Beweglichkeit, die man in Berlin nicht zugiebt", da aber der Gedankenzettel nur von der mechanischen Beweglichkeit spricht, und dieser die Veranlassung zur schwebenden Polemik ist, so hätte wohl ein Aufstechen dieses Ausdrucksfehlers ungerügt bleiben können, und nicht dazu benutzt werden sollen, eine Stimme Berlins zu vertreten, welche gerade die mechanische Beweglichkeit mir gegenüber in Zweifel gezogen hat.°)

Der Huf als solcher, der weder Nerven, Muskeln, noch Blutgefäße hat, ist der leblose Hornschuh. Der Huf aber in seiner Gesammtheit, da der Hornschuh lebend von diesem unzertrennlich ist, nicht beliebig abgelegt werden kann, hat Nerven, Muskeln und Blutgefäße, und ist dessen Be= wegung allerdings blos eine mechanische, diese aber in einem Körpertheile thätig, der durch seine lebende sich reproducirende, also organische Natur= kraft die mechanische Bewegung unterstützt. Ich bin nicht ein so gewandter Schriftsteller, um mich hierin Allen verständlich genug aussprechen zu können, ich frage aber nur noch, warum hört denn die mechanische Be= wegung im Hufe auf oder schwindet, wenn er in seiner lebenden Ent= wickelung und Neubildung zerstört ist, und warum tritt diese wieder merk= barer und regelrecht ein, wenn die organischen Kräfte in demselben sich wieder frei entwickeln? Ich weiß sehr wohl, daß ich in obigem Satze mit der abstracten Wissenschaft in Widerspruch gerathe, denn was ich Hornschuh nenne, heißt bei ihr Huf, und was ich Huf nenne, heißt bei ihr Fuß. Ich lasse dahin gestellt sein, welche Bezeichnung im vorliegenden Falle die richtige ist, da im wissenschaftlichen Sinne des Wortes Fuß mehr inbegriffen ist, wie ich dem durch den Hornschuh umkleideten Fußtheile beilegen wollte. Ich glaube nicht, daß aus meiner Antwort hervorgeht, Herr Erdt habe die mechanische Bewegung des Hufes bestritten, ich glaube aber, daß man aus derselben erkennen kann, daß ich offenbare Versehen nicht zu meinem Vortheil ausbeute, und z. B. Stellen wie „daß beide Trachten sich von einander bis zu 8 Zoll entfernen können" aufsteche.

---

*) Ist Ansichtssache, die ich nicht, aber wohl noch Andere theilen, ich aber stets die freie Ansicht respectire.

Es ist freilich gewiß und richtig, daß Jegliches der Verbesserung fähig ist, und daß auch der englische Beschlag noch vervollkommnet werden kann. Ich vertrete ihn aber nur, weil er mir nach so langer Probe vollkommener erscheint wie der deutsche, und habe ich vom „fremden Felde" deshalb gesprochen, weil Herr Erdt ihn nur dem Namen nach, aus Schriften kennt, ich ihn aber seit 12 Jahren tagtäglich vor Augen habe, und meine im Gedankenzettel niedergelegten Ansichten nicht aus dem Miles'schen Werke, sondern aus den in England selbst gewonnenen Anschauungen, aus erhaltenen Lehren entlehnt sind, selber aber an eine Verbesserung desselben zu denken, nicht wagen mag.

Den Lehrbeschlag, den mir Herr Erdt in seiner Abhandlung als den empfehlenswerthesten bezeichnet hat, und den ich bei Schülern gepriesener Lehrstellen noch angewendet finde, kann ich nicht anders als den älteren nennen, und daß der deutsche Lehrbeschlag wirklich das sei, was der englische nur zu sein scheint, bleibt für mich eine Behauptung, die ich in des Herrn Verfassers Sinne nicht zu würdigen vermag, und mich meinen Standpunkt, den ich einnehme, noch nicht bereuen läßt.

Auf die nachstehend namhaft gemachten, durch Herrn Erdt von Neuem gerügten Sätze meines Gedankenzettels

1) „schone in der Regel die Tracht und verkürze mehr die Zehe";

2) „dem Zehenstücke möglichst Eisen nehmen, ist besser wie ihm vermehrt geben" und

3) „und so verkürzt werden (die Zehen nämlich), daß zur unschädlichen Befestigung des Eisens nur das Nöthige an Hornmasse stehen bleibe"

habe ich bereits geantwortet. Herr Erdt bleibt aber dabei, daß sie falsch oder unverständlich sind, und da ist denn bei meiner geringen schriftstellerischen Gabe, und da Herr Erdt sich nicht durch den Augenschein überzeugen will, kaum auf eine Verständigung zu hoffen.

Der möglichsten Einfachheit und Kürze wegen erlaube ich mir aber, ihm eine Schriftstelle anzuführen, die er im 2. Quartalhefte des 29. Jahrganges des Magazins der gesammten Thierheilkunde, Seite 143 finden kann. Der Verfasser sagt: „Jeder Satz des kleinen Werkes (Gedankenzettel)

ist klar und einfach, und ganz leicht verständlich für jeden nicht zu un=
wissenden Schmied."')

Der Verfasser ist nicht nur Veterinair, sondern auch Schmied, und
ein guter Schmied, der den Hufbeschlag zu einer seiner Lebensaufgaben
gemacht hat, einen inneren Beruf dazu fühlt, und, von gesundem un=
verblendeten Menschenverstande geleitet, weiß, was er thut, und wohl über=
legt, was er sagt.

Wenn ich in meinem Satze: „Schone in der Regel die Tracht und
verkürze mehr die Zehe", mehr gesagt hätte, „als in der Regel", dann
würde ich meines Dafürhaltens einen Fehler begangen haben, denn ein
bestimmtes Maaß kann man hier nicht angeben, es geht dies aus der „Prüfung
des Ganges" und der „Beobachtung der Stellung der Schenkel und dem
Winkel der Fessel" hervor, wie B. 1 und 2 Seite 7 und 8 des Gedanken=
zettels andeutet.

Nur der Miles'sche Beschlag liegt 2 bis 3 Wochen, der englische im
Allgemeinen und wie wir ihn hier anwenden, 4 bis 6 Wochen, wie der
deutsche, und läuft nur dann „immer zuerst an der Zehe das Eisen sich
durch und zerbricht", wenn die oben genannten Regeln sub B. 1 und 2
nicht richtig beachtet worden sind, oder durch Umstände nur erst nach und
nach zur Geltung kommen können.

---

*) **Anmerkung des Verfassers.** Der Verfasser jenes Artikels, der
Director der Militair=Beschlagschule in Berlin, Stabsroßarzt Dominik, sagt darin
wörtlich:
„Es ist mir bis jetzt kein Hufeisen weiter bekannt, das dem Hufe besseren
Schutz gewährt und denselben dauernder gesund erhält, als das vom Grafen
von Einsiedel empfohlene englische Hufeisen nach den Engländern Miles und
Field. Ich kann deshalb nicht umhin, das unter 4 angezogene kleine Werk
„Gedankenzettel zur Ausübung des englischen Hufbeschlages von Graf v. Einsiedel"
für durchaus gut zu halten, dasselbe ist das Erste, was bis jetzt über die Be=
handlung und Gesunderhaltung gesunder Hufe erschienen ist, jeder Satz dieses
kleinen Werkes ist klar, einfach und ganz leicht verständlich für jeden nicht zu
unwissenden Schmied. Ich will mich hier nicht unterfangen, die Bearbeitung
des darin niedergelegten Materials zu beurtheilen, aber so viel sagt mir mein
gesunder Verstand, und ich fühle es beim Lesen eines jeden Wortes, daß der
Herr Verfasser sich ganz klar bewußt gewesen ist, wie weit er bei der Schwierig=
keit der sich gestellten Aufgabe gehen konnte und daß derselbe eine tiefe, auf
Erfahrungen und Beobachtungen gestützte Kenntniß des Materials besitzt.

Daß meine Regel: „Dem Zehenstücke möglichst Eisen nehmen ist besser, wie ihm vermehrt geben", einer Verschlechterung des Ganges zur Folge haben müsse, kann weder ein denkender Schmied, noch ein fein fühlender Reiter zugeben, zumal, wenn er den Satz meines Gedankenzettels in Seite 9: „Nur dann und allein unter dem Umstande darfst Du die Trachten niederschneiden, wenn sie entschieden zu hoch sind", nicht übersieht.

Dasselbe gilt auch von der Behauptung, daß es naturwidrig und höchst gefährlich sei, „den Tragrand der Zehe denen der Wände durch eine vorsichtige Umgehung mit der Raspel gleich breit zu machen."

Da das Zehenwandhorn beim gesunden unbeschlagenen Hufe nie breiter, sondern meistens schmäler in seiner den Boden berührenden Fläche ist, wie das Wandhorn der Wände, das Zehenstück des Eisens aber die Zehenwand nicht anders wie decken kann, wenigstens an dem Eisen der Vorderhufe des europäischen Beschlages, so muß das unter dem Schnitte in Folge des Vorwachsens breiter gewordene Zehenhorn auch um etwas verkürzt werden, damit annähernd ein gleiches Verhältniß zwischen be= schlagenem und unbeschlagenem Hufe erhalten bleibe, und wenn man da weiter nichts thut, als vorsichtig mit der Raspel das Zehenwandhorn zu umgehen, thut man wahrlich nicht zu viel, und wenn man dazu meine Abbildungen Tafel III. Figur e und g betrachten will, wird man finden, daß Vorschrift und practische Ausführung in Mikel Hand in Hand geben und dem einfachen gesunden Verstande nichts Widersprechendes enthalten.

Weit entfernt, Herrn Erdt die Priorität des Gedankens, „für den Vorderhuf die Richtung der Schulter, und für den Hinterhuf die Lage des Beckenbeines als maaßgebende Linie für die Zehenwand", streitig zu machen, kann ich nicht umhin, auf meinen Satz B. 2: „Beachte die Stellung der Schenkel und den Winkel der Fessel", nochmals hinzuweisen.

Im Jahre 1862 glaubte ich nicht mehr sagen zu dürfen, und noch heute mag ich nicht mehr sagen, um eines Theils mit der Pferdekenntniß nicht in Widerspruch zu gerathen, anderen Theils um den Schmieden nicht eine Anleitung zu geben, die über ihren Horizont hinausgeht, und von denen ich nicht verlangen und erwarten kann, daß sie Lage und Richtung des Beckenbeines zu finden wissen.

Ueber den heutigen deutschen Beschlag haben wir schon gesprochen, hinzufügen möchte ich aber doch noch, daß das längst vergessene weiland

v. Tennecker'sche Eisen, welches übrigens noch gar nicht vergessen ist, in rationeller Beziehung manchem neueren deutschen Eisen noch zur Seite gestellt werden kann und in seiner Art Anerkennung verdient.

Wenn man eine Sache gerecht kritisiren will, denke ich, darf man nicht Worte weglassen, die zu Verdeutlichung des Sinnes gehören. – Es durfte also auch billiger Weise das Wort „gleichsam" vor den Worten „luftdicht mit einander verbinden" nicht bei Seite geschoben werden, um damit besser zu constatiren, daß eine Cohäsion zwischen Huf und Eisen nicht erheblich sein könne.

In der Beschlagswissenschaft ist es bereits erfunden und auch erwiesen, daß 4, ja selbst 3 Nägel mehr halten, wenn ein tadelloser Zusammenhang zwischen dem Horntragrande und dem Tragrande des Eisens hergestellt worden und eine möglichst gleiche Vertheilung der Bodenberührungspunkte bei dem Auftreten erzielt worden ist, als wie 8, wenn diese Bedingungen nicht erfüllt sind.

Cohäsion im Sinne der klebenden Verbindung konnte verständlich meinerseits nicht gemeint sein, da ich noch 5 bis 6 Nägel zur dauernden Befestigung des Eisens beanspruche, und wenn ich Herrn Erdt gern Recht gebe, daß 8 entschieden mehr ist wie 5, so kann ich doch nicht zugeben, daß unter allen Umständen 8 mehr leistet wie 5.

Der englische Beschlag ist kein Extrem, er ist bereits so geläutert, daß in ihm nur die edle Mittelstraße vertreten ist, und mag ich wenigstens nicht der Täuschung anheim fallen, in einem bis jetzt vorhandenen Dritten etwas Besseres zu suchen.

Nachdem ich nun möglichst ungekünstelt darzuthun mich bestrebt habe, wie es mit den mir gelieferten Beweisen steht und es jedem Vorurtheilsfreien überlasse zu prüfen, wo die Sachkenntniß liegt, gedenke ich diesen Gegenstand in der Polemik mit Herrn Departements-Thierarzt Erdt nun für immer zu verlassen und nicht ferner die Zuversicht Derer zu stören, die ihren Zweck erreicht zu haben meinen.

Milkel, im Mai 1864.   Graf Einsiedel.

Anmerkung der Redaction. Obiger Aufsatz war für das Juni-Blatt bestimmt und rechtzeitig eingesandt worden, konnte in demselben aber eine Aufnahme nicht finden.

VIII.

Das Amtsblatt Nr. 2 vom Jahre 1865 enthält einen Aufsatz des Grafen Einsiedel über den Einfluß, welchen die Stallungen auf den Gesundheitszustand der Thiere ausüben; ich lasse diesen wörtlich folgen und, der Zusammengehörigkeit wegen, gleich einen hierauf Bezug habenden Bericht des jetzigen Oeconomie=Inspector Noa zu Milkel, welcher in Nr. 12 des Amtsblattes vom vorigen Jahre enthalten.

Einfluß der Stallungen auf die Gesundheit der Thiere.

In der Wochenschrift für Thierheilkunde und Viehzucht Nr. 40 des achten Jahrganges, unter dem 6. October 1864 beginnend, ist ein Aufsatz vom Regiments=Veterinairarzt C. Weber in Würzburg, überschrieben „Beitrag zur Gesundheitspflege der Hausthiere" enthalten, der nicht nur für die Hippologen, sondern für alle Oeconomen von solcher Wichtigkeit ist, daß ich nicht umhin kann, mit wenig Worten die Aufmerksamkeit auf den Werth dieses Aufsatzes hinzulenken, zumal ich aus eigener Erfahrung weiß, welche Wohlthat für Menschen und Vieh darin liegt, wenn in den Ställen o b e n richtige Ventilation angebracht und u n t e n jede Art verdeckter Schleußen oder Abzüge verbannt ist.

Seit dem Jahre 1844 schon habe ich auf meinen Gütern, besonders in meinen Pferdeställen, mit möglichster Strenge alle verdeckten Jauchen= abzüge verdrängt, weil ich einsehen gelernt hatte, daß reine, gute, gesunde Luft mit diesen Reinlichkeitsapparaten des Unverstandes in den Ställen nicht zu erringen war, und daß eine gründliche Reinigung derselben nie erzwungen wird.

So wie man es in Deutschland, Frankreich kaum erreichen wird, durchgehends gute Water=Closets zu haben, so wird man auch nicht er= langen, die in den Luxusställen in England üblichen, übrigens besser construirten verdeckten Jauchenabzüge bei uns rein und geruchlos zu er= halten; daher begnüge man sich mit dem, was zu erzwingen ist, wozu unsere Dienstleute bei Aufsicht zu bringen sind, und lege in allen Ställen nur offene zu Tage Abfluß habende Jaucherinnen an, die durch Wasser und Besen tagtäglich gereinigt werden können, und die jeder Stallbeamte, wenn er nicht blind ist, inspiciren kann.

Man braucht nicht Gelehrter zu sein, um zu begreifen, daß einem Thiere Licht, Luft, reine, und zwar nach Umständen temperirte Luft ein unbedingtes Lebensbedürfniß ist; ich habe aber nie begriffen, wie oft in= telligente Beamte, bei der treuesten Sorge für ihre Stallungen, Bohlen= stände mit darunterliegenden verdeckten Jauchenabzügen dulden können, und dann über alle möglichen Krankheiten klagen, die sie in ihren Ställen heimsuchen.

Mit einem solchen Stalle ist nichts zu machen, alle Ventilation hilft gründlich nichts, er ist der Ruin der Pferde, plagt die Beamten, und vexirt die Thierärzte.

Um jeden Preis heraus mit allen Holzbohlen aus den Ständen, und fort mit dem hohlen Zug gebenden Raume unter denselben!

Ein einfaches, von kleinen Feldsteinen gelegtes, mit Cement oder Kalk verbundenes Pflaster ist für unsere Verhältnisse das beste, und hinter den Ständen, die übrigens nie mehr wie 3 Zoll Fall auf 5 Ellen Länge haben dürfen, eine einfache, sich wenig bemerkbar machende offene Abzugs= rinne, welche mit dem nöthigen Falle die Feuchtigkeiten nach dem außerhalb der Stallungen angelegten Jauchen=Reservoir führt, und täglich mit Wasser und Besen gereinigt werden kann.

Würden unsere Pferde nach orientalischer Weise beschlagen und im Stalle befestigt (sie werden an den Füßen gekoppelt angepflöckt), so könnten wir uns des besseren morgenländischen Stall=Fußbodens bedienen, der aus einer Mischung von Sand, Lehm und getrocknet geriebenem Pferdemist besteht (und zu Auftrocknung feuchter Stellen mit fein geschnittenem Strohe bestreut wird). So müssen wir uns denjenigen Fußboden aneignen, der die sicherste Bürgschaft für Dauer und Reinlichkeit gewährt, keine hohlen Räume unter sich birgt, aus welchen nur verpestete Zugluft aufsteigen kann, der Schlupfwinkel für Ungeziefer ist, und nicht Urinfeuchtigkeit an= saugt, aus welcher sich die verderblichen Miasmen entwickeln.

Weber spricht sich darüber so treffend Seite 332 und 333 in Nr. 41 seiner Abhandlung aus, daß nur auf diese hinzuweisen ist; unsere Blicke und Aufmerksamkeit müssen wir aber nicht allein auf den Fußboden, sondern auch auf die Decke richten, die ganz besonders in unseren Oeco-nomien, wo lediglich Stallfütterung eingeführt ist, Beachtung verdient.

Hier muß der frische Luftzutritt ersehen, was die mit Streustoffen gemengten animalischen Excremente an Luft in ihrem Zersetzungsprocesse verderben.

Wenn wir bedenken, daß unsere eingeführten Rindvieh-Racen entweder von den Alpen kommen, oder aus Niederungs-Weideländern bezogen werden, wo sie vom Mai bis November frei in frischer Luft sich bewegen, so müssen wir eigentlich über den eigenen Gedanken an und für sich schon erstaunt sein, in Transplantation dieser Thiere noch unserer Wirthschaften Heil und Nutzen zu suchen. Daß es noch so geht, wie es geht, ist eigentlich ein reines Wunder, und beweist, was ein armes Vieh vertragen kann. Wo es aber nicht geht, und in unzähligen Fällen hat sich dies schon constatirt, suchen wir das Uebel am unrechten Flecke, und deduciren die entstandenen Krankheiten und Verluste Gott weiß woher.

Aus einer sechsmonatlich wenigstens genossenen frischen Luft und un-gehinderter freier Bewegung werden diese armen Thiere auf unsere Dünger-bereitungsstätten verdammt, die größtentheils, und unter Protection gesetz-licher Bestimmungen, noch mit Gewölben überdeckt sind, welche jede gründliche Ventilation hindern, in denen die Temperatur nie nach Wunsch gegeben werden kann, die stets bei allen Kunstvorrichtungen entweder Zug geben, oder zu heiß bleiben, und eigentlich keinen anderen Zweck haben, als Geld an Reparatur-Bauten zu sparen, das man sparen kann, wenn man ver-nünftig mit Holz baut, und den Brandversicherungen Deckung zu gewähren, statt dessen eigentlich der Versichernde durch sie das beue genießen und die Möglichkeit haben soll, landwirthschaftliche öconomisch richtige leichte Gebäude aufführen zu können, damit mehr Capital und werbend dem Viehe zugewendet werden könne.

Bei dem steten Wechsel und eingetretenen Umschwung der Landwirth-schaft, Stallgebäude in bombenfeste Räume zu verwandeln, selbst wenn sie für die Gesundheit unschädlich gemacht werden können, halte ich nicht für richtig, weiß aber, daß man darin, jetzt wenigstens, mir nicht Recht geben wird.

Ein Engländer sagte mir einmal lächelnd, als er auf einem meiner Güter die Stallungen sah, an denen ich und meine Vorfahren den Fehler des Wölbens begangen: „Sie arbeiten für Ihre Enkel." Er würde sich noch treffender ausgedrückt haben, wenn er gesagt, was er vielleicht gedacht hat: „Sie schaden nicht nur Sich, sondern Ihren Kindes-Kindern", und es wird mir immer einleuchtender, daß in einer Zeit, wo man transportable Wirthschaftsgebäude haben möchte, es ein Fehler ist, aus einem Wirthschaftshofe eine Grenzfestung zu machen.

Ich rede damit nicht dem lüderlichen, feuergefährlichen Bauen das Wort, man kann leicht und sehr solide bauen.

Man möge auch immerhin die Umfassungsmauern massiv bauen, wenn man Steine genug und wenig Holz hat. Man mag aber nur die Gebäude nicht zur Hauptsache machen, bedenken, daß sie des Viehes wegen da sind, und die Räume so einrichten, daß das Vieh darin nicht leide.

Ich höre schon den Einwand: „aber mein Vieh leidet nicht, es befindet sich hauptwohl in meinem Gewölbe."

Dies ist so gut eine Täuschung, kann es wenigstens sein, wie der Glaube, daß, weil ein Pferd auf einem deutschen Eisen scheinbar gut geht, deswegen auf einem englischen nicht noch besser gehen kann.

Um wieder auf den Pferdestall zurückzukommen, dem hauptsächlich Weber's Aufsatz gilt, so ist für denselben frische Luft, aber ohne Zug, ein Haupterforderniß; in einem Gewölbe kann man aber Hitze und unreine Luft selten anders als durch Zug beseitigen.

Die Ventilation eines guten Stalles muß übrigens auch so beschaffen sein, daß man Wärme ansammeln kann, wenn man sie braucht, vorausgesetzt nämlich, daß man Anspruch an einen Stall macht, der nicht blos Ackerstall, sondern für Pferde bestimmt ist, die in Condition erhalten, oder in solche gesetzt werden sollen. Abgetheilte, einzelne, nicht zu hohe Räume, jeder mit einer besonderen Ventilation versehen, bleiben immer für eine gute Stallbehandlung die besten, und ich kann nicht den Zweck der kirchenähnlichen großen Marstall-Gebäude begreifen, die, wenn die Hälfte der Pferde ausgezogen ist, der anderen zurückgebliebenen Hälfte zu Zeiten, besonders im Frühjahr und im Herbste, nur Schaden bringen.

Wollte ich mich weiter hier, und besonders darüber verbreiten, was Weber Seite 324 Nr. 40 mit den Worten andeutet: „Luft also ist ein

Haupterforderniß für den lebenden Organismus — nothwendiger wie Speise und Trank" —, so würde ich zu weit, vielleicht auf das Gebiet der Stallwartung kommen, und begnüge mich daher, mit kurzen Worten auf den beachtenswerthen Inhalt des Aufsatzes Weber's hingewiesen zu haben, der uns bei allem gerechten Eifer in der Agricultur-Chemie für Kali, Stickstoff, Phosphor-Säure ꝛc. auch noch die gebührende Achtung vor dem kohlensauren Ammoniak unter die Nase führt, die wir ihm am rechten Flecke oft verschließen.　Graf Einsiedel.

Welche Viehställe sind die gesündesten, mit Lattendecke, Lehmstrich, gewölbte oder die nach Gräflich von Einsiedel'schem System construirten?

Seit 42 Jahren hatte Unterzeichneter als Landwirth hinreichende Gelegenheit, auf 11 Gütern, wo er sich während dieses Zeitraums bewegte, sehr verschiedene Viehställe zu beobachten.

Ich fand Viehställe mit Lattendecke, diese hielten sich 4 Jahr, dann lösten die Latten sich ab und das darüber aufgespeicherte Futter verdarb; die Dunstabzüge waren zu niedrig angebracht. Die Bauart mit Wellerdecke war noch unpractischer, schon nach drei Jahren verfaulte das Stockholz und der Lehm fiel herab. Ich selbst hatte die Ueberzeugung gewonnen, daß ein gewölbter Stall der beste und billigste, ja der gesündeste Stall sein müßte. Bald wurde ich eines Anderen belehrt; im Winter war zwar der Stall warm, aber die Wände schwitzten so, daß Wasser daran herunter-lief. Auch machte ich die Bemerkung, daß das Stück Vieh, welches un-mittelbar an der Wand stand, magerer war als die übrigen. Im Sommer hingegen entwickelte sich eine solche heiße Luft, daß das Vieh oft in das Freie gelassen werden mußte, zumal da, wo der Dünger 14 Tage und noch länger im Stalle liegen blieb; ja es kam vor, daß die neumelkenden Kühe böse Euter bekamen. Ist der Stall noch so schön und kunstgerecht gewölbt, so wird es kein Baumeister dahin bringen können, eine so reine Luft in den Stall zu bewirken, weil die Dunstausströmung so eng ist.

Im Jahre 1865, wo ich die Verwaltung der Rittergüter Lomske und Luppe, und späterhin Milkel (dem Herrn Standesherrn Grafen

von Einsiedel gehörig) übernahm, lernte ich eine andere Bauart der Vieh=
ställe kennen; anfangs glaubte ich, diese müßten wegen ihrer Höhe im
Winter zu kalt sein, aber ich fand das Gegentheil; und dies Jahr, wo
wohl die größte Hitze gewesen, war dieser Stall nicht allein ein gesunder
und mit reiner Luft gefüllter Stall, sondern oftmals der Zufluchtsort für
Menschen. — Bei gewölbten Ställen ist oftmals die Milch in diesen Jahren
in Eutern geronnen.

Um die Construction der nach Gräflich von Einsiedel'schem System
gebauten Ställe anschaulicher zu machen, lasse ich eine Beschreibung derselben
nachfolgen.

Der Kuhstall in Milkel ist 50 Ellen lang, 5½ Ellen hoch und 20
Ellen breit. Die Umfassungsmauern sind 1 Elle stark. Die Balken liegen
unmittelbar auf der Mauer ohne Mauerlatten.

Die Dunstausströmung wird zwischen den Balken bewirkt, ist 2 Ellen
lang und 6 Zoll hoch. Die Decke ist gespündet mit Brettern, Balken
und Decke getheert, die Decke mit Zinkblech beschlagen und mit Firniß
angestrichen, der Stall steht schon 7 Jahre, es ist noch keine Reparatur
vorgekommen.

Zwar wird man mir erwidern, diese Bauart ist zu kostspielig, des=
halb lasse ich einen Kostenanschlag folgen, was die Decke nach Gräflich
von Einsiedel'schem System kostete und was derselbe Stall gewölbt kosten
würde.

Bau=Aufwand

nach Gräflich von Einsiedel'schem System 724 Thlr. 25 Ngr. 6 Pf.
wenn der Stall gewölbt, würde betragen 786 » 10 » — ·

mithin billiger 61 Thlr. 14 Ngr. 4 Pf.

Milkel, im September 1868.

Noa, Inspector.

IX.

Das Bestehen der beiden oberlausitzer Lehrschmieden, sowie der von mir eingeführte Lehrcursus über Hufbeschlag in der gewerblichen Sonntagsschule in Bautzen veranlaßten mich zur Herausgabe eines Lehrbuches über Hufbeschlag, welches am 1. Juni 1865 bei Ed. Rühl in Bautzen unter dem Titel „Der Hufschmied" erschien und schon im Jahre 1868 die 2. Auflage erlebte. In diesem Buche, sowie in dem bei J. J. Weber in Leipzig 1867 von mir erschienenen „Katechismus des Hufbeschlages" ist der Graf Einsiedel'sche Hufbeschlag genau be= schrieben und durch zahlreiche Illustrationen verdeutlicht. Da das englische Hufeisen, welches Graf Einsiedel in seinem Gedankenzettel empfiehlt und welches in unseren Lehrschmieden angefertigt wird, ein aus den beiden in England vielseitig gebräuchlichsten Systemen (Field und Miles) combinirtes Eisen ist, so habe ich es in meinen beiden Werkchen „Das Einsiedel'sche Eisen" benannt, sowie ich auch die darin erwähnten Rinneisen als „Einsiedel'sche Wintereisen" bezeichnet habe.

Der Umstand, im Winter bei Glatteis zu Schraubstolleneisen greifen zu müssen, hatte den Grafen Einsiedel zum Nachdenken und dem Versuche geführt, die in England beim Rennen gebräuchlichen Rinneisen, natürlich in etwas vergrößertem Maaßstabe, anzuwenden. Die Anfangs nur an seinen Luxus= und Arbeitspferden gemachten Versuche bewährten sich, auch die später im k. Marstall zu Berlin vor= genommenen, so daß diese Einsiedel'schen Wintereisen jetzt viel zur Anwendung gelangen.*) Bei einer im Jahre 1866 in Milkel ab= gehaltenen Jagd überzeugten sich alle anwesenden Gäste von der

---

*) Zeugnisse über die Vorzüglichkeit dieser Eisen findet man in Nr. 26 der landwirthschaftlichen Annalen 1864 abgedruckt.

Vorzüglichkeit dieser Eisen, indem die nicht einmal frisch beschlagenen Gräflichen Pferde bei dem eingetretenen starken Glatteis alle fort konnten, während die theils mit Schraubstollen, theils mit gewöhnlichen geschärften Eisen versehenen Pferde der Jagdgäste mit Schwierigkeiten zu kämpfen hatten.

Ich lasse über diese Einsiedel'schen Wintereisen eine von mir hochgeschätzte Persönlichkeit, Herrn A. v. Bobbien, Oberstallmeister a. D. und Kammerherr S. K. H. des Großherzogs von Mecklenburg-Schwerin, sprechen, indem ich einen Aufsatz von ihm zum Abdruck bringe, welcher in Nr. 13 des Sporn v. J. 1865 enthalten.

Ueber Hufbeschlag und speciell über Rinneisen als Ersatz für geschärfte Stollen ꝛc.

Der Winter 1863—64 brachte den Pferdebesitzern manche Schwierig= keit und Belästigung durch anhaltenden Frost und Schneedecke mit häufigem Glatteise; — da will ich von einer Erfahrung, die sich herausgestellt hat, berichten, da sie für künftig zur Benutzung und Prüfung in weiteren Kreisen empfehlenswerth scheint.

Das Schärfen der Hufeisen, der Stollen, Griffe, oder die Anwendung von Schraubstollen, wer hat nicht über diese unentbehrlich scheinende Sicherung geseufzt? — wer nicht die damit verbundenen Schattenseiten, als: Kostspieligkeit, Zeitverlust, nachtheilige Einwirkung auf die Hufe, Kronentritte oder sonstige Verletzungen ꝛc. ꝛc. erkannt und empfunden? — Mancherlei ist ersonnen und versucht, gekünstelt und angepriesen, um practischen Ersatz zu bieten, aber bisher — so viel ich weiß — ward die Aufgabe nicht zu allgemeiner Befriedigung gelöst. Solche Prätensionen hegt auch die Methode keineswegs, über die hier eine vorläufige Notiz mitgetheilt werden soll, einen Vorzug aber hat sie gewiß — den größter Einfachheit. Erdacht und seit fünf Jahren erprobt ist sie durch den Herrn Grafen Einsiedel auf Milkel, dessen Patronisirung des englischen Huf= beschlages — der mit Recht erfreulichst fortschreitende Anerkennung findet — in den landwirthschaftlichen Annalen Mecklenburgs schon früher rühmend erwähnt worden ist. Das Princip in England gebräuchlicher Renn=Eisen, die, bei höchster Schnelligkeits- und Kraft-Anstrengung, auf plattem und schlüpfrigem Rasen Sicherung gewähren, führte zu dem Versuche: schmale Hufeisen mit tiefem Falze und scharfen Rändern, sogenannte Rinn-Eisen, allen Gebrauchspferden anschlagen zu lassen, und der Erfolg übertraf jede Erwartung. — Im November etwa, bei Eintritt der kälteren Jahreszeit, wurden alle Gebrauchspferde mit solchen Eisen versehen und dadurch in den Stand gesetzt, auch bei Schnee und Eise für jegliche Arbeit oder Anforderung den Winter hindurch stets bereit und leistungsfähig zu sein. Gerade der Einfachheit wegen fand die Sache Anfangs viel Zweifler und Ungläubige; manche versuchten sie oberflächlich und verwarfen sie wieder, weil nicht richtig construirte Eisen auch nicht genügen konnten. In der richtigen Anfertigung liegt aber ihre wesentlichste Bedingung. Alle Diejenigen, welche in Mittel selbst oder genau nach dortiger Vorschrift zugerichtete Rinneisen benutzten, sind völlig davon befriedigt und haben sie als regelmäßigen Winter-Beschlag beibehalten.

Statt detaillirter Beschreibung folgen hier die genauen Abbildungen und bemerke ich dazu Folgendes:

Fig. 1.　Ein Vordereisen. *)

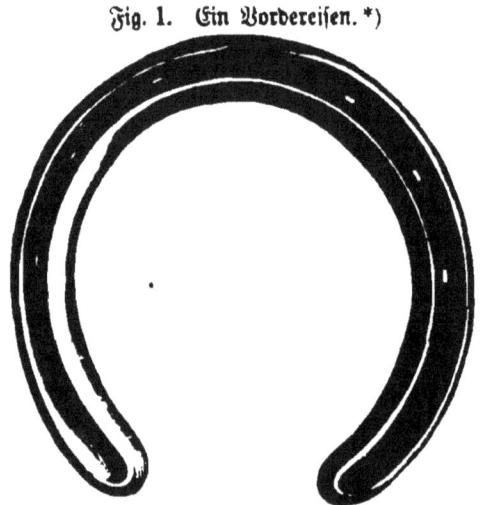

*) Es sind uns zur Ansicht fünf Stück gut gemachte Eisen dieser Art eingehändigt worden, von denen das gebrauchte auf einem schweren englischen

Fig. 2. Ein Vordereisen. (Huffläche.)

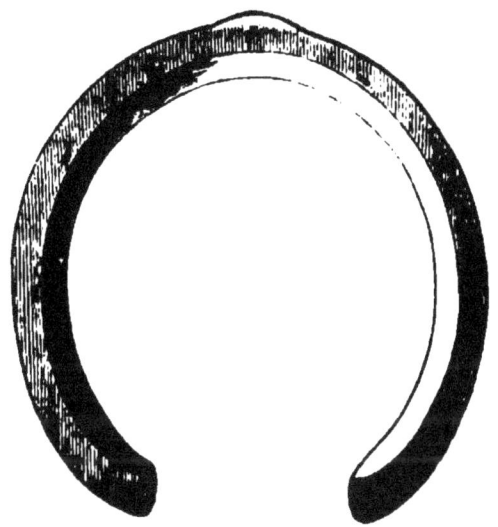

1) Die Breite der Rinneisen muß in der Regel nur etwa zwei Drittel derjenigen eines gewöhnlichen englischen Hufeisens betragen; sie dürfen übrigens an der Huffläche nach den bekannten Principien jener Beschlagmethode, wie sie in Nr. 15 der „Annalen" pro 1863, S. 116 angegeben sind, nicht vollständig angefertigt sein, denn die Abdachung kann nicht eingeschmiedet, sondern sie muß eventuell eingefeilt werden.

2) Hauptsache ist eine richtige Construction der Rinne oder des tiefen Falzes, der bei den Vordereisen ganz bis an die Enden, aber doch nicht durchgeht, bei den Hintereisen etwa von der letzten Hälfte des Trachtenstückes an sich zu einem scharfen Rande zusammenschließt; zur Bereitung desselben gehört ein eigens geformter Falzhammer, und auf dessen richtigen Ansatz kommt es besonders an, um die Rinnenwand **nach der Sohle** zu **fast senkrecht,** nach **außen schräge** zu richten. Die unten in scharfem Winkel zusammenlaufenden Wände bilden also eine Rinne c, zwei

<hr />

Arbeitspferde vom 13. Decbr. 1864 bis 28. Jan. 1865 gelegen hat. — Außerdem sind wir ermächtigt auszusprechen, daß die im kgl. preuß. Marstalle zu Berlin mit diesen Rinneisen gemachten Versuche über Erwarten befriedigt haben.

Die Redaction.

Drittel der Dicke des Eisens tief, in welcher sich die Nagellöcher wie gewöhnlich befinden. An der Bodenfläche bildet die Rinne mit den äußeren
und inneren Seitenwänden des Eisens zwei parallele scharfe Ränder, wie
die Abbildung zeigt, und diese sind es, welche dem Pferde, auch wenn
durch längeren Gebrauch die erste Schärfe geschwunden ist, noch immer
eine ausreichende Sicherung gewähren.

Fig. 3. Ein Hintereisen.

3) Bei den Hintereisen laufen, wie schon erwähnt, die beiden Ränder
nach den Trachtenenden zu in einen zusammen, der durch das nach der
Bodenfläche schräg zusammengeschmiedete Eisen sich, wie die Abbildung des
Seitenprofils zeigt, allmählich bedeutend erhebt, und so einen Ersatz der
scharfen Stollen bietet, ohne deren Gefährlichkeit oder schnelle Abnutzung
zu besitzen.

Fig. 4. Profil-Ansicht eines Hintereisens.

4) Von der richtigen Anfertigung dieser Rinneisen hängt demnach allein ihre Bewährung ab; sie erfordert, außer besonderer Qualität und Zusammenschmiedung des Eisenstabes in einem Gesenke, dessen Profil gleichfalls abgebildet, speciell erlernte Geschicklichkeit, und dürfte in der Beziehung zu empfehlen sein, sich an einen tüchtigen, zu Milkel instruirten Schmied zu wenden, der über die Technik völlig genügende Anleitung und Nachweis geben kann.

Fig. 5. Profil des Gesenkes.

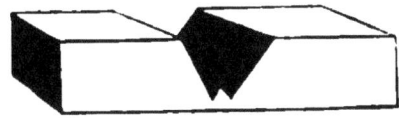

5) Die Construction der Rinne läßt wohl zu, daß Bodenbestandtheile sich darin festsetzen und auch auf rauhem Erdboden festhalten, hat aber doch die Eigenthümlichkeit, daß sie sich auf Schnee und Eis wieder reinigt und somit die von ihr verlangte Wirkung nicht beeinträchtigt wird.

6) Es hat sich ferner als Vorzug an diesen Eisen herausgestellt, daß sie oft mehrere Wintermonate hindurch keiner Erneuerung — nur der Umlegung — bedurften, für jeden Witterungswechsel die Pferde immer zur Arbeit befähigten, auch dadurch keinerlei schädliche Wirkung auf die Gesundheit und den Wachsthum des Hufes entstand; im Gegentheil ward durch das gleichmäßige Auftreten der Füße ohne stelzenartige Stollen oder Griffe sicherer Gang und gesunde Functionen aller Huftheile befördert.

Wenn den Rinneisen in dieser Beziehung keine Bedenken entgegenstehen, so gilt es nun, ihre reelle Brauchbarkeit zu erweisen; dazu gehört freilich zunächst, daß Jeder selbst Versuche damit macht, denn nur eigene Erfahrung überzeugt: die meinige dictirt mir diese Zeilen und veranlaßt mich, Einiges davon noch mitzutheilen:

Manche, die Anfangs mit geringschätzendem Achselzucken von dieser „Neuerung" hörten, sind gleichwohl jetzt warme Vertheidiger und Anhänger derselben geworden, und im Allgemeinen sind in einem Theile der Oberlausitz, in dem Umkreise von Milkel und Reibersdorf, in Görlitz und Umgegend rc. *), wo der englische Hufbeschlag eingeführt ist, auch die Rinneisen seit längerer Zeit angewandt und bewährt erfunden. Es liegen mir

*) Namentlich in Breslau.

schriftliche Zeugnisse vor: daß die Herren Offiziere der hiesigen Garnison (Infanterie und Jäger) ihre Dienstpferde den Winter hindurch mit genanntem Rinneisen beschlagen ließen und bei häufigen Felddienstübungen, größeren Uebungsmärschen und beim täglichen Gebrauche auf schwierigem Terrain und bei den oft sehr steilen und abschüssigen Basaltstraßen völlige Sicherheit und Befriedigung dadurch gewannen.

Aehnliches ward mir aus Dresden von k. sächs. Offizieren mitgetheilt, ebenso, daß u. A. Gutsbesitzer, für diesen Winter in Görlitz etablirt, an jungen lebhaften Wagen- und Reitpferden dieselbe Erfahrung machten und dies bereitwilligst attestirten. Endlich beweisen mehrfache Zuschriften, daß diese Beschlagsmethode sich für die Landbewohner noch unzweifelhafter bewährte, weil die Abnutzung durch fortwährenden Gebrauch auf dem Steinpflaster, wie sie in den Städten schneller eintritt, doch weniger vorkommt.

Möchten diese kurzen Notizen, die hoffentlich durch den Erfinder eine genauere sachliche Ausführung erhalten werden, allerorts zu den Versuchen mit Rinneisen anregen! Man darf natürlich nicht von denselben erwarten, daß sie unter allen Umständen jedes Gleiten unmöglich machen, das leisten auf unebenem Steinpflaster ja auch die schönsten Stollen nicht, aber sie genügen gewiß, um die Pferde vor dem Niederfallen zu schützen, um ihre gleichmäßige Fortbewegung und Benutzung zu garantiren, haben ferner das vor jeder anderen Schärfungsmethode voraus, daß sie das verderbliche und bisher unvermeidliche häufige Abreißen der Eisen ersparen, also die Hufe schonen; endlich beseitigen sie vollständig die Gefahr schwerer Verletzungen durch Kronentritte, Streichen rc., und gewähren den Pferden das nämliche Auftreten wie die Sommereisen.

Als Resultat längerer sorgfältiger Beobachtungen bei Luxus- und Arbeitspferden, meist in ungünstigen Terrain-Verhältnissen, glaube ich allen Pferdebesitzern die genannten Rinneisen unbedingt als ein sehr werthvolles Schutzmittel empfehlen zu dürfen; ja ich halte selbst die Ansicht für berechtigt: daß unendliche Vortheile durch sie für Cavalerie, Artillerie rc. erlangt werden können, wenn solche Witterungshindernisse und Beschwerden drohen, wie im Schleswiger Winterfeldzuge den alliirten Truppen beschieden waren.

Görlitz, April 1864.   A. v. Boddien.

Einen 1865 im I. Quartalheft des Magazin für die gesammte Thierheilkunde von Gurlt und Hertwig erschienenen gediegenen Aufsatz über den Bockhuf des Pferdes vom damaligen Dirigenten der königl. Marstallschmieden in Berlin, Stabsroßarzt Dominick, füge ich aus dem Grunde diesem Capitel bei, weil einmal derselbe höchst belehrend, andrerseits aber auch darin des Einsiedel'schen Eisens, sowie des arabischen Wirkmessers vielfach Erwähnung geschieht.

Ueber den Bockhuf des Pferdes.

Ich habe in dieser Zeitschrift, Jahrg. XXIX., etwas über den schiefen und flachen Huf der Pferde gesagt, wobei ich ausgeführt, daß dieselben nicht zu den kranken Hufen gezählt werden dürfen, weil sie für gewisse Schenkelstellungen der Pferde und für gewisse Pferderacen als normal zu betrachten und dem entsprechend für gesund zu erachten sind. Da ich unter Krankheit im Allgemeinen eine regelwidrige Vermehrung, Verminderung oder Zerstörung der anatomischen Faser — Zelle — verstehe, so kann ich bloße Formenveränderungen oder Formabweichungen nicht für Krankheit halten.

In landwirthschaftlichen Zeitschriften ist der Hufbeschlag angeregt worden und hat da zu Controversen geführt, die schwerlich auszugleichen sind. Mir sind die über den Gegenstand darin enthalten gewesenen Aufsätze Veranlassung geworden zu dem, was ich weiter unten über den Bockhuf sagen will. Bevor ich aber dazu übergehe, will ich vorweg noch ein paar Worte über Hufbeschlag im Allgemeinen sagen.

Das wichtigste und zugleich schwierigste Feld für den Thierarzt ist gewiß das der Erforschung der Krankheits-Ursachen — Aetiologie : wie viel Hilfswissenschaften muß derselbe vorweg studirt haben, bevor er sich mit Erfolg diesem Studium hingeben kann.

Der Hufbeschlag ist in den meisten Fällen die Ursache vieler Hufkrankheiten und in sofern ist die gründliche Kenntniß desselben für den Thierarzt durchaus nothwendig, wenn er mit Erfolg Hufübel abhalten will. Daß dazu eine genaue Prüfung, „ob der Huf als lebendiger oder todter Theil des lebendigen Organismus", die Erwägung seines demgemäßen

Mechanismus und die Kenntniß der Verrichtung der einzelnen Theile des=
selben, durchaus erforderlich ist, werde ich ein anderes Mal nach Kräften
auszuführen versuchen. Hier nur noch Einiges über Hufbeschlagswissenschaft
und mein Bestreben, dieselbe ausbauen zu helfen.

Herr Departements=Thierarzt Erdt, Centralblatt für Deutschland,
Jahrgang 12, Seite 352 sagt: „Die fortschreitende Cultur fordert meines
Wissens nicht ein Fortschreiten der Wissenschaft. Diese ist vielmehr immer
die Grundlage fortschreitender Cultur." — In Bezug auf Hufbeschlag kann
dieser Satz leider keine Anwendung finden, da die Wissenschaft desselben,
oder, wenn man will, die Wissenschaft als Grundlage zur Verbesserung
des Hufbeschlags, so hinter der Zeit zurückgeblieben ist, daß man von ihr
sagen könnte, sie existirt nicht. — Was ist „normal und gesund, was
deform und krank" am Pferdehuf? — Und wenn ich bei Behandlung des
schiefen und flachen Hufes bewiesen und weiter unten beim Bockhuf be=
weisen werde, daß die Wissenschaft diese Cardinalfragen noch unbeantwortet
gelassen, wenn sich ferner täglich das Bedürfniß um Beantwortung dieser
Fragen immer mehr herausstellt, da es nicht mehr wie vor 50 Jahren
zu den Seltenheiten gehört, Chausseen zu passiren, dann muß der Satz
umgekehrt lauten. Und leider ist es so. — „Seit 50 Jahren haben
wir schon so beschlagen und es ist gegangen, warum sollte das nicht noch
gehen!" — Das ist die Antwort, die ich oft gehört und habe hören müssen,
als ich auf Veranlassung des königl. Kriegsministerii eine verbesserte Huf=
beschlagsmethode gezeigt, und als ich mich dabei bemühte, Veraltetes und
Unrichtiges zu tadeln und zu verwerfen. — Und diese Antwort habe ich
von Collegen bekommen. —

Es ist vielleicht den meisten Lesern bekannt, daß ich im vorigen Jahre
in Merseburg, in Berlin und in Schwedt a. O. je einen Hufbeschlags=
cursus abgehalten habe; weniger bekannt aber wird sein, daß ich in einem
besonderen Promemoria, das ich auf ausdrücklichen Wunsch dem Com=
mandeur der Garde-Cavalerie=Division überreicht, mich gegen die Einführung
der an genannten Orten gelehrten englischen Hufbeschlagsmethode, die ich
für die beste halte und deren wärmster Vertheidiger ich bin, entschieden. —
Der Roßarzt bei der Cavalerie soll den Beschlag bei einer Escadron von
circa 140 Pferden allein ausüben, allenfalls, wenn er darum bittet, wird
ihm ein Mann, der Schmied von Profession ist, dazu gestellt. Der Roßarzt

erhält durchschnittlich Beschlaggeld pro Pferd und Monat 3 Sgr. 9 Pf. und hat dafür in den meisten Fällen alles zum Beschlag Nöthige zu beschaffen und zu bestreiten; daß unter solchen Verhältnissen der Beschlag bei der Cavalerie schlecht ausgeführt wird, versteht sich von selbst.

Da nun die Ausübung der englischen Hufbeschlagsmethode, wie ich sie an genannten Orten gelehrt, mehr Zeit, mehr Sorgfalt, besseres Material, besseres Handwerkszeug, kurz mehr Geld erfordert, als die alte Methode, so habe ich, da der Etat zur guten Ausübung der letzteren schon kärglich, abgerathen, die englische Methode einzuführen. Nur aus diesem Grunde habe ich abgerathen, im Uebrigen halte ich die Einführung der englischen Hufbeschlagsmethode bei der Armee für nothwendig.

Das, was ich hier in dieser Zeitschrift und an anderen Orten über Hufbeschlag gesagt, und noch sagen werde, geschieht nicht aus purem Anglicismus, auch nicht auf Intention, oder Hörensagen, da ich sonst nur das zu loben hätte, was Andere loben, oder in den Tadel der Hörensager einzustimmen hätte.

Ich lasse mich von Niemand bestimmen und vertheidige mich auch selbst. Meine Aufgabe, die ich mir gestellt, ist die: das Gute des englischen Hufbeschlagssystems, von dem ich mich überzeugt, daß es besser ist als das unsrige, nicht zu tadeln, das Lückenhafte desselben vielmehr wissenschaftlich ausfüllen zu helfen. Daß man dabei nicht an Einseitigkeiten und Aeußerlichkeiten, wie z. B. „ob 5 oder 8 Nägel, ob englisch oder deutsch, ob Falz, ob luftdicht oder nicht, kleben darf, versteht sich von selbst. — Im Uebrigen freue ich mich sagen zu können, daß beim englischen Beschlag, wie er in der Oberlausitz und hier im kgl. Ober-Marstall, in Bezug auf Schmieden der Eisen und den Gebrauch der Messer, ausgeführt wird, für mich nichts mehr zu verbessern geblieben ist, da ich dies Verdienst dem Herrn Grafen v. Einsiedel allein überlassen muß. Glücklicherweise ist der Herr Graf mit mir von gleichem Streben beseelt, wovon die kleine Schrift „Dem thierärztlichen Vereine der Oberlausitz, Zittau 1863", ein Beweis ist. Darin ist eine möglichst vollkommene Begriffsbestimmung über Normalität des Hufes gegeben; das kleine Schriftchen ist werth, von keinem Thierarzte übersehen zu werden. Die Interpretation des Begriffs ist mir aus der Seele genommen, weshalb ich nur bedaure, daß der Herr Graf mir zuvorgekommen ist.

Nun speciell über den Bockhuf.

Bei dem Bockhuf des Pferdes sind die Trachtenwände uns zu hoch und die Zehenlänge zu kurz, indem sie von dem allbekannten normalen Verhältniß 1 zu 3 abweichen. Im Uebrigen ist der Huf gesund; Strahl, Eckstreben und Wände sind kräftig, nur die Sohle, die ebenfalls kräftig und gesund ist, ist etwas kleiner als gewöhnlich, was durch die schärfere Winkelstellung der Zehenwand zur Bodenfläche bedingt wird.

Im landwirthschaftlichen Centralblatt für Deutschland, Jahrgang 12, Seite 354 stellt Herr Erdt einen Satz auf, welcher uns bei regelmäßig gestellter Zehenwand und unverstümmelten Gliedmaaßen den Maaßstab für die Richtung der Zehenwand angiebt, und wonach das Verhältniß der Zehenlänge zur Trachtenhöhe beim Beschlag herzustellen ist. Der Satz lautet: „Die Linie der Zehenwand des Vorderhufes, von der Krone zum Boden gedacht, muß zu diesem einen gleichen Winkel bilden, wie die Linie, die man sich mit der Schulter gleichmäßig bis zum Boden verlaufend denkt. Die gleiche Linie des Hinterhufes muß dagegen mit der entsprechen=den Linie des Backenbeins einen gleichen Winkel zum Boden bilden."

Die Richtigkeit und Nützlichkeit dieses Satzes ist nicht in Abrede zu stellen und muß ich Herrn Erdt hiermit dankbarlichst bekennen, daß ich mich darüber gefreut; und jeder Andere, der die Schwierigkeit der Aufgabe, ein natürliches Verhältniß des Hufes zur Schenkelstellung herzustellen, kennt, wird denselben mit Freuden begrüßen. Nur der Ausdruck „Maaßstab" scheint mir nicht ganz richtig gewählt; im Uebrigen ist der Satz ein Be=weis dafür, daß es keine Norm giebt, wonach die Natur formt, sondern daß sie jedem Individuum seine eigene Norm giebt, die wir bei reiflicher Erwägung zu erhalten uns bestreben müssen.

Die Aufstellung solcher Lehrsätze bekundet die wahre wissenschaftliche Basis des Autors.

Das Pferd hat keine Norm, und seine Form läßt sich nicht in Quadrate, Winkel und Linien zwängen, wie der Mechaniker seine Maschine, aber das Individuum hat seine Norm und diese erkennen und würdigen muß unsere Aufgabe sein. Wir können wohl von einem Pferde und ebenso von einem Pferdehuf sagen, daß dieses oder jenes Ideal uns Norm nach unseren Erfahrungen ist, wir müssen uns aber sehr hüten, diese beiden

Begriffe zu verwechseln. Ideal ist nach meiner Anschauung ein relativer Begriff, ein individueller; normal dagegen ist ein positiver Begriff, der Inbegriff der höchsten Vollkommenheit.

Ist nun ein Pferdehuf für die Stellung der Schulter, des Fessels, mit einem Wort, für das Individuum passend und stört seine Gestaltung nicht die Harmonie des Ganzen, so ist er für dasselbe normal; und dies zu beweisen, will ich am Bockhuf versuchen.

Man darf also von mir nicht erwarten, daß ich eine bessere Normalmachungsmaschine erfunden, wie das alte Verfahren, den Bockhuf zu heilen, eine ist; wiederholen will ich nur, was ich schon früher gesagt, nämlich daß es falsch ist, einen Theil des Ganzen verbessern zu wollen, um dadurch eine Verbesserung des Ganzen zu bewirken. Der Theil ist abhängig vom Ganzen und seine Form wird von diesem bedingt.

In älteren und neueren Schriften über Hufbeschlag finden wir das Verfahren angegeben, wonach der Bockhuf nach und nach seiner Normalität entgegengeht, trotz dem er für die steile Schulter- und Fesselstellung der einzig passende Huf ist. — Wir Menschen sind einmal nicht anders, wir müssen dem weisen Schöpfer ins Handwerk pfuschen, und um seine wahrhaftige Größe bewundern zu können, wenn wir eingesehen, daß wir der Natur zuwider gehandelt; und so machen wir aus dem Bockhuf ein wahres Monstrum von Huf, indem wir die Trachten desselben nach und nach immer mehr erniedrigen, und die Hufzehen immer mehr verlängern.

Fr. Peters jun. „Katechismus der Hufbeschlagskunst — gekrönte Preisschrift — Schwerin 1856" sagt Seite 34: „Die Verkürzung der Tracht darf aber bei einem ausgebildeten Bockhufe nicht plötzlich und zu stark vorgenommen werden, da hier die verkürzten Sehnen nicht sofort nachgeben können und bei starker Belastung und Ausdehnung sich entzünden und dadurch das Uebel noch verschlimmern würden."

Peters hat, darnach zu urtheilen, den Bockhuf auch für einen kranken Huf gehalten, was aus der Bezeichnung „ausgebildeten Bockhuf" erhellt, es ist deshalb um so mehr zu verwundern, daß, da er die Nachtheiligkeit des Verfahrens beobachtet, dasselbe trotzdem als zur Verbesserung, oder Heilung des Bockhufes, empfiehlt. — Unbegreiflich aber bleibt mir, daß selbst Erdt, der in seinem schon mehrfach erwähnten Aufsatze den nur zu richtigen Satz:

„Verkürze in der Regel die Zehe und schone die Tracht" tadelt, dies Verfahren, den Bockhuf zu verbessern, nicht verwirft, da dasselbe doch im thatsächlichen Widerspruch zu dem von ihm über die Richtung der Zehenwand und Höhe der Tracht des Hufes aufgestellten Maaßstab steht.

Gehen wir auf das Verfahren und seine nothwendigen Folgen noch specieller ein. — Zunächst drängt sich mir die Frage auf: weshalb ist das so gelehrt?

Ich weiß es nicht — die Stellung des Winkels des Fesselgelenks paßt uns nicht, zu steil gestellt sind Schulter und Fessel und um dem in Etwas abzuhelfen, d. h. den Fesselwinkel durchbiegiger zu machen, schneiden wir die Trachten, die uns zu hoch sind, herunter und schonen die Zehe, die uns zu kurz ist.

Eine weitere wissenschaftliche Erklärung darüber oder dafür, giebt es nicht, mir ist wenigstens keine bekannt.

Es genügt, wenn der Eigenthümer eines bockhufigen Pferdes die Trachten gar zu entsetzlich hoch findet und der Kutscher nicht begreifen konnte, warum die nicht schon bis auf das Blut herunter geschnitten sind.

Das Heilverfahren nach dem jetzigen Stande der Wissenschaft ist das, aus dem Fesselwinkel des Bockhufes, den Fesselwinkel des normalen Hufes zu machen.

Um das zu erreichen, lehrt man überzeugend: „Schneide die Trachten des Bockhufes herunter und schone die Zehe." — Daß das letztere, die Schonung der Zehe, vom wissenschaftlichen Stand= punkte aus, als das wesentlichste zur Verbesserung des Bockhufes betrachtet wird, geht daraus hervor, daß die Lehre, weiter folgernd, die zu schonende Zehe mit einem halbmondförmigen Eisen zu belegen vorschreibt, damit beim Gebrauch einer Abnutzung der Zehe vorgebeugt wird.

Um oben gelehrtes Verfahren auszuführen und zu erklären, mache ich aus der ursprünglichen waagerechten Bodenlinie des Hufes, indem ich die Trachten herunterschneide, eine schiefe Bodenlinie.

Da nun die Bodenlinie eines Hufes nur in der innigen Berührung des Erdbodens gedacht werden kann, und da jede künstlich erzielte Boden= fläche des Hufes beim Gebrauch des Thieres nothwendig den Erdboden berühren muß, und eine Zerrung der Sehnen nie und nimmer ein Länger=

werden der Sehnen herbeiführen kann, — so ist dies gar nicht anders möglich, als daß der Winkel sich noch mehr streckt.

Wir erreichen also nicht nur nicht, was wir gewollt haben, den Winkel in einen spitzeren zu verwandeln, wir machen einen noch stumpferen (steileren) Fesselwinkel.

Wir werden, wenn wir die uns fehlerhaft erscheinende Fesselstellung verbessern wollen, den Winkel derselben in einen spitzeren zu verwandeln, das entgegengesetzte Verfahren, die Stauchung des Winkels, vornehmen, die Trachten noch mehr erhöhen und die Zehe noch mehr verkürzen müssen, um den beabsichtigten Zweck zu erreichen.

Da aber das erstere eine Zerrung der Sehnen, das letztere eine Stauchung der Gelenke bewirkt, die Wahrheit in der Regel zwischen den Extremen zu suchen ist, so werden wir wohl thun, den Bockhuf als für die steile Schenkelstellung der Pferde vollständig geeignet und für dieselbe als normal zu betrachten haben. Wir werden beim Beschneiden und Beschlagen desselben nur darauf Bedacht nehmen müssen, daß er nicht mit Steingallen, losen Wänden, Hornspalten, faulem Strahl und wie das Heer der Hufkrankheiten noch heißen mag, behaftet werde. Der Grundsatz der Allöopathie: contraria contrariis curantur, darf bei Verbesserung des Bockhufes keine Anwendung finden, ebenso nicht der der Homöopathie: Similia similibus.

Liegt die Ursache des Bockhufes beim Füllen in einer angeborenen Kürze der Beugesehnen, so mache man sie länger, d. h. man mache bei Zeiten die Tenotomie; hat man die Beuger verlängert, so ist die natürliche Folge davon Beugung des Fesselwinkels, und dem entsprechend formt sich der Huf im jugendlichen Alter des Pferdes von selbst. — Liegt die Ursache desselben bei ausgewachsenen Pferden in einer krankhaften Contractur der Beugesehnen, so beseitige man diese unter nicht zu verabsäumender Herstellung des natürlichen Verhältnisses der Trachtenhöhe zur Zehenlänge, nie aber darf man sich einbilden, daß man in dem ersteren oder letzteren Falle ein günstiges Resultat erzielt, wenn man die Trachten des Bockhufes erniedrigt. Wünschenswerth wäre es demnach, daß den Gestüts- und Remonte-Pflegern die Sonne der Hufbeschlagewissenschaft schiene, da Verbesserungsversuche der Pferdegliedmaßen nur im jugendlichen Alter der Pferde vorgenommen werden können. Unsere Aufgabe ist die, sie zu lassen wie sie sind.

Die natürlichen Folgen des Verfahrens auf den Bockhuf sind nun Folgende: Schneidet man die Trachten wenig herunter, um, wie Peters sagt, das Nachgeben der Beugesehnen allmählich zu bewerkstelligen, und schont dagegen die Zehe, belegt diese außerdem noch mit dem halbmond= förmigen Eisen, so ist immerhin ein Mißverhältniß der Zehe zur Tracht, das für die Winkelstellung des Fessels nicht paßt, hergestellt. 8 Tage, 4 Wochen, ½ Jahr lang geht das ganz gut und wir glauben unseren Versuch mit Erfolg gekrönt, weil das Bestreben des Organismus, all und jedes Ungemach zu bekämpfen, groß ist.

Wir fahren in derselben Weise fort zu verbessern, bis wir die streb= same Natur erschöpft und bis uns unser vermeintliches Streben im Stich gelassen. Möchte doch nur Jeder einsehen, daß er sich geirrt, daß seine Behandlung der Natur zuwider läuft; allein oft hat der Mund bei aller Oberflächlichkeit der Handlung salbungsreiche Worte, da sind der Schmied, der Kutscher und alle Diejenigen schuld, die die Richtigkeit des Verfahrens nicht beurtheilen konnten. — Und doch ist nichts leichter zu begreifen, als: „wo zu hoch, niedriger, wo zu kurz, da länger."

Die Natur krümmt nun zunächst die zu lang gelassene Linie der Zehe, indem der Bockhuf die ähnliche Form des Knollhufes annimmt, und der Tragrand der Zehenwand sich von der Sohle trennt.

Das kann uns aber nicht überzeugen, daß wir im Unrecht sind, mit unerbittlicher Consequenz setzen wir unsere Verbesserung fort, wir hauen immer wieder die Trachten herunter, wir rauben die Stütze unnachsichtlich, das Krümmen der Zehenwand hilft nichts mehr, die Sehnen erliegen der tausend und tausendmal sich beim Auftreten wiederholenden Zerrung, ent= zünden und verdicken sich — das Pferd ist lahm. — Ja, wenn es nun nicht lahm geworden wäre, wenn die Sehnen nicht zu schwach gewesen und es ausgehalten hätten, dann wäre es uns gelungen; so sprechen wir und reiben die Sehnen scharf ein.

Damit aber das gute Verfahren dabei keine Unterbrechung erleidet, legen wir dem armen Thiere ein Eisen mit einem starken Griff vorn an der Zehe und hinten ohne Stollen auf. Trotzdem geht die Entzündung der Sehnen glücklich vorüber, um sich aber recht bald und von Zeit zu Zeit zu wiederholen, bis endlich aus dem bockbeinigen Pferde das stelzfüßige entstanden und der Art verfallen ist. Denn das ist richtig, das Streben der Natur endet nur mit dem Tode.

Wenn wir uns nun die vorhin gedachte, mathematische Figur ins Gedächtniß zurückrufen und fragen, was ist aus dem Winkel, den wir beugen wollten, geworden?

Er hat sich so lange gereckt und gestreckt wie möglich war, als wir aber über die Möglichkeit verlangten und das senkrecht auf einander Stehen der Gelenkköpfe des Schien- und Fesselbeins so fürchterlich schmerzhaft ist, so hat er uns seine Kehrseite zugewendet, um endlich dem immer wieder sich wiederholenden Acte der Thierquälerei auszuweichen.

Paßt es dem Eigenthümer eines stelzfüßigen Pferdes nun noch nicht, dasselbe zu tödten, so fahren wir in unserer Quälerei fort; wir schlagen ein Schnabeleisen auf und verhüten dadurch das weitere Ueberbiegen des Fesselgelenks nach vorn. — O, dieses Eisen, das sich mit noch vielen andern Kunsteisen in der Modellkammer so gar prächtig ausnimmt, diese sogenannten Kunsteisen würde ich lieber auf offenem Markte vernichten, als zugeben, daß ein armes Thier damit gefoltert wird.

Ich frage nun die Hufbeschlagswissenschaft, liegt dem von mir ge-tadelten Verfahren, Bockhufe zu verbessern — normal zu machen — eine Logik, ein gesunder Menschenverstand zum Grunde? Ist es nicht richtig, wenn ich Eingangs dieser Arbeit behaupte, daß die Hufbeschlagswissenschaft die Fragen: „was ist normal, gesund und krank am Pferdehuf" noch unbeantwortet gelassen?

Ich fordere sie auf, mich zu belehren, wenn meine Anschauungen irrig, wenn das was ich gesehen und beobachtet, nicht naturgemäß und dem Grundsatze, „cessante causa cessat effectus" nicht treu gewesen ist. Ich werde mich gewiß bescheiden, wenn ich überführt werde.

Um so mehr habe ich mich aber gewundert, als die Hufbeschlags-wissenschaft mit einem Mal über alle diese Fragen hinweg einen Streit darüber erhebt: „Mit welchem Hufmesser der Huf wohl am besten, und so zu bearbeiten ist, daß er möglichst lange gesund erhalten werde."

Ich muß noch einmal auf mein Commando von Merseburg nach Berlin im vorigen Jahre zurückkommen. Als wir nämlich dort (mehrere Roßärzte der Garde-Cavalerie und ich) zusammen waren, und ich meine Ansichten über Beschlag mittheilte und practisch zeigte, beehrte uns eines

Tages Herr Medicinalrath Professor Dr. Haubner und richtete an mich die Frage:

„Weshalb ich die Hufe nicht mit dem arabischen Messer bearbeite, er habe geglaubt, daß der Gebrauch dieses Instrumentes hier von mir gelehrt würde?"

Ich erwiederte darauf: „Ich habe dem arabischen Wirkmesser bisher das Wort noch nicht geredet. In Merseburg habe ich es versuchsweise gebrauchen lassen, da aber meine Leute mit demselben nicht arbeiten wollten, weil es ihnen ungewohnt und sie bei harten Hufen wenig damit schneiden konnten, so habe ich es wieder bei Seite gelegt. Ich habe über den Gebrauch des Messers und seine Nützlichkeit keine genügende Erfahrung und somit auch kein Urtheil."

Ob nun Herr Dr. Haubner über den Gebrauch des Messers mehr Erfahrung hatte als ich, weiß ich nicht, es läßt sich aber annehmen, da bald darauf von demselben in der Zeitschrift für deutsche Landwirthe von Dr. Stöckhardt ein Aufsatz über den Gebrauch des deutschen, englischen und arabischen Wirkmesser erschien, worin dem englischen Messer der Vorzug vor den anderen eingeräumt wurde.

Ein solcher Streit, wenn auch verfrüht, ist immer belehrend und anspornend. Das Letztere ist er für mich gewesen, und da ich nochzumal selbst dabei betheiligt, meine Person sogar genannt worden war, so habe ich mich recht angelegentlich bemüht, die Frage mit untersuchen zu helfen.

Ich habe das arabische und daneben das englische Hufmesser hier beim Beschlag der kgl. Leib-, Ober-Marstall- und kronprinzlichen Pferde mit aller Consequenz eingeführt, habe Erfahrungen gemacht über den Gebrauch und Nutzen derselben, und somit auch ein Urtheil. — Meine Erfahrungen werde ich seiner Zeit ausführlich mittheilen, zur Steuer der Wahrheit vorläufig, daß:

1) der Gebrauch des arabischen Messers in der That mit Leichtigkeit und leichter zu erlernen ist, als der Gebrauch des deutschen Messers; daß

2) die nicht so gewandte und geübte Hand mit demselben „richtiger" — nicht richtig — schneiden muß, wovon beim deutschen Messer keine Rede ist, und daß ich

3) nur Jedem rathen kann, das arabische Messer consequent zu gebrauchen, wenn er dem Thiere wohlthun und dem Hufbeschlage wahrhaft nützen will.

Ich bin Anfangs im Stillen ein Gegner dieses Instrumentes gewesen, das darf ich nicht leugnen, bin aber nach vorgenommener Prüfung und Anwendung desselben dahin gelangt, daß dasselbe für unsere Schmiede besser ist, als das alte deutsche Stoßmesser.

Das deutsche Messer, oder französische Stoßmesser, wie viele es auch nennen, habe ich in die Rumpelkammer geworfen, aus welcher ich es nicht wieder hervorhole.

Dem erfahrenen Sachverständigen, der weiß, was er am Hufe zu schneiden hat, muß es gleich sein, mit welchem Messer er schneidet. — Ich schneide den Huf mit dem Brodmesser aus, wenn mir grade kein passenderes Messer zur Hand ist. Dem nicht so Kundigen aber ein Instrument vorzuschlagen, bei dessen Gebrauch er möglichst naturgemäß verfährt, halte ich für Schuldigkeit.

Und deshalb sage ich:

„Für den Schmied ist der Gebrauch des arabischen und daneben der des englischen Hufmessers entschieden besser und von größerem Nutzen, als der unseres alten Stoßmessers."

Wenn ich bei meinem Commando im vorigen Jahre mich nicht direct für den Gebrauch desselben ausgesprochen habe, so geschah das aus Mangel an Erfahrungen und Erprobungen darüber. Jetzt aber rufe ich jedem der mit mir versammelt gewesenen Herren Collegen zu, ja diese Messer zu benutzen und den Gebrauch derselben ihren Schmieden zu lehren, da dieselben, wenn ich schließlich auf den Bockhuf wieder zurückgehe, verhüten, daß derselbe verstümmelt, zum wahren Monstrum wird.

In Nr. 14 des Sporn vom Jahre 1865 äußert sich Graf Einsiedel über die von ihm eingeführten Rinneisen wie folgt:

Zum Winterbeschlage.

Es ist nun wieder ein Winter darüber hingegangen, es sind neue Erfahrungen gesammelt worden, und so genüge ich denn hiermit der an mich ergangenen Aufforderung in Nr. 25 der landwirthschaftlichen Annalen, Jahrgang 1864, des mecklenburgischen patriotischen Vereins, und spreche meine Anficht über die von mir erdachten und aus Noth erfundenen Rinneifen aus.

Indem ich die Richtigkeit des vom Herrn Oberstallmeifter von Boddien Gesagten vollständig anerkenne, erlaube ich mir der Kürze wegen auf deffen Auffaß: „Etwas über Rinneifen als Erfaß für fcharfe Stollen", hinzuweifen, diefen in vorausgefchicktem Nachdrucke wiederzugeben und geftatte mir noch auf die Abbildungen Tafel V. d. 1., 2., 3. und 4. meines Gedankenzettels, 4. Auflage, aufmerkfam zu machen, in welchem, bildlich fo gut wie möglich, diefe Rinneifen vor die Augen geführt find.

Noth, fage ich, hat mich dahin gebracht, an die Stelle der Schraub- stolleneifen andere zu feßen, für diefe etwas zu erfinden, was weniger im Stiche läßt, und weniger dem Pferde fchadet.

Wenn man z. B. eine Meile auf Baarfroft in tiefen Gleifen gefahren ift, fo find die Schraubftollen, bei rafchen Gangarten der Pferde, wenn man fie noch hat, wenn der eine oder der andere nicht verloren gegangen oder abgebrochen ift, in Ter Schärfe abgenußt, ftumpf, und kommt man nun in höher gelegene Gegenden, wo Schnee und Eis den Boden bedecken, und befonders an Berge, in befuchte Städte, fo fteht man mit den Schraub- ftollen oft am Berge, und man kann nun 150 Schritte vor der Stall- thüre den Stollenfack herausfuchen und frifche einfchrauben, und hat noch von Glück zu fagen, wenn dies angeht, fo lange die Gewinde nicht ab- gebrochen find.

Diefen Erfahrungen, diefer Noth habe ich es zu danken, nach Con- ftruction der englifchen Renneifen, auf die fogenannten Rinneifen gekommen zu fein.

Ich habe fie nun fechs Winter hindurch bei allen Arten von Pferden: Reit-, Wagen- und Arbeitspferden ausfchließlich angewendet und bin damit zufrieden, denn fie haben mir ftets ausgeholfen und haben meinen Pferden ficheren und bequemen Gang verfchafft.

Wenn man mir den Vorwurf machen follte: „warum haben Sie fo lange darüber gefchwiegen?" fo antworte ich darauf, — zeigen ift beffer als reden. — Gezeigt habe ich es fechs Winter hindurch an 16 bis 20 Pferden; das Reden hilft dem Privatmanne nichts, er muß fich erft weiblich bekritteln laffen.

Um so mehr mußte ich aber schweigen, da erstens die reifsten Erfahrungen zum Reden und Schreiben berechtigen, und zweitens auch hier
das Machenkönnen sehr in die Waagschaale fällt, denn sind diese Rinneisen nicht geschickt und richtig gemacht, nicht dem für sie passenden Hufe aufgelegt und mit den dazu gehörenden Nägeln in besonderer Weise aufgenagelt, so entsprechen sie ihrem Zwecke nicht,
wenigstens nur halb, und thut man dann besser, sie nicht zu empfehlen.
Nun sind aber nicht bloß bei mir und anderen Privaten, sondern auch
in Staats- und kgl. Marställen von Männern, die ihr Urtheil nach dem
Erfolge formiren, Erfahrungen über diese meine Eisen gesammelt worden,
und da will ich denn nicht länger Anstand nehmen mich darüber auszusprechen und sachlich einige wenige Zusätze bringen.

Erstens gehört nun zum richtigen Machen dieser Eisen das entsprechend
geformte Gesenk zur Anfertigung des Stabes.

Nach Größe und Schwere des Pferdes wird man stärkere und schwächere
Stäbe brauchen, daher auch 2 bis 3 Gesenke von verschiedener Weite und
Tiefe nöthig haben, und danach sind zur Oeffnung der Rinne wieder in
ihren Dimensionen verschiedene Falzhammer nöthig, deren ersterer mindestens
zweimal zur Rinnenbildung geführt, ganz keilförmig geformt sein muß,
der zweite aber zur völligen Erweiterung der Rinne im auswendigen Rande
nur äußerlich eine starkgebauchte Fläche zu haben braucht. Die die äußere
Seite des Stabes bildende Wand des Gesenks muß eine etwas schrägere
Richtung haben, damit selbst nach vollständigem Oeffnen der Rinne das
Eisen in der Bodenfläche immer noch einen kleineren Zirkel beschreibt als
in der Huffläche. Von der Führung hängt es wesentlich ab, wohin man
den Endpunkt der beiden, in einem spitzen Winkel zusammenlaufenden
Wände der Rinne bringt, und nach diesem richtet es sich wiederum, daß
die Lochung der Eisen gelingen kann, und diese der Hornwandbreite richtig
entspricht.

Das Ebenen des Eisens nach dem Falzen führt man stets auf einem
glatten hölzernen Blocke aus, um die scharfen Ränder nicht zu stauchen
und das Verhauen der Schenkelenden am Vordereisen besorge man mit
einem halbrunden Aushauer, dessen Weite der Stabesstärke angemessen sein,
und im Schnitte die Rinne genau schließen muß, denn die geschlossene
Rinne ist eine Hauptsache, und gewährt besonders bergab einen guten Halt.

Zweitens gehört zum wahrhaft dienlichen Gebrauche dieser Eisen vor allen Dingen ein guter Huf. Nicht nur, daß das richtige Verhältniß der Trachtenhöhe zur Zehenlänge individuell entsprechend hergestellt sein muß, sondern auch und besonders, daß der Huf in der Bodenfläche die möglichst correcte Form inne halte und r u n d sei, ist eine Hauptbedingung für die erfolgreiche Anwendung des Rinneisens.

Da eine Abdachung diesen Eisen nicht eingeschmiedet, eine solche nur eingefeilt werden kann, wenn sie absolut nöthig ist, so muß eine gesunde hohle Sohle vorhanden sein, und da ein wesentlicher Theil des Haltes auf dem Eisen in dem Mittel- und Trachtenstücke liegt, so bleibt die runde Hufform immer die geeignetste dafür, wenigstens wird ein Pferd mit mehr gerade verlaufenden Wänden und Trachten selten mit gleicher Sicherheit darauf gehen, und weil ferner in der Wahrung der Schärfe des Zehen= stückes viel liegt, hat man sehr darauf bedacht zu sein, daß durch eine mehr wie nöthig lange Zehe das Zehenstück nicht vorzeitig abgenutzt werde.

Drittens gehört nun zum rechten und vollen Eingreifen dieser Eisen auf dem Eise außer einer guten zähen Eisenmasse auch ein besonderes Aufnageln derselben.

Nicht der englische Nagel mit keilförmigem Kopfe ist dazu zu ge= brauchen, sondern der im Gedankenzettel Taf. I. Fig. g und h abgebildete ist der geeignetste, und könnte es wohl räthlich werden, nach ausgebreiteterer Anwendung dieses Winterbeschlages, besondere Nägel mit noch niedrigeren Köpfen anfertigen zu lassen.

Bei den aus dem schwächsten Stabe gefertigten Eisen dieser Art füllt der englische Nagel die Rinne ziemlich aus, unterbricht damit die Wirkung der scharfen Ränder auf dem Eise, und verhindert so mehr die Reinigung der Rinne von Erd= und Eistheilen, welche, kastenartig zwischen den Nägeln eingeklemmt, fester sitzen bleiben.

Der obengenannte Nagelkopf steht aber frei und tief im Falze, wenig= stens weit unter den Rändern der Rinne, setzt keinen Theil der Schneiden außer Wirksamkeit, klemmt Eis= und Schmutztheile weniger ein, bedarf aber zum vollständigen Einschlagen und Anziehen eines Hammers, der mit der Fünne, ohne die Schneiden des Eisens zu verletzen, ihn fest in den Falzwinkel eintreibt. Beim Zumachen der Nieten muß man ebenfalls diesen Hammertheil unterhalten.

Dies sind nun verschiedene Wenn und Aber, die wohl berücksichtigt werden müssen, soll der Erfolg bei meinen Winterreisen gesichert sein. Es lag mir auch daran, gleich die Schattenseiten mit aufzudecken, die aber zu überwinden sind, wenn es mit dem Machen richtig steht.

Leider liegt es mit diesem Machen bei uns in Deutschland noch sehr im Argen. Man glaubt zwar Alles machen zu können, ja es sogar besser zu machen als die Engländer, weil man zufällig ein Paar englische Eisen gesehen hat. Befriedigt der Erfolg beim englischen Beschlage nicht, so schiebt man die Schuld auf ihn, denkt aber nicht daran, diese bei sich, und namentlich in der Unkenntniß der richtigen Technik zu suchen. Man thut wahrlich besser mit dem englischen Beschlage sich gar nicht zu befassen, sobald man ihn nicht gut und richtig auszuführen versteht.

Wenn z. B., wie ich vernommen, das kgl. preußische Kriegsministerium den Befehl ertheilt hat, den englischen Beschlag in der Armee einzuführen, so konnte es meines Erachtens mit diesem einfachen Befehle schwerlich ein befriedigendes Resultat erwarten. Wäre aber vorweg befohlen worden: „alle Schmiede der Armee sollen gründlich in der Ausübung des englischen Beschlages unterrichtet werden", dann dürfte der zum Ziele führende Weg gefunden gewesen sein. Stabsroßarzt Dominick hat sehr recht daran gethan, in seinem Aufsatze im Magazin der gesammten Thierheilkunde über den Bockhuf, in welchem er überdies nach meiner Ansicht in allen anderen Stücken auch Recht hat, von Einführung des englischen Beschlages, „den er für den besten und dessen Einführung er bei der Armee für nothwendig hält", für jetzt abzurathen, denn wenn der den Beschlag ausübende Roßarzt monatlich pro Pferd 3 Sgr. 9 Pf. Beschlaggeld empfängt, ist jeder Huf= beschlag=Lehrcursus umsonst; dafür kann kein guter sauberer Hufbeschlag, am allerwenigsten der englische, ausgeführt werden. So lange man nicht zu der Ueberzeugung gekommen ist, daß, um am Pferde zu sparen, nicht am Beschlage gespart werden darf, und daß das Dreifache der Ausgabe für den Beschlag immer noch ein Gewinn am Pferde bleibt, lasse man es ja lieber beim alten, mache wenigstens keine Versuche mit dem englischen Beschlage, denn dieser ist nur dann gut, wenn er sorgfältig zur Aus= führung kommt. Für circa 4 Sgr. monatlicher Entschädigung aber kann sich treu und gewissenhaft Niemand, außer bei eigener Aufopferung, mit Ausübung des mühsameren englischen Beschlages befassen.

Nach dieser mir nöthig erschienenen Abschweifung auf das Rinneisen zurückkommend, sage ich von demselben, daß, so lange ich Jemanden habe, der es mir gut macht, und so lange ich nichts Besseres weiß, ich wohl kaum wieder davon abgehen werde, es aber immer nur als einen guten Nothbehelf bezeichne.

Außer den schon genannten Schattenseiten kenne ich an demselben nur noch die, daß es keinen Sohlenschutz gewährt. Dafür wirft es aber gut und leichter wie jedes andere Eisen die Schneeballen aus, reinigt sich auf Schnee und Eis von selbst wieder, ist leicht und schnell zu machen, wenn man es überhaupt zu machen versteht, ist außerordentlich einfach, und braucht man dabei weder Beutel mit Stollen, noch Schraubschlüssel und Oelflasche. — Es kostet nicht mehr wie jedes gute Sommereisen, liegt mit wenigen Nägeln stets fest, verändert den Stand des Schenkels nicht, verschafft dem Pferde einen ebenen und gleichen Auftritt, läßt weit weniger gefährliche Verletzungen zu *), dauert bei nicht fortwährendem Gebrauche auf Steinpflaster unglaublich lange und gewährt mindestens vierzehn Tage unter allen Umständen eine Bereitschaft zu jedem Dienste.

Ich kann dies mit gutem Gewissen sagen, denn wiederholt zwei Monate lang und länger habe ich, nur nach vier Wochen umgeschlagen, dieselben Vordereisen unverändert, die Hintereisen in den Trachtenstücken erhitzt, in den Schneiden aufgezogen, stark gebraucht, und bin damit nie am Berge stehen geblieben.

Wenn ich diese Rinneisen in Privat= und Marställen für entbehrlich halte, weil man, und namentlich in Städten, bei den Mängeln der Schraub= stollen der nahen Schmieden wegen sich helfen kann, so halte ich sie doch für die Truppen im Felde, so lange nichts Besseres erfunden ist, für un= entbehrlich, denn man schont nicht nur Pferde und Leute, und spart Geld, sondern ist auch immer fertig, und dies dürfte doch wohl sehr bei einer großen Armee ins Gewicht fallen. Aber ich wiederhole ausdrücklich, nur dann ist man fertig, wenn sie gut gemacht sind, und man kann sie so machen und scharf herstellen, daß außer zur Abdachung, eine Feile nicht gebraucht wird.

---

*) Bei mir ist in sechs Jahren nicht eine einzige vorgekommen.

Besonders dazu gewalzte Stäbe werden die Anfertigung dieser Eisen noch sehr erleichtern, das wirkliche und weitere Machen, namentlich das Falzen überlasse man aber ja dem Schmied.

Wenn man mit den Schraubstollen das Rutschen und Fallen nicht ganz verhindern kann, so verlange man von dem Rinneisen nicht das Unmögliche. Das regelmäßige wenige Gleiten, was sie zulassen, ist gerade von Werth für die Erhaltung der Sehnen und gerade um deswillen ver- wirft der Engländer jeden Stollen an dem Vordereisen.

Milkel, im März 1865.

Graf Einsiedel.

Nr. 27 und 28 des Sporn vom Jahre 1865 bringen einen weiteren Aufsatz vom Grafen Einsiedel:

Zum Hufbeschlage im Allgemeinen.

Der Satz, den ich in Nr. 14 des Sporn geschrieben habe und der da lautet:

„So lange man nicht zu der Ueberzeugung gekommen ist, daß, um am Pferde zu sparen, nicht am Beschlage gespart werden darf, und daß das Dreifache der Ausgabe für den Beschlag immer noch ein Gewinn am Pferde bleibt, lasse man es ja lieber beim alten, mache wenigstens keine Versuche mit dem englischen Beschlage, denn dieser ist nur dann gut, wenn er sorgfältig zur Ausführung kommt,"

beschäftigt mich in meinen Gedanken noch immer, nämlich in der Art, ob ich auch wohl richtig verstanden worden sei, oder mich so ausgedrückt habe, daß man mich habe verstehen können.

Ich kann, in treuem Dienste der Sache, nicht umhin, nochmals auf denselben zurückzukommen, und auszusprechen, wo nach meiner Meinung die Wurzel des Uebels liegt.

Der Umstand, daß das Verfahren, den Hufbeschlag in Accord zu geben, noch gilt, an vielen Orten als eine gute Oeconomie betrachtet, und eigentlich bei den Armeen vorzugsweise gepflegt wird, ist nichts anderes als am Beschlage sparen, so wenig wie möglich dafür ausgeben, weil man

12

meint, daß hier nicht viel Schaden geschehen kann, daß er mit dem Stiefelbesohlen auf gleicher Stufe steht. Man vergißt, daß das Eisen nicht wie der Stiefel ausgezogen werden
kann, wenn jener drückt, man vergißt, daß am stiefeltragenden Fuße kein
gefährliches Messer arbeitet, wie am Hufe, und wenn man weiß, welche
Noth oft ein nur im Geringsten drückender Stiefel macht, der doch sicher
eine rücksichtslosere Behandlung verträgt als der Hornschuh eines Pferdehufes, sollte man da nicht auf den nicht zu fern liegenden Gedanken
kommen, daß das Pferd bei jedem Beschlage in größter Gefahr schwebt,
sobald nicht das Interesse des Schmiedes in erster Linie durch lohnende
Entschädigung für sorgsame Arbeit geweckt ist. Da heut zu Tage, selbst
bei reichlicher Bezahlung des Schmiedes für jeden einzelnen Beschlag, die
Gefahr nicht sicher überwunden ist, in der Allgemeinheit das Hufschmiedehandwerk noch auf einer Stufe steht, die nur beklagt werden kann, und
ohne zu wissen und zu wollen, mitunter die gröbsten Fehler begangen
werden, von denen freilich weder der Schmied, noch der kluge Kutscher,
noch der Besitzer des Pferdes eine Idee haben, bleibt jeder Gang des Pferdes
nach der Schmiede auch immer noch ein sehr bedenklicher, und sind die
Folgen eines solchen oft ganz unberechenbar.

Wenn mir mit der Sache vertraute Männer zugeben werden, daß
ich in eben Gesagtem nicht Unrecht habe, um wie viel mehr werden sie
mir beistimmen, daß, besonders bei der zeitweiligen Befähigung unserer
Hufschmiede, das Princip des Verdingens des Beschlages ein verwerfliches
ist, dessen Beseitigung angestrebt und die in diesem Ersparungs-System
liegende Täuschung enthüllt werden muß.

Diese Enthüllung wird freilich nur erst gelingen, wenn man die
Bedeutung des Hufbeschlages anders als bisher aufgefaßt und daraus erkannt haben wird, daß man sich wirklich in einer Täuschung befunden hat.

Der Nothdurft genügen, wie es zur Zeit die Schmiede bei verdungener
Arbeit machen müssen, ist aber beim Hufbeschlage nichts anders als eine
Täuschung, und je gewandter diese ausgeführt wird, desto gefährlicher wird
sie, denn die Schuld bleibt da hängen, wo sie nicht zu suchen ist, und
neben dem materiellen Schaden an der Substanz der Pferde legt sie unleugbar den Grund nicht zur Besserung, sondern zur Corruption der
Schmiede.

Leichtfertige, billige, scheinbar gute Arbeit liefern, und es so einzurichten suchen, daß der gewöhnliche Beurtheiler der Schäden den Grund nicht im Beschlage finde, muß des Schmiedes Augenmerk werden, und daß es eben kein großes Kunststück ist, noch die meisten Herren Pferdebesitzer zu täuschen, kann leider nicht in Abrede gestellt werden. Was sollen aber z. B. die Herren Rittmeister machen, die sich nicht täuschen lassen und die Sache verstehen? Entweder müssen sie die Sache gehen lassen, oder den Schmied aus eigener Tasche entschädigen. Das Erstere ist das Bequemste und Billigste, und ist es nebenbei oft bedenklich, höheren Orts Vorstellungen zu machen. Da bei uns das Billigste und besonders das Bequemste immer den Vorzug hat, so wird der zweite Fall, die Entschädigung aus eigener Tasche, nicht oft eintreten, mangelnder Mittel wegen nur selten eintreten können; es geht der Schwadron damit der Nutzen des auch in diesem Fache vielleicht gediegenen Rittmeisters verloren.

Andererseits liegt keine besondere Ermuthigung für den Reiterführer in dem Bewußtsein, eine mangelhaft beschlagene Schwadron hinter sich zu haben, da der Nachdruck ihrer Leistung zunächst nur im sicheren Auftreten und Fußfassen der Pferde liegt. — Also wohl dem, der sich darüber keine grauen Haare wachsen zu lassen braucht. Man wird mir freilich sagen: „Ihre Prämissen sind falsch, darum ist auch Ihr Schluß nicht richtig. Wir sparen nicht am Hufbeschlage, und daß wir das Nöthige dafür ausgeben, beweist, daß die Pferde gut gehen und lange dauern."

Hierüber zu streiten und das Gegentheil zu beweisen, ist freilich nicht ganz leicht, und ich würde es nicht unternehmen, meine Ansicht auszusprechen, wenn ich nicht wüßte, daß einsichtsvolle Männer diese bereits theilten.

Ich habe früher auch geglaubt, daß bei uns die Pferde gut gehen und lange halten, und meinte dadurch zu diesem Glauben berechtigt zu sein, daß ich nach den Regeln unserer Wissenschaft mich darüber instruirt hatte, es also wissen müsse.

In welcher gewaltigen Täuschung ich mich befunden, ist mir leider spät und erst nach wiederholter Anwesenheit in England und längerer Beobachtung daselbst klar geworden, und Diejenigen, welche den englischen Beschlag richtig und sorgfältig jetzt auszuüben wissen, werden mir zugeben, und haben es mir zugegeben, daß die Pferde damit doch noch viel besser gehen, ja aus scheinbar verbrauchten Gliedern oft überraschend schnell wieder frische werden Wo sonst Peitsche und Sporen den Druck und Schmerz im Hufe überwinden helfen mußten, sind derartige Medicamente nun über= flüffig geworden.

Diese Ansicht ist aber immer noch nicht allgemein genug verbreitet, um eine größere Aufmerksamkeit für den Hufbeschlag zu erregen, denn wenn die Pferde nicht ausgemacht lahm gehen, meint man, gehen sie gut, so gut, wie es ihre Gliederbeschaffenheit gestattet, und in Folge dieser ist der sicht= bare Mangel im Gange, nicht im Hufe und deffen Beschlage zu suchen.

Diese Erregung wird nur kommen, wenn es gelungen sein wird, in weiteren Kreisen zu überzeugen, daß bei dem deutschen Beschlagsysteme der Huf seine ursprüngliche, natürliche Form verliert, demnach verkümmert und endlich leidet, und daß bei dem englischen Systeme die natürliche Hufform annähernder erhalten wird, und in dieser Erhaltung nicht nur die Gesundheit des Hufes allein, sondern auch die der Glieder gesicherter ist.

Dann wird man das Accordwesen aufgeben, schließlich die Schmiede beffer bezahlen, und in der lohnenderen Arbeit wird für sie der nachhal= tigste Grund zu einer befferen und erwünschten Ausbildung gelegt sein.

Es kann nun freilich die Intactheit der Glieder, besonders bei der Truppe, nicht immer obenan stehen, in vielen Fällen kann und darf darauf keine Rücksicht genommen werden. aber für Eventualitäten die Substanz des Pferdes möglichst gewahrt zu haben. ist gewiß nicht falsch, so gewiß es richtig ist, daß das beste Pferd ohne Beine nichts leisten kann. Z. B. das ganze Jahr hindurch mit Stollen und Griffen zu beschlagen, weil man sie drei Monate im Winter braucht, scheint mir nicht richtig zu sein, und für die, welche bereits die Ueberzeugung gewonnen haben, daß Stollen und Griffe im Sommer unnöthig sind. kann darüber ein Zweifel nicht obwalten.

Daß aber die Beine bei schmerzlosen Hufen viel mehr leisten können, wie wir glauben, das habe ich an englischen Lohnkutscherpferden genugsam erkennen gelernt, und wenn man bei uns da und dort sagt: „dem Pferde war heut der Boden zu hart", so möchte wohl noch zu ermitteln sein, ob die Schuld am Pferde oder am Beschlage lag.

Selbst wenn der Huf nicht mehr gut geformt und bereits empfindlicher geworden ist, liegen merkbare Zaghaftigkeiten im Auftreten, außer bei Ver=

schlägen, immer im Beschlage oder dessen Folgen, und sind diese durch den englischen Beschlag, aber freilich sorgsam und correct ausgeführt, zu heben. Wer ein geübtes Auge für den Gang der Pferde hat, der sieht freilich sattsam bei uns auf Land- und Stadtstraßen, daß einer großen Zahl von Pferden, wenn nicht der Mehrzahl, der Boden zu hart ist, und daß statt der Peitsche ein anderes Mittel am Platze wäre. Das Mittel kann aber nicht allerwärts empfohlen werden, denn man kommt noch zu leicht vor die falsche Schmiede, und wenn mir Viele einwenden werden, „wir kennen Ihr Mittel, aber auch bei dem gepriesenen englischen Beschlage geht mein Pferd nicht besser, und bleiben dessen Hufe, wie sie sind", Denen kann ich nur die Worte des Eingangs erwähnten Satzes vorhalten: „der englische Beschlag ist nur dann gut, wenn er sorgfältig zur Ausführung kommt".

Stollen und Griffe weglassen, aber alle anderen Fehler des deutschen Beschlages beibehalten, ist nicht der englische Beschlag; oder allenfalls das, was zum englischen Eisen gehört, anbringen, aber sich nicht darum kümmern, oder zu beurtheilen verstehen, ob es richtig angebracht ist, ob z. B. der Mechanismus des Hufes, nach vorausgegangenem entsprechenden Auswirken, auf dem Eisen seine Thätigkeit geltend machen kann, wird keinen Erfolg geben. Eine solche scheinbare Anwendung des englischen Beschlages kann nur in doppelter Beziehung schaden, denn den Pferden wird nicht geholfen, und dem englischen Beschlagsysteme aber Unrecht gethan.

Die Engländer sagen, und ich habe dies schon einmal ausgesprochen, „wir können alle deutschen Handwerker gebrauchen, nur die Hufschmiede nicht". Darin liegt denn, daß unsere Hufschmiede nicht einmal auf der gewöhnlichen Stufe der Handwerker stehen. Die englischen Hufschmiede sind mehr als gewöhnliche Handwerker, weil man dort längst erkannt hat, was von Ausübung des Beschlages abhängt; deshalb besteht auch ein gewaltiger Abstand zwischen englischen und deutschen Hufschmieden, und darum müssen wir auch bestrebt sein, unsere Schmiede auf das Gebiet der practischen Wissenschaft zu drängen. Das erreichen wir aber nicht, so lange wir sie schlecht bezahlen und ihrer wichtigen Aufgabe nicht die würdige Aufmerksamkeit zollen. Aus diesem Grunde sind wir jetzt in der sächsischen Oberlausitz auf den Gedanken gekommen, die Bildung schon an den Schmiedelehrlingen zu beginnen, denn bei den Meistern anzufangen, hat sich, oft wenigstens, als zu spät erwiesen.

Reibersdorf, im Juni 1865.   Graf Einsiedel.

Einen ferneren Artikel schrieb Graf Einsiedel zur Verständigung über den englischen Hufbeschlag und legte ihn im 2. Quartalheft des Magazins f. d. ges. Thierheilkunde im Jahre 1866 nieder.

Zur Verständigung über den englischen Hufbeschlag.

Wenn es mir nicht zukommt, mich über den Eingang und Hauptpunkt des Aufsatzes „Die Wissenschaft und der Standpunkt des Hufbeschlages ihr gegenüber als Kunst" vom Herrn Departements-Thierarzt Erdt auszusprechen, so kann ich doch zu dem Schlusse desselben von Seite 388 an nicht ganz schweigen und glaube um der Sache willen einige erläuternde und berichtigende Bemerkungen folgen lassen zu müssen.

Es ist wohl ganz wahr, daß Herr Departements-Thierarzt Erdt etwas direct damit gegen den Hufbeschlag, den man den englischen nennt, nicht sagt, indirect leitet er aber durch angeführte Thatsachen Resultate ab, die mit dem englischen Beschlage nicht erzielt wurden, indem es der wirklich englische Beschlag nicht war, der diese Resultate geliefert hat.

Es fällt damit ein falsches Licht auf dieses Beschlagsystem, von dem ich übrigens selbst zugebe, daß es wie jedes andere an Unvollkommenheiten leidet.

Die Engländer geben dies ja auch zu, sagen offen: wir wissen vor der Hand noch nichts Besseres, können aber den deutschen Beschlag nicht für etwas Besseres anerkennen.

Nun fragt es sich, haben wir uns oder den Engländern ein höheres Verständniß in allen das Pferd betreffenden Angelegenheiten zuzuschreiben?

Ich meinerseits wenigstens streiche die Segel vor ihnen, und habe mich sorgfältig davon überzeugt, daß auch für unsere Verhältnisse der englische Hufbeschlag ebenso gut paßt, wie für die englischen; aber freilich an sein System und seine Regeln muß man sich stricte binden, denn sonst verfehlt man den Zweck, und in dem nicht Binden oder nicht Kennen liegt es eben, daß so verschiedene Resultate in praxi sich herausstellen.

Ich habe schon schriftlich manchen Orts darauf hingewiesen, daß wenn man den englischen Beschlag nicht nach allen Regeln und nach englischer Technik zur Anwendung bringt, man besser thut, sich nicht damit zu befassen, und dasselbe sagen auch Alle, die ihn nun genauer kennen und

auszuführen verstehen. — Er erfordert mehr Kenntnisse und mehr Geschick, und wenn unsere Hufschmiede dieses Mehr erlangt haben werden,
wonach wir streben müssen, wird sich in praxi das Resultat zu Ungunsten
des englischen Beschlages gewiß nicht herausstellen.

Wenn zwischen den vielen unter meinen Augen für den englischen
Beschlag gebildeten Schmieden aller norddeutschen Landestheile nur ein
einziger gewesen wäre, der einen Begriff der dazu nöthigen Technik gehabt
hätte, dann würde ich Anstand nehmen zu sagen, man darf in Deutschland
über den englischen Beschlag noch kein Urtheil fällen. Am allerwenigsten
darf man ihn aber mit dem deutschen, wie man zu sagen pflegt, jetzt in
einen Topf werfen. So weit sind wir noch nicht, daß von einem nicht
besonders dafür instruirten deutschen Schmiede den englischen Beschlag nach
Belieben wie den deutschen anzuwenden verlangt werden kann, und es
wird sogar noch eine gute Weile dauern, bis selbst die Instruirten in praxi
das richtig verdaut haben werden, worauf es in allen Stücken ankommt.

Es gab eine Zeit, wo eine in Deutschland gefertigte sogenannte
englische Patentachse eine wahre Strafe Gottes war, und wir leben noch
in der Zeit, wo der englische Beschlag durch unreife Behandlung mehr
Schaden wie Nutzen stiften kann.

Wenn Herr Departements-Thierarzt Erdt in seinem Schlußsatze sagt:
„solche Thatsachen können allerdings bei jedem Beschlage vorkommen, sie
werden vielleicht verschuldet von der Ausführung des Beschlages", so läßt
er entschieden hier der Sache die wahre und billige Berücksichtigung zu
Theil werden, er wird mir aber zugeben, daß, da es eben von der Ausführung abhängt, und diese Ausführung des Beschlages doch nur von
gehörig instruirten Schmieden bewirkt werden kann, ein befriedigendes
Resultat von uninstruirten nicht erwartet werden darf, und also Thatsachen
als Urtheil über ein System nur da schlagend auftreten können, wo das
System richtig zur Geltung kommt.

Mit dem Beginn des Jahres 1864 z. B. war der englische Beschlag
bei den Garde-Cavalerie-Regimentern nicht eingeführt. Er ist daselbst nie
eingeführt gewesen, was schon aus dem einfachen Umstande hervorgeht,
daß die Regimentsschmiede das zum englischen Beschlage unumgänglich
nöthige Handwerkszeug noch nicht besitzen. Die Richtigkeit des eben Gesagten geht wohl noch weiter aus dem Factum hervor, daß Autoritäten

der kgl Thierarzneischule in Berlin sich jetzt das Handwerkszeug bei uns hier zum Zweck der Einführung des englischen Beschlages bestellt haben. Stollenlose Hufeisen sind noch lange keine englische Eisen, und im Großen und Ganzen von einem Momente zum anderen, vom deutschen zum eng= lischen Beschlage übergehen zu wollen, ist gewagt, denn es kommen oft Fälle vor, wo sich der englische Beschlag in gewöhnlicher Weise sofort bei deutsch behandelten und verschnittenen Hufen gar nicht anwenden läßt, und erlaube ich mir zur Verdeutlichung nur auf zwei Momente aufmerksam zu machen, wo bei einem raschen und nicht gerechtfertigten Uebergange Schaden entstehen muß.

z. B. wenn die Sohlenwinkel gesenkt oder voller sind wie sie sein sollen, die Trachtenwände (in ihrem Tragrande) nach außen schräg auf= wärts gequetscht stehen, und die ermangelnde nöthige Trachtenhöhe das Ebenschneiden der Trachten zu Stützung derselben auf einem waagerechten Tragrande nicht gestattet, dann kann das englische Eisen seiner Construction nach de facto mit Nutzen nicht wirken. Im besten Falle wird nur der innere Rand des Eisentragrandes mit dem der weißen Linie zugewendeten Trachtenwandhornrande in Berührung kommen, und wird dann, aber freilich in entgegengesetzter Weise wie vorher das deutsche Trachtenstück, einen fehlerhaften Druck üben.

Im zweiten Momente, gleich die nämliche Hufdeformität im Auge behaltend, die in Folge des deutschen Beschlages so oft auftritt, wo also auch Sohlenwinkel und besonders der Strahl tiefer stehen als die Trachten= wände, statt im normalen Zustande des Hufes Strahl= und Trachtenwände mit einander vergleichen, wird der Strahl unverhofft und ungewöhnt beim englischen stollenlosen Eisen einem Bodendrucke ausgesetzt, der ihm wohl bei ruhiger Bewegung und im weichen Boden sehr dienlich ist, bei starker Arbeit und auf hartem Boden aber unvorbereitet in manchen Fällen sehr schädlich sein kann. Vorzeitige Absonderung des Strahlhornes, Strahlfäule, ja wohl gar Entzündung im Hufgelenk können folgen, wenn bei trocknem Wetter eine Erweichung des Strahles unmöglich und der Fleischsohle ein mehr wie natürlicher Druck dadurch bereitet wird.

Wird nun noch bei dieser Hufbeschaffenheit ein in der Huffläche falsch construirtes englisches Eisen, z. B. mit gleichweg schrägen Trachten=

stücken *) aufgelegt, wie sollen dann die Fleischtheile ohne Schaden bestehen? — Von außen und von unten gedrängt, können sie nach keiner Seite hin weichen, und geben im Gange des Pferdes bald ihren leidenden Zustand zu erkennen.

Ich begreife dann sehr wohl, daß die Herren Offiziere des Gardecorps zum deutschen Beschlage zurückkehren wollen. Ich würde es unter solchen Umständen auch thun, wenn ich mir nicht Rechenschaft zu geben, und Hilfe zu schaffen wüßte.

Auch will ich es gerne glauben, daß das Gardehusaren- und dritte Husaren-Regiment bei Winterwetter auf dem Marsche nach Hamburg ohne Stollen auf glattem Boden sich nicht halten konnte. Da die Engländer bei Schnee und Eis ebenfalls geschärfte Stollen anwenden, so verdient wohl der englische Beschlag hier keinen Vorwurf. Diese Truppen sind einfach auf dem Marsche durch das Winterwetter überrascht worden, und den Herren Offizieren blieb gar nichts anders übrig, als in Hamburg zum Schärfen geeignete Stolleneisen aufschlagen zu lassen. Die von mir empfohlenen Wintereisen ohne Stollen werden es schwerlich gewesen sein, die die Herren mit anderen Eisen in Hamburg vertauscht haben. Diese waren damals in ihrer correcten Ausführung nur weniger bekannt, es sei mir aber hier gestattet, dafür auch ein Factum anzuführen. Ohnlängst sagte mir ein hochgestellter preußischer Offizier, vormaliger Husarenoberst, „ich hatte in der Campagne einen Recognoscirungsritt von circa 7 Meilen zu machen; ich bestieg zuerst ein mit Schraubstollen beschlagenes Vollblutpferd. Nach ungefähr 1½ Meile Weges begann mein Pferd über und über zu schwitzen, und auf dem Glatteise so ängstlich zu gehen, daß ich ein anderes besteigen mußte, welches mit Ihren Rinneisen beschlagen war. Ohne die geringste Unbequemlichkeit für mich und mein Pferd habe ich dann die übrigen 5½ Meilen zurückgelegt, und ist dasselbe ab und zu nur ein wenig geglitten."

Eine andere Thatsache ist, daß bei einem Besuche im Lager mir das Offiziercorps eines Dragoner-Regiments, der Herr Oberst ganz besonders, sehr freundlich dafür dankte, daß ich ihnen behilflich gewesen sei, durch Instruirung eines Roßarztes des Regiments den englischen Beschlag mit

---

*) Ich habe dergleichen abgelegte preuß. Cavalerie-Eisen in Händen gehabt.

gutem Erfolge anwenden zu können, der sich nun schon das zweite Jahr bewährt habe, und wenn des Hrn. Lt. v. H. drei Pferde nach einem Marsche von 9 Meilen lahm in Cöslin angekommen sind, so fragt es sich erstlich wohl, waren die Hufe der drei Pferde zur sofortigen Anwendung des englischen Beschlages geeignet, und hat der Schmied auch den englischen Beschlag verstanden, der ihn angewendet. Zweitens fragt es sich gewiß weiter, ist auf dem Marsche mit den Pferden vorsichtig umgegangen worden, nichts geschehen, was sie auch mit deutschen Eisen in Cöslin lahm hätte ankommen lassen?

Es ist nicht meine Absicht zu streiten, darum verzichte ich darauf, Fälle umgedrehter Art anzuführen. Ich habe nur vor Augen, Irrthümer aufzuklären, und zur Verständigung den Weg zu bahnen, da ich von der Wichtigkeit der Sache durchdrungen bin.

Eine kurze Notiz in Nr. 2 des Sporn über die vom königl. Kriegsministerium zu Berlin in Bezug auf die Brauchbarkeit der Einsiedel'schen Wintereisen angestellten Versuche, kann ich den Lesern um so weniger vorenthalten, als darin constatirt wird, daß bei Glatteis es noch möglich war, mit Pferden, an deren Hüfen die Rinneisen seit 14 Tagen lagen, zu traben und zu galopiren. Man versuche dies nur mit anderem, ebenso lange unverändert liegendem Beschlag. Der Sporn schreibt Seite 16:

Bereits seit dem 1. December vorigen Jahres finden hier zu Berlin auf Anregung des kgl. Kriegsministeriums Versuche Behufs Ermittelung des zweckmäßigsten Winterbeschlages für die Armee statt. Vom Garde-Cürassier- und II. Garde-Dragoner-Regiment sind je 10 Pferde mit Schraubstoll- und 10 Pferde mit Einsiedel'schen Rinneisen beschlagen. Auch die Artillerie betheiligt sich an den Versuchen mit zwei Gespannen, an denen auch beide Systeme erprobt werden sollen. Mit den so beschlagenen Pferden werden unter Leitung besonders dazu bestimmter Offiziere täglich Uebungsmärsche ausgeführt. Nach den gemachten Erfahrungen, bei der in den letzten Tagen, namentlich in den Morgenstunden, herrschenden Glätte, hat es nicht den Anschein, als ob die Rinneisen den freien Gebrauch des Pferdes, vornämlich auf glatten Straßen und Chausseen, dem Reiter gewährleisteten. Am 6. Januar konnten geschickte Pferde, deren Rinn= eisen etwa vierzehn Tage lagen, auf dem Stern im Thiergarten wohl noch kurz getrabt und galopirt werden, am 8. jedoch war selbst kurzer Trab mit beständigem Gleiten verbunden und gingen daher die Pferde sehr unsicher. Eben eingeschraubte, scharfe Stollen ermög= lichten dagegen jede Gangart.

Nr. 5 desselben Blattes vom Jahre 1866 bringt folgenden Aufsatz:

Zum Hufbeschlag.

Das königl. Kriegsministerium muß es freilich am Besten wissen, ob ich falsch unterrichtet gewesen bin, als ich in Nr. 14 des dritten Jahr= ganges des „Sporn" schrieb:

„Wenn z. B., wie ich vernommen, das königl. preußische Kriegs= ministerium den Befehl ertheilt hat, den englischen Beschlag in der Armee einzuführen, so konnte es meines Erachtens mit diesem einfachen Befehle schwerlich ein befriedigendes Resultat erlangen; wäre aber vorweg befohlen worden: alle Schmiede der Armee sollen gründlich in der Ausführung des englischen Beschlages unterrichtet werden, dann dürfte der zum Ziele führende Weg gefunden ge= wesen sein."

Von der Allerhöchsten Cabinets=Ordre vom 30. Juni 1865 habe ich nur zufällig im Monat August Kenntniß bekommen, konnte also selbst= verständlich unmöglich im März genannten Jahres, als ich jenen Satz geschrieben, auf dieselbe Bezug nehmen wollen. Ich muß also zugeben, daß die Mittheilungen, die mir im Monat Februar gemacht worden sind, nicht auf direct ausgefertigtem Befehl des Kriegsministeriums beruht haben, und bekenne ich mein Unrecht, auf Grund muthmaßlich irriger Angaben hin meine Voraussetzung begründet zu haben.

Der Beweggrund aber, mich so auszusprechen, wie es geschehen, war wenigstens ein lauterer, denn wiederholt gemachte Beobachtungen mahnen mich stets daran, darauf hinzuweisen, daß nur der richtig angewendete englische Beschlag zum erwünschten Ziele führt, und daß beim besten Willen und aller Vorsicht doch leicht vom rechten Pfade abgewichen werden kann.

Wenn ich nun der Meinung war, daß das königl. Kriegsministerium seine Aufmerksamkeit einer Sache zugewendet habe, an der ich bereits 13 Jahre unverdrossen arbeite, so lag es wohl nicht zu fern, bei Gelegenheit der Behandlung der Rinneisen „allerdings eine neuere Erfindung" anzudeuten, daß bei dem alten, mir bereits seit 1839 bekannten englischen Hufbeschlagssystem es wesentlich auf's Machenkönnen ankommt, und in Deutschland oft am Nichtmachenkönnen scheitert, wie Erfahrungen uns genugsam dargethan haben.

Eine Ungeduld habe ich wohl nicht zu erkennen gegeben, denn noch heute habe ich unaufgefordert nichts gethan, damit der englische Beschlag in der preußischen Armee eingeführt werde, und was ich gethan, hat man von mir verlangt. Läßt aber das königl. Kriegsministerium mir die Auszeichnung zu Theil werden, meine Arbeiten einer eingehenden Prüfung zu unterziehen, und weist es, wie es mir schon damals schien, diese nicht zurück, so wollte es mir um so mehr zum Erfolge der Sache als Schuldigkeit erscheinen, zu rechter Zeit, also nicht zu spät eine Andeutung zu geben, wo eine Klippe liegt, und hat nichts anders mich zu den Zusätzen in meinen Aufsätzen der Nr. 14. 27 und 28 im „Sporn" bewogen.

Ich denke, da alle Schmiede anderer Länder nicht gerechnet, bereits einige sechszig, theils dem Staate, theils Privaten angehörende preußische Schmiede unter meinen Augen für den englischen Beschlag gebildet worden sind, so habe ich schon eine kleine Probe von Geduld und Ausdauer bestanden, und kann natürlich auch nicht anders als mit aller Ruhe abwarten, ob meine Vorschläge beim Heerwesen Eingang finden werden.

Zu bedauern bleibt es mir aber immer, wenn man vernehmen muß, wie in Nr. 2, 1866, des „Sporn" zu lesen, daß vierzehn Tage lang ernst gebrauchte Rinneisen mit eben eingeschraubten scharfen Stollen verglichen, und daraus Schlüsse auf deren Gebrauchsfähigkeit gezogen worden. Sind wohl dabei die von mir erwähnten Wenn und Aber bedacht worden?

Nun da bereits vier bis fünf andere ähnliche Erfindungen für den Winterbeschlag gemacht worden sind, so sehe man doch von meinen Rinneisen ab, wenn sie nicht genügen. Nur bei der Truppe will ich vor den Schraubstolleneisen gewarnt haben, die deswegen noch nicht anempfehlenswerth zu sein brauchen, weil sie in Oesterreich und in Bayern bei der Armee eingeführt sind.

Die bereits von denkenden und strebsamen Männern*) gemachten Erfindungen weisen deutlich darauf hin, wie es mit den Schraubstollen steht; man fühlt ernstlich das Bedürfniß nach etwas Besserem und ich muß dabei bleiben, daß man mit Schraubstollen sich und das Pferd betrügt. — Im besten Falle eine Stunde festhacken und in der nächsten Stunde um so ärger gleiten, kann weder den Reiter im Sitz noch dem Pferde im Gange Vertrauen geben und da das barfuße Pferd auch gleitet, so wähle und vervollkommne man einen Beschlag, der der Natur näher kommt und weniger Unkosten und Umstände macht als Schraubstolleneisen.

Indem ich hoffe, in Vorstehendem die nöthige Auskunft über entstandenen Irrthum gegeben zu haben, kann ich zum Schluß meine Freude nicht bergen über die Antwort, die „einem fleißigen Leser des Sporn" in nämlicher Spalte von Nr. 3 gegeben worden, und mit den Worten schließt: „Ehe wir an den Charlier'schen Hufbeschlag glauben, fordern wir das Urtheil der Praxis. So lange halten wir am englischen Beschlage fest, welcher das beste und einfachste ist von allen Systemen, die bis heute existiren." Das unterschreibe ich nach mehr wie zwanzigjähriger Praxis im Hufbeschlage ohne Bedenken.

Milkel, den 25. Januar 1866.   Graf Einsiedel.

Und Nr. 47 des Sporn 1866 enthält einen weiteren Aufsatz, welcher gleichzeitig im Magazin f. d. ges. Thierheilkunde zum Abdruck gelangt:

Zum Hufbeschlage.

In einer bewegten Zeit, wie die jetzige es ist, immer wieder mit einem wenig unterhaltenden Thema zu kommen, mag einseitig erscheinen, aber noch gebieten die Umstände, bei meiner einmal begonnenen Arbeit zu bleiben, und muß ich es jetzt sogar als Verpflichtung betrachten, derselben weiter zu dienen.

*) J. Neuß in Berlin, H. Behrens in Rostod, Schindler in Dresden, Fabrikbesitzer in Zschoder bei Leipzig, der verstorbene Ober-Roßarzt Trautvetter in Dresden.

Der Satz in Nr. 10 des IV. Jahrg. vom 10. März 1866, S. 80, zweite Spalte im „Sporn", dessen Verfasser mir unbekannt ist, giebt mir Veranlassung zu nachstehender Auslassung und hoffe ich, daß sie nicht unberufen erscheinen möge.

Jene mir überdies sehr schätzbaren Zeilen sind so richtig, und enthalten so viel Treffendes, daß es mir schwer wurde, längere Zeit dazu zu schweigen. Nur die sicheren Anzeichen, daß meine oder vielmehr die englische Beschlagsmethode erneute Angriffe erfahren werde, ließen es mich vorziehen, mit einer Auskunftsertheilung zu jenem Satze und einigen Zusätzen noch zu warten. Nachdem nun in verschiedenen Journalen diese Tadel an's Licht getreten sind, so stehe ich nicht länger an, mich auszusprechen.

Der englische Beschlag erlangt nur dann seinen vollen Werth, wenn er bei dazu erlernter besonderer Technik mit der größten Genauigkeit ausgeführt wird. Sein ganzes System ist nur auf eine solche berechnet und da diese den deutschen Schmieden zumeist ganz fremd ist, eine andere wie rohe Arbeit im Hufbeschlage von ihnen bisher auch nicht verlangt wurde, so galt es eine Umgestaltung der Hufschmiede-Profession anzubahnen, um das Ziel der richtigen, correcten Anwendung des englischen Beschlages zu erreichen. Alle Bemühungen waren vergebens, bis ich begann diesen Weg zu verfolgen, und zu diesem Behufe kam ich auf den Gedanken, tüchtige Schmiede mit nach England zu nehmen, um ihnen einen augenscheinlichen Begriff von der besonderen Technik im Schmieden der Eisen, von der dort geltenden Genauigkeit bei allen Beschlagshandlungen, und von der erfolgreichen Anwendung dieses Beschlages auf allen Arten von Straßen zu liefern.

Daß ich das erste Mal fehlgriff und einen Mann wählte, dem wirkliches Hufschmiedetalent abging, ist mir für die Folge, trotz der bitteren Erfahrung, vom Nutzen gewesen, denn ich lernte daraus erkennen, daß der gute Hufbeschlag nur mit dazu begabten Menschen auszuführen ist, und außerhalb des Bereiches eines gewöhnlichen Handwerks steht.

Die Errichtung von Lehrschmieden in Provinzialstädten, wie in obengenanntem Satze angeregt wird, ist sicherlich der beste Weg, um dem englischen Beschlage allenthalben Eingang zu verschaffen, und haben diese Bahn bereits seit längerer Zeit die Landstände der sächsischen Oberlausitz auf meine Anregung betreten.

Die Erfahrung zeigt aber, daß auch damit allein nicht geholfen ist. Wie der Herr Verfasser jenes Satzes sehr treffend sagt, verfallen bereits für den englischen Beschlag angelernte Schmiede gar zu leicht wieder dem alten Schlendrian, und ohne äußerst genaue Controle ist man nie sicher, die Anwendung dieser Methode nach allen Regeln zu erlangen. Mit Bedauern habe ich in jüngstverstrichener Zeit so manches Cavaleriepferd vorüberziehen sehen, dem die Wohlthat eines regelrechten englischen Beschlages nicht zu Theil geworden war, und wenn ich die Richtigkeit des Wortes zugebe, daß Rom nicht an einem Tage gebaut ist, so muß man erstlich noch keine zu hohe Anforderung an die erlangten Erfolge stellen, und zweitens darauf bedacht sein, ein Mittel zu finden, die lästige und fast nicht durchzuführende Controle zu entbehren.

Ich weiß dafür für's erste keinen Ausweg, als nur mit ganz jungen Leuten, Lehrlingen, sich zu befassen, die den alten nachläßigen Beschlag gar nicht kennen, und allenthalben Lehrschmiede anzustellen, die, durchdrungen von der Gediegenheit des englischen Systems, und ausgestattet mit dem dazu nöthigen Talente, eine andere Beschlagmethode nicht anwenden und dulden.

Der englische Beschlag wird zwar jetzt an vielen Stellen gelehrt, aber leider oft recht falsch, und vermeintlich verbessert. Daraus entsteht viel Unheil und wollen wir ja das Verbessern den Engländern selbst überlassen, die da sagen, daß sie noch etwas Besseres nicht wissen.

Es ist zwar gewagt, mit der Empfehlung von Lehrschmieden aufzutreten, denn zu einem tüchtigen Lehrschmiede gehört außer Erfahrung viel Wissen und Machenkönnen. Dennoch unterlasse ich nicht, einige tüchtige, practische und mit der englischen Technik vertraute Schmiede zu nennen, welche für Provinzialstädte als Lehrschmiede sich eignen dürften und erwiesenes Vertrauen rechtfertigen würden. Es ist dies erstens für Görlitz der Schmiedemeister Zenker, zweitens für Breslau der Schmiedemeister August Schmidt, und drittens für Torgau der Schmiedemeister Klemm im Hauptgestüt Graditz. Einige mir bekannte, in diesem Fache wohlbewanderte Roßärzte, die sich jetzt noch bei der preußischen Armee befinden, werden nach ihrer Verabschiedung nur mit Vortheil für Provinzialstädte als Vorstände von Lehrschmieden angeworben werden können, und dürften größere wohlhabende Städte reichlichen Ersatz für anfänglich zu bringende Opfer hierbei finden.

Es ist schlimm, daß beim Hufbeschlage so Vieles geht, was falsch ist, und deshalb, weil es nicht augenblicklich schadet und recht handgreiflich Nachtheil bringt, für richtig gehalten wird und es ist zu beklagen, daß in diesem Fache Schriftsteller auftreten, welche im blendenden Vortrage Tadel über Lehren und Methoden aussprechen, die richtig anwenden zu sehen sie sich nicht einmal die Mühe genommen haben und das Kapitel erschöpfend hinter dem Schreibtische behandeln zu können glauben.

So hat z. B. der in meiner Beschlags-Anweisung „Gedankenzettel" aufgestellte Satz:

„Schone in der Regel die Tracht und verkürze mehr die Zehe" neuerdings eine Anfechtung erfahren, die unter dem Scheine der Wissenschaft hier einen starken Mangel und wenig Hoffnung auf eine nutzbringende Verständigung blicken läßt. Man muß aber an nichts verzweifeln und so versuche ich es, Denen, die diesen Satz nicht verstanden haben, im Nachstehenden eine kurze Aufklärung zu geben.

Der Gedankenzettel ist zunächst für die Schmiede der kgl. sächsischen Oberlausitz geschrieben, wie der Titel besagt, und daß für diese nicht allein, sondern für eine Unzahl deutscher Schmiede der Rath „schone in der Regel die Tracht und verkürze mehr die Zehe" ein richtiger war und noch ist, geht unter Anderem schon aus dem Umstande hervor, daß zollhohe Stollen die weggeschnittenen Trachten ersetzen müssen, und daß mit Griffen versehene und verstählte Zehenstücke dennoch und bis zum nahen Brechen durchgeschliffen sind.

Das englische Vordereisen hat weder Stollen noch Griffe, und soll nichts Anderes thun, als den nach Art und Weise des barfußen Pferdefußes abgelaufenen Huf vor weiter gehender Abnutzung schützen und ihn decken. Es schließt sich möglichst den Naturgesetzen an, nach welchen das Pferd den Huf bewegt, belastet und abnutzt, und bedarf deshalb einer Hufform, wie diese die Natur sich selbst schafft. Wer nun den englischen Beschlag empfiehlt und Anleitung zu dessen Anordnung giebt, muß zunächst vor bis auf die Ballen heruntergeschnittenen Trachten und vor übrig herangewachsener Zehenwand warnen, denn bei solchem Verstoß gegen die Naturform ist er nicht anwendbar.

Hat man nun die Gesetze der Schwere, der Statik richtig aufgefaßt, und ist der Bewegung einer belasteten Fessel gefolgt, so wird der Satz: „Die Tracht soll das Pferd hauptsächlich tragen, Du mußt sie also ungeschwächt haben", nicht zu tadeln sein.

Da unbestritten jede Last senkrecht wirkt, alle Winkel im Pferdeschenkel aber nur zur Aufhebung, zur Milderung des Stauchens geschaffen sind, so fällt der Schwerpunkt im senkrecht stehenden Schenkel, eine Linie durch das Schienbein gezogen, mehr oder weniger immer den Trachten zu. Nur beim Stelzfuße, an welchem der englische Beschlag wahrlich weniger Verschulden trägt als jeder andere, wird er die Zehe treffen, und darum muß die Tracht, die deshalb auch Tracht genannt wird, ungeschwächt bleiben, d. h. die Höhe behalten, daß sie künstliche Trachten, Stollen entbehren kann und die Kraft behalten, damit sie die von ihr und den Eckstreben umschlossenen Weichtheile zu schützen vermag.

Ist die Tracht aber entschieden zu hoch, außer natürlichem Verhältnisse zur Zehenlänge, dann schneide man sie herunter nach Bedürfniß, wie auch ausgesprochen ist, jedoch ohne dafür eine Regel anzugeben, indem sich in der Praxis hier keine aufstellen läßt.

Die Beachtung der Verhältnisse des gesunden unbeschlagenen Hufes und die Prüfung der Abnutzung des, einem fehlerfreien Hufe aufgelegenen Eisens wird wohl am sichersten darauf hinführen, daß der Satz: „Mit der Zehe soll das Pferd mehr fühlen, nicht am Erdboden schleifen, darum muß sie als in der Regel unter dem Eisen zu viel gewachsen, der Natur wieder annähernd nachgebildet und so verkürzt werden, daß zur unschädlichen Befestigung des Eisens nur das Nöthige an Hornmasse stehen bleibt" nicht falsch ist.

Es ist richtig, daß die Natur in ihren Schöpfungen nie eine Inconsequenz begeht. Man verkennt aber die Natur des Hufes, wenn man meint, daß die Zehenwand deshalb stärker sei, weil sie mehr zu tragen habe. Oft ist das Zehenwandhorn nur des an einer zu langen Zehe schrägeren Schnittes wegen breiter und reproducirt sich deshalb schneller, weil ihm sehr verschiedene Verrichtungen von der Vorsehung zuertheilt sind, die im Schützen, Fühlen und Fassen bestehen, wie wohl augenfällig die abgerundete Form der unbeschlagenen Zehenwand beweist.

Geht man nun dieser abgerundeten und der von der Natur vor=
bedächtig bewirkten Verkürzung der Zehenwand beim Beschlage nicht nach,
verstärkt statt dessen noch das Zehenstück des Eisens, so kommt man immer
weiter vom Ziel und alterirt nicht nur die gegebene Hufform, sondern
stört auch den Gang des Pferdes.

Das durchgeschliffene Zehenstück deutet immer darauf hin, daß ent=
weder zu viel Huf oder zu viel Eisen an der Zehe angehäuft ist, und die
Einheit, Ungetheiltheit des Fußes ist nur dann erreicht, wenn das Eisen
eine gleichmäßige Abnutzung zeigt. Sowie es falsch ist, durch entschieden
zu hohe Trachten Bockhüfe zu bilden, so ist es auch falsch, durch mehr wie
nöthige Zehe so zu sagen Latschen zu machen und durch den doppelten,
getheilten Act des Auftretens die Schenkelbewegung zu stören.

Das Vermeiden dieses Fehlers muß nun auf einfachem, einem Schmiede
erreichbaren Wege angestrebt werden. Das Aufsuchen und Berechnen von
Winkeln in einem, durch die äußeren Formen oft sehr verdeckten Knochen=
gerüste, liegt ihm so fern und stellt, bei unzähligen hier auftretenden Aus=
nahmen, eine so hohe Anforderung an Hippologie und Anatomie, daß ich
es erfolgreicher hielt, dem Schmied obenan zu sagen: „Prüfe den Gang,
ehe du beschlägst" und wenn er mit dieser Prüfung die Abnutzung des
alten Eisens zusammenstellt, so wird er bei einiger Verstandesthätigkeit
darauf kommen, welchen Winkel der Zehenlinie er sich zu schaffen habe.

Was nicht schon im Vorausgeschickten zur Verdeutlichung des Satzes:
„Die Zehe muß der Natur wieder annähernd nachgebildet, und so verkürzt
werden, daß zur unschädlichen Befestigung des Eisens nur das Nöthige an
Hornmasse stehen bleibt", gesagt worden ist, will ich im Folgenden noch
zu ergänzen suchen. Die Natur hat sich nicht verirrt, wenn sie uns an
der Zehe des unbeschlagenen Hufes eine Abnutzung zeigt, die Manchem
unverhältnißmäßig erscheint.

Wir täuschen uns, wenn wir glauben, daß die barfuße Vorderfußzehe
in ihrem flachen, unregelmäßigen Bogen und in dem nach außen aufwärts
abgerundeten Wandhorne auf eine mehr wie an den übrigen Huftheilen
in Anspruch genommene Abnutzung deutet, und wir begehen einen Fehler,
durch im Zehenstücke verstärktes Eisen der Natur helfen zu wollen, wo immer
wiederkehrendes und mehr wie jeder Zehe eigenthümliches Durchschleifen auf
ein Mißverhältniß zwischen Zehenlänge und Trachtenhöhe hindeutet.

Es geht nur nicht immer und gleich an, die Zehe entsprechend zu verkürzen, das richtige Verhältniß zwischen ihr und der Tracht herzustellen, deshalb muß manchmal durch sanft anlaufende Trachtenstücke eine Aus= gleichung gesucht werden.

Mit den in einem späteren Satze stehenden Worten: „dem Zehenstücke möglichst Eisen nehmen, ist besser wie ihm vermehrt geben", habe ich auch noch sagen wollen, daß ich es, wie wohl geschieht, für einen Fehler halte, zur Kappe im Zehenstücke einen besonderen, und vermehrten Eisenvorsprung anzutreiben. Gerade in der, aus dem Zehenstücke des Eisens heraus auf= gezogenen Kappe trifft man annähernd die Form der unbeschlagenen Zehe. Wir können aber leider nur immer annähernd der Natur beim Beschlage folgen, denn wollten wir die Zehenrichtung am Eisen und die ihr an= passende Zehenverkürzung am Hufe allemal da anbringen, wo sie am barfußen Hufe oder am abgenutzten Eisen angezeigt ist, so würden wir großen Varietäten unterworfen sein, und beim Eisenformen in Künsteleien verfallen, denen selten ein Schmied gewachsen sein dürfte. Wir können auch nicht der nach außen abgerundeten Zehenwand in ihrem ganzen Verlaufe folgen, denn dann würden wir einen mehr wie räthlichen Raum im schrägen Tragrande fassen und damit eine Einklemmung, eine Beein= trächtigung der mechanischen Bewegung des Hufes bewirken.

Endlich haben wir zur Befestigung des Eisens Zehennägel einzuschlagen, und da diese bei einer natürlich abgenutzten Zehe sich selten, oft gar nicht anbringen lassen, so wird zur unschädlichen Befestigung des Eisens immer mehr Zehenhorn vorhanden sein und erhalten werden müssen, als die Natur eigentlich braucht und kann demnach die Aufrichtung des Eisens nicht gut anders als in der Mitte des Zehenstücks und im Bereich nicht zu nahe zusammengestellter Zehennägel angebracht werden.

Wenn ich in meiner Anleitung von der Miles'schen Lehre in etwas abweiche und der Field'schen näher komme, indem erstere nach meinem Dafürhalten eine zu starke Zehenrichtung, letztere gar keine anweist, so glaube ich das richtige Maaß inne zu halten, welches unter gewöhnlichen deutschen Beschlagsverhältnissen geltend zu machen ist, und deute zuletzt noch in den gebrauchten Worten:

„Das Zehenwandhorn umgehe vorsichtig nochmals mit der Raspel, damit der Tragrand der Zehe denen der Wände gleich breit werde", darauf hin, daß der ebengeschnittene und in der Kante nicht verstoßene Horntragerand bei darauf im Zehenzirkel genau passenden Eisen den Huf leicht zu groß, ja größer machen kann, als ihn das Pferd im natürlichen Zustande hat. Und da die Beachtung des natürlichen Zustandes gewiß nicht ein Uebersehen der Gesetze der Physik bekundet, überhaupt in allen meinen Sätzen das Nachgehen der Natur beim Beschlage, so weit es angeht, angerathen wird, auch der anatomische Bau des Hufes weder eine hauptsächliche Belastung der Zehe nachweist, noch aus einem stärkeren Zehenwandhorne hervorgeht, daß die Zehe dieses Schutzes wegen zum Tragen bestimmt sei, noch endlich einem practischen Hufbeschläger entgehen kann, daß die plangeschnittene Zehenwand der Seitenwand (nicht der Trachtenwand, dies habe ich nirgends ausgesprochen) durch einen feinen Kantenverstoß nähernd gleich gemacht werden muß, um die Zehe nicht mehr Bodenraum einnehmen zu lassen, als sie im abgerundeten, unbeschlagenen Zustande deckt, und demnach ihr nicht eine vermehrte, ungerechtfertigte Eisenmasse angehängt werden darf, welche nur Schleifen und Anstoßen befördert, so muß ich meine aufgestellten Grundsätze für richtig erklären, und vermag die, gegen sie gelieferten Beweise nur als Irrungen zu bezeichnen.

Grundfalsch ist aber die Lehre, „daß beim beschlagenen Hufe die Sohle ebensogut und ebensoviel tragen müsse, wie beim unbeschlagenen und daß deshalb der Tragrand des Eisens doppelt so breit wie der Tragrand der Hornwand sein, und in so weit auch der Sohle fest aufliegen müsse."

Wenn es unbestritten richtig ist, daß die Sohle am unbeschlagenen Hufe mitträgt, so lehrt uns eine mehr als hundertjährige Erfahrung und der anatomische Bau des Hufes, daß sie in gleicher Weise wie die Wand nicht trägt, einen permanenten Druck des Hufeisens nicht vertragen kann und ihrer Beschaffenheit nach mehr deckt und schützt als trägt.

Ich könnte mich darauf beschränken zu sagen, wer es nicht glauben will, daß jener Satz falsch ist, und wer es noch nicht erfahren hat, der möge es nur versuchen, der Sohle das Eisen so fest aufzulegen wie der Wand. Er wird damit am schnellsten und sichersten belehrt sein, daß hier ein Irrthum obwaltet und daß zwischen Eisendruck und Bodendruck ein Unterschied zu machen ist.

Man möge entschuldigen, daß ich diesen, in der Welt des Sports wohl unbestrittenen Punkt noch mit einigen Worten berühre, es ist in ihm aber ein weiterer Satz meiner kleinen Hufbeschlags-Anleitung angegriffen, indem ich bestimmt ausgesprochen habe, daß die Sohle keinen Druck des Eisens vertragen kann. Die Sohle des gesunden, aber gereinigten Hufes ist gewölbt und würde, stünde sie für sich allein und unbelastet da, nur in ihrem äußeren Rande den Boden berühren. Nun steht sie aber nicht allein da, ist von außen mit einem mächtigen Horngebäude umgeben, welches bis zu den Weichtheilen der Krone hinaufreicht, und von innen durch die Eckstreben eingeschlossen, die beim barfußen Hufe oft einen ansehnlichen Theil der Sohlenwinkel decken. Es weicht auch die Textur des Sohlenhornes sehr wesentlich von der der Wände und Eckstreben ab, und der Strahl, das elastische Polster im Hufe, zeigt darauf hin, daß die Schöpfung für die Sohle noch auf einen andern Stütz- und Tragpunkt Bedacht genommen hat, um ihr die Begegnung des Erdbodens weniger fühlbar zu machen. Man weiß überdies aus der Praxis, daß ein Pferd mit zu stark abgelaufenen Wänden blöde geht und ein flacherer Huf das Auftreten ohne Eisen übel vermerkt. Man weiß ferner, daß man einem lebenden Pferde die Sohle herausnehmen kann und daß es dennoch durch den Zusammenhang der Lamellen im Hornschuhe getragen wird. Ferner soll die Sohle der Bewegung des Hufes folgen, an ihr Theil nehmen können, beim Auftreten sich senken, beim Heben sich wölben; sie deckt oft nur in schwacher Unterlage die Fleischtheile, während aufwärts die Hornwand erst denselben im Kronenrande begegnet.

Die Anatomie des Hufes zeigt also, daß die Sohle nicht von gleicher Tragfähigkeit ist wie die Wand, und daß sie nur für einen wechselnden nachgebenden Druck, nicht für den eines gleichmäßig festaufliegenden Eisens geschaffen ist.

Es ist Substanz, Lage und Beruf der Sohle ein anderer wie der der Wand, nie aber ist sie die Steife gegen die zusammendrängende Kraft der Hornwand, sondern überläßt dies vollständig den Eckstreben.

Da nun beim gesunden, vom leblosen Sohlenhorne befreiten Hufe die Wölbung an der weißen Linie beginnt, wie kann dann das Eisen mit doppelter Tragrandbreite, die doch wohl waagerecht sein soll, die Sohle erreichen? Statt eben zu sein, müßte es von der Wand an sich heben, also ganz die entgegengesetzte Form annehmen, welche das englische mit Bedacht construirte Eisen hat.

198

Bei viel Wölbung der Sohle bedarf das Eisen keiner Abdachung und kann in seiner vollen Breite waagerecht sein. Es läßt aber dennoch einen hohlen Raum, und da dieser ebenso Boden, Sandkörner und kleine Steine aufnimmt, die weder herausfallen noch sich herausarbeiten lassen, so ist die Abdachung einmal der leichteren Reinigung des Hufes wegen, das andere Mal der nur selten ganz tadellosen Sohlenform und der Hornabsonderung wegen erdacht worden.

Wir lehren nicht die Sohle dünn zu schneiden, im Gegentheil lehren wir nur sie zu reinigen, sobald wir ein Eisen auflegen wollen und rühren die Sohle des unbeschlagenen Hufes nicht an, weil wir wissen, daß hier ein Naturproceß ungestört vor sich geht, der aber sofort nach dem Beschlage und in der leider dabei nicht zu vermeidenden, mangelnden Berührung des Erdbodens aufgehoben ist.

Wenn überhaupt die Naturwidrigkeit des Beschlages begangen wird, so ist im Gefolge dieses Acts manch' anderer Fehler, den wir nur annähernd zu bekämpfen im Stande sind. Wir können demnach die eigenwillige Absonderung des Sohlenhornes unter dem Eisen, noch weniger aber unter einem, auf der Sohle aufliegenden Eisen, herstellen und verfallen weiteren und noch größeren Unnatürlichkeiten, wenn wir wie z. B. mit der Charlier'schen Lehre hier vorbeugen wollen.

Ginge es an, der Sohle das Eisen fest aufzulegen, dann fiele manche Schwierigkeit beim Hufbeschlage, doch weil manches Eisen scheinbar ohne Schaden oft da aufliegt, so ist damit noch nicht bewiesen, daß das Auflegen des Eisens auf die Sohle ein richtiger Lehrsatz ist.

Dies sind nun die Anschauungen, die den Engländern und uns durch die Natur des Hufes gelehrt worden sind, und fügen wir uns diesen, aus der Praxis hervorgegangenen und zur Wissenschaft gewordenen Gesetzen. Wo aber die Wissenschaft der Praxis weit voraus zu sein vermeint, da kann es leicht geschehen, daß anerkannte Sätze auf den Kopf gestellt werden und ist es dann bedenklich, wenn diese Wissenschaft noch auf Erfindungen verfällt.

Wir haben schon oft gesagt, daß es uns ganz gleichgiltig ist, mit welchem Instrumente ausgewirkt wird, vorausgesetzt, daß der Huf nur richtig zum Beschlage vorbereitet werde. Das, was einem Jeden am bequemsten ist, möge er brauchen. Man wolle aber nur nicht und besonders neu erfundenen Instrumenten Eigenschaften zulegen, welche sie nicht haben und müffen wir dabei bleiben, daß troß aller Hufmeffer es noch unmöglich ist, ein kaltes Eifen fo eng und genau mit dem Wandhorn= tragrande zu verbinden, wie fich dies mit einem mäßig erwärmten Eifen fchaffen läßt. Ich bin deshalb nach langjährigem kaltem Aufpaffen des Eifens im Stalle darauf zurückgekommen, in der Schmiede erwärmt aufzu= paffen und haben die Engländer recht, dabei zu beharren, denn ein genau anfchließendes Eifen confervirt durch lange und fichere Lage mehr Wandhorn, als mäßiges Sengen der unebenen Stellen nachtheilig davon confumirt. Man muß von zwei Uebeln das kleinste wählen.

Im Jahre 1866 erfuchte der Graf Einfiedel den Oberstallmeister A. v. Bobbien, ein englifches Werk, betitelt: „Auszüge aus den hinter= laffenen thierärztlichen Aufzeichnungen des verstorbenen John Field", ins Deutfche zu überfeßen, welches Derfelbe bereitwilligst that, und ließ der Graf diefes viel Gediegenes und Intereffantes enthaltende Werk auf feine Kosten drucken. (Baußen, b. Ed. Rühl.)

Ein Werkchen über Hufbefchlag, „Der Huffchmied" betitelt, ward um diefelbe Zeit vom Verfaffer Diefes dem um den Hufbefchlag fo hoch verdienten Grafen Einfiedel gewidmet.

X.

Nach dem Gesetz im Königreich Sachsen (auch Thüringen) war die Berechtigung zu Ausübung des Hufbeschlages bisher von einem Befähigungsnachweise abhängig. Dieser Befähigungsnachweis konnte nur durch Ablegung einer Prüfung an einer der 4 Prüfungsstellen des Landes erlangt werden. Diese waren: Dresden (k. Thierarzneischule), an welcher das Lehrerpersonal die Prüfung abnahm; Leipzig und Zwickau, woselbst die Prüfungscommissionen aus dem betreffenden Bezirksthierarzte, einem practischen Hufschmied, der zugleich Thierarzt sein konnte, und einem vom landwirthschaftlichen Kreisvereine zu ernennenden sachkundigen Beisitzer bestand; und endlich die landständische Prüfungscommission der Oberlausitz, welche den Grafen Einsiedel als Vorsitzenden, Premierleutnant a. D. Frhrn. v. Uckermann auf Luttowitz als ritterschaftlichen Abgeordneten, einen bäuerlichen Abgeordneten (früher Postel, jetzt Gutsbesitzer Scop), die beiden Lehrschmiede Schiemang und Tietze und den Schreiber Dieses, zu ihren Mitgliedern zählt.

Diejenigen der geprüften Schmiede, welche die Censur I. (Vorzüglich) erlangten, wurden alljährlich vom Ministerium in einem Verzeichniß, welches an alle Ortsbehörden zum Aushängen abgegeben wurde, veröffentlicht.

Die Prüfungsstellen Dresden, Leipzig, Zwickau ertheilten nur Censuren, wogegen die landständische Prüfungscommission neben den Censuren auch Prämien von 25 bis 50 Thalern ertheilte.

Schon im Jahre 1863 zeigte ein mir unbekannter Verfasser in Nr. 575 der „Blätter über Pferde und Jagd" auf unsere Lehrschmieden folgendermaßen hin:

Der englische Hufbeschlag, bewährt und gelehrt in der Lehrschmiede zu Milkel bei Bautzen.

Es dürfte wohl manche Leser dieser weit verbreiteten, und durch ihre Autorität mit Recht hoch geschätzten Blätter interessiren, einige Notizen über die Ausübung der englischen Hufbeschlagsmethode zu erhalten, welche unter dem speciellen Patronate des Standesherrn Grafen C. Einsiedel bereits seit mehr als zehn Jahren auf dessen ausgedehnten Besitzungen in der königl. sächsischen Oberlausitz besteht, und sich von dort aus höchst segensreich immer weiter verbreitet.

Die Grundsätze des englischen Hufbeschlages sind seit dem Erscheinen der vortrefflichen Schrift des William Miles, in deutscher Uebersetzung durch Herrn Lieutenant Guitard im Jahre 1852, in der Sporting Welt allgemein bekannter geworden, ihre Vorzüge anerkannt, und mehr oder weniger adoptirt; es bedarf hier daher weder einer näheren Analyse, noch einer Anpreisung dieses Systems. — Dem Herrn Grafen Einsiedel aber gebührt das große Verdienst, dasselbe durch unbedingte Annahme und gründlichste Erprobung zur weiteren practischen Verbreitung in Deutschland angebahnt und gefördert zu haben. Viermalige Reisen nach England, um die Grundsätze, Ausführung und Erfolge des englischen Hufbeschlags bis ins kleinste Detail zu studiren und sich anzueignen, gaben demselben, mit der Ueberzeugung von der Trefflichkeit, auch den Entschluß und die Ausdauer, dessen große Vortheile für alle Pferdebesitzer, wie für die Thiere selbst, dem deutschen Vaterlande zugänglicher zu machen und ad oculos zu demonstriren. Er nahm seinen Schmied, einen sehr talentvollen und geschickten Techniker, mit nach London, ließ ihn dort wiederholt bei dem anerkannt ersten Veterinair Englands, Mr. Field, genau instruiren und die neuesten Verbesserungen annehmen, um in der Sache vollständig und sicher orientirt zu werden; dann begründete er auf seiner Herrschaft Milkel bei Bautzen eine erweiterte Schmiede, die sehr bald von den Landständen der königl. sächsischen Oberlausitz als Lehrschmiede anerkannt, unterstützt und dringend empfohlen ward. Wenn nun auch — wie es leider allen Neuerungen geschieht — dies Institut auf manchen Widerspruch von den Anhängern des alten Schlendrians stieß, und selbst von theoretischen Docenten der Thierarzneikunde mißliebig betrachtet ward, so hat sich doch seit mehreren

Jahren der große Nutzen desselben so schlagend herausgestellt, der über-
wiegend wohlthätige Einfluß davon so deutlich bewährt, daß es gewiß an
der Zeit erscheint, dasselbe durch diese Zeilen dem allgemeinsten Interesse
zu empfehlen. Dem Einsender, der sich länger als vierzig Jahre hindurch
mit der Hippologie fast ausschließlich beschäftigte, war es vergönnt, die
Principien, die Leitung und die Resultate der Lehrschmiede zu Milkel näher
kennen zu lernen, und nur Liebe für das Pferd, unser edelstes und nütz-
lichstes Hausthier, dessen Mißhandlung und vorzeitige Entwerthung durch
fehlerhaften Hufbeschlag noch leider so weit verbreitet ist, drängt ihn zu der
Aufforderung an Alle, die durch Beruf, Interesse und Liebhaberei diesen
Gegenstand ins Auge zu fassen haben: kommet! — prüfet! —
lernet!!

Durch die große Liberalität des Herrn Grafen Einsiedel ist die gün-
stigste Gelegenheit geboten, daß Jeder, der den englischen Hufbeschlag in
vollkommenster Ausführung sehen und sich darin instruiren möchte, in der
Lehrschmiede zu Milkel einen klaren, schnellen Ueberblick gewinnen kann;
ferner — und das ist viel wichtiger —, daß gelernte Hufschmiede daselbst,
je nach Talent und Befähigung, einen längeren oder kürzeren Cursus
practisch durchmachen, sich gediegen fortbilden, so, ohne große Kosten, für
sich und Andere größten Vortheil gewinnen können. — (Eine reiche Sammlung von den verschiedensten abgetragenen Eisen, die theils ihre verderbliche
Einwirkung auf den Huf, theils ihre fortschreitende Verbesserung krankhafter
Zustände documentiren, bietet, nebst anatomischen Präparaten und den
bewährtesten Handwerksgeräthen, die vielseitigste Belehrung; unter den letzteren kann das „arabische Wirkmesser" nicht genug empfohlen werden, welches
der Herr Graf von einer Reise nach dem Orient mitbrachte, und hier
eingeführt, für die deutschen Verhältnisse sich bald bewährte. — Und endlich:
Erfahrung, die beste Lehrmeisterin, dort systematisch und strenge gesammelt und dargelegt, gewährt dem ohne Vorurtheil nach Ueberzeugung
und Klarheit Suchenden die sichersten Anhaltspunkte.

Da der Zweck dieser Zeilen, wie vorbemerkt, einzig und allein darin
besteht: die hippologische Welt Deutschlands in ihrem eigenen Interesse auf
die Schmiede in Milkel aufmerksam zu machen, so dürfte es nicht überflüssig sein, von den vielen Resultaten, die daraus hervorgegangen oder
gefördert sind, einzelne zu erwähnen:

1) Die Landstände der kgl. sächsischen Oberlausitz haben außer der schon genannten Bestätigung und unbedingten Empfehlung derselben als Lehrschmiede für die Provinz, fortdauernde Prämien bewilligt, die alljährlich durch eine Commission ertheilt werden für die genaueste Befolgung des dort gelehrten Systems. So concurrirten in diesem Jahre bei der zu Reichenau in der Oberlausitz — wo eine zweite landständische Lehrschmiede, unter der Leitung des Thierarztes Tietze errichtet ist, der ebenfalls mit dem Herrn Grafen in England war — am 25. und 26. September angesetzten Prüfung: „vier und zwanzig durchgehends bereits etablirte und zum „Hufbeschlag berechtigte Hufschmiede, und die Erkenntniß leuchtete hervor: „daß die von den landständischen Hufbeschlagslehrern gelehrte, und von den „Landständen als allein richtig anerkannte correcte englische Hufbeschlags= „methode eine vorzüglichere sei, als die früher gelehrte und empirisch aus= „geübte;" — ferner: „bemerkte man auch gegen die vorjährige Prüfung „einen sehr wesentlichen Fortschritt" u. s. w., und schließlich: „kann die „Commission nicht unterlassen, ihre Anerkenntniß der Leistungen der land= „ständischen Lehrschmiede des Herrn Schimang in Milkel und des Herrn „Tietze in Reichenau auszusprechen, und ausdrücklich zu wiederholen, daß „es für die Hufschmiede wesentlich erforderlich ist, einige Zeit den Unterricht „derselben zu genießen, da abgesehen von der dabei zu erlangenden speciellen „Kenntniß der Beschaffenheit und Bedeutung der einzelnen Huftheile, und „der Erfordernisse eines correcten englischen Eisens, die Aneignung be= „sonderer technischer Fertigkeit erlangt werden muß;" u. s. w. siehe das Kreisblatt für den Kreisdirectionsbezirk Bautzen Nr. 257 — amtliche Bekanntmachung. — Sechs Prämien zu 40, 30 und 20 Thalern wurden vertheilt, und von acht anderen Bewerbern noch „ihre Bestrebungen öffentlich anerkannt", oder „ihre Leistungen der Prämien würdig befunden."

2) In dem königl. Marstalle zu Dresden ist seit längerer, im königl. Marstalle zu Berlin in neuerer Zeit die englische Hufbeschlagsmethode adoptirt, und dabei die in der Milkeler Lehrschmiede gewonnene Erfahrung und technische Vorzüglichkeit aufs ehrenvollste berücksichtigt worden.

3) Aus der königl. preußischen Armee haben Cavalerie-Commandos ihre Thierärzte und Schmiede zur Instruction nach Milkel bereits gesandt, und ihre Anerkennung durch Einführung des dort gewonnenen Systemes bewiesen.

4) Der Andrang von Belehrung suchenden, practischen Schmieden, die theils von ihren Gutsherren entsendet, oft aus weiter Ferne, theils als schon selbstständige Meister auf eigene Rechnung, sich in Milkel einfinden, ist so gewachsen, daß es einer vorherigen Anmeldung bedarf, um zu einem gründlichen Cursus gelangen zu können. — u. s. w.

Diese allgemeinen Andeutungen zeigen schon thatsächliche Bewährung genug an.

Schließlich muß noch erwähnt werden, daß der Herr Graf Einsiedel durch eine kleine, kürzlich bereits in 2. Auflage erschienene Schrift: „Gedankenzettel zur Ausübung des englischen Hufbeschlags, Bautzen bei Köhler," Denjenigen, die bereits mit der Methode bekannt sind, und sich dieselbe ganz aneignen wollen, einen vortrefflichen Leitfaden in gedrängter Uebersicht, und mit besonders correct und schön lithographirten Illustrationen, gewährt hat, wofür ihm aufs Neue der aufrichtigste Dank gezollt werden muß.

Milkel ist von der Eisenbahnstation Bautzen in der sächsischen Oberlausitz, auf guter Chaussee in etwa 1½ Stunden zu erreichen; der dortige als landständischer Hufbeschlagslehrer etablirte Schmied heißt Aug. Schimang.

Als Bericht über die Thätigkeit unserer Lehrschmieden lasse ich gleich hierauf einen Jahresbericht des Grafen Einsiedel, welchen er als Vorstand der Prüfungs-Commission an die Herren Stände des Landkreises abgegeben, folgen:

Bericht über die Hufbeschlags-Reform.

Nach Ablauf von beinahe 5 Jahren, in welchen in den Lehrschmieden zu Milkel und Reichenau auf Anordnung der Herren Stände des Landkreises Prüfungen für diejenigen Schmiede abgehalten worden sind, welche den gesetzlichen Befähigungs-Nachweis zu Ausübung des Hufbeschlages zu liefern hatten, dürfte es an der Zeit sein, Herren Ständen einen kurzen Bericht über den Stand der Angelegenheit zu geben, welche ständische Mittel in Anspruch genommen hat, und hält sich der Unterzeichnete umsomehr dazu für verpflichtet, als ihm, sowohl von Seiten der Herren Stände, als auch vom landwirthschaftlichen Kreisvereine der Provinz höchst schätzbare

Anerkennungen für seine Betheiligung an dieser Reform zu Theil geworden sind.

Nicht der materiellen Unterstützung allein, sondern besonders der
moralischen, welche Herren Stände der Verbesserung des Hufbeschlages
haben angedeihen lassen, ist es zu danken, daß wir zu Resultaten gelangt
sind, die durch die Bestrebungen eines Einzelnen nie erreicht worden wären,
und wenn ich mir den Ausspruch erlaube, daß Herren Stände unter Anleitung Ihres wachsamen Directoriums für ganz Deutschland mit einem
guten Beispiele vorausgegangen sind, man in Folge dessen in nahen und
fernen Gauen des gesammten großen Vaterlandes wach geworden ist, über
Versäumnisse, die empfindliche Verluste gebracht haben, so sage ich nicht
zu viel; denn ich weiß, wie man sich jetzt allerwärts rührt, nachzuholen,
was als längst ausgebeutet betrachtet worden war, und weiß, daß man in
der Lausitz bei Vertretung des englischen Hufbeschlages keinen Fehler
begangen hat.

Die Resultate der einzelnen Prüfungen Herren Ständen hier aufzu-
zählen, dürfte zu weitgreifend und unnöthig sein, indem diese durch die
aufgenommenen und vorhandenen Protokolle genau nachzuweisen sind, und
wohl jedem der Herren zu aller Zeit deren Einsicht freisteht.

Es geht aus den Protokollen hervor, wie viel inländische Schmiede
geprüft wurden *), was sie geleistet haben, und zu welchen Erwartungen
sie unter den ihnen ertheilten Prämien und Censuren berechtigen.

Ausschließlich können nun wohl die Prüfungen für Inländer den
Zweck der Begründung der Lehrschmieden allein nicht rechtfertigen. Die
an diesen Lehrstellen fortwährend zur Geltung gebrachte Ausübung des
englischen Hufbeschlages, streng nach dessen Regeln, und die gebotene un-
unterbrochene Beobachtung der dazu gehörenden Technik, für Jeden, der sich
darin instruiren will, dürfte einen noch wichteren Moment für deren Crei-
rung bilden, und wird für den Erfolg, durch Nachdruck und Einfluß von
Außen her, ein weit größerer Nutzen gestiftet.

---

*) Es sind dies 18 Roßärzte der königl. sächsischen Armee und 142 Civil-
schmiede.   D. H.

Wenn Herren Stände hiermit erfahren, daß mindestens 40 preußische Schmiede, darunter viele Militair-Roß-Aerzte, und alle Schmiede der kgl. preuß. Hauptgestüte, ferner einige 20 Mecklenburger und anderen Ländern Angehörende allein die Lehrschmiede zu Milkel aufgesucht, und Lehrcurse von 3 Wochen bis zu 2 Monate durchgemacht haben, so werden sie zugeben, daß wenigstens für Norddeutschland der Grund zu einem guten Beispiele gelegt worden ist, und die geführte Polemik in landwirthschaftlichen und thierärztlichen Journalen dürfte darthun, daß man in der sächsischen Oberlausitz einen wunden Fleck aufgefunden hat, an dem noch zu heilen war.

Die Begriffe über Hufbeschlag, namentlich über den englischen Hufbeschlag, stehen in der sächsischen und preußischen Oberlausitz auf einer anderen Stufe wie in den übrigen sächsischen Landestheilen.

Wir haben es ohnlängst noch recht augenfällig an der Thierschau gesehen, welche Unklarheit unter der Bezeichnung „englischer Beschlag" im Lande existirt, und welche Täuschungen darüber im pferdehaltenden Publicum bestehen.

Nur selten noch tritt bei uns ein zu Prüfender auf, der vom regelrechten Auswirken der Hüfe, und dem technisch richtigen Schmieden der Eisen gar nichts weiß, im Gegentheil haben unerwartete Fertigkeit und gute Kenntnisse die Prüfungscommission oft überrascht, und ist es außer dem sorgsamen Unterricht der Lehrschmiede Schimang und Tietze namentlich dem sehr befähigten und strebsamen Schmiedemeister Zenker in Görlitz und den Vorträgen, Lehren und Arbeiten des Amtsthierarzt Walther zu danken, daß unsere jungen Schmiede einen großen Vorsprung vor anderen haben.

Die letzte Prüfung hat zur Genüge bewiesen, daß sie fast alle wissen, was sie wollen, und was sie sollen, und ist von den groben Fehlern, mit denen wir anfänglich bei den Prüfungen zu kämpfen hatten, keine Rede mehr. Es wird den jungen Schmieden allmählich klar, daß ihr Handwerk in Betreff des Hufbeschlages einer anderen, einer wissenschaftlichen Vorbildung bedarf, und daß sie, wenn sie weiter kommen, auf der bisherigen Stufe nicht stehen bleiben wollen, Gebrauch machen müssen von dem, was ihnen die Fürsorge unserer Stände und des Staates bietet.

Durch die in meinem Besitze und in der Schmiede zu Milkel befindlichen anatomischen Präparate ist einem Jeden, wenigstens in Milkel, die

Möglichkeit gegeben, sich über die äußere wie innere Beschaffenheit des Pferdehufes zu instruiren, und wird es meiner Seits, wie von Seiten Schimang's, niemals unterlassen, Denen genaue Auskunft zu ertheilen, welche eine solche zu haben wünschen.

Daß bis jetzt Ausländer den wesentlichsten Nutzen gezogen, und sich am gründlichsten ausgebildet haben, ist weiter nicht zu beklagen, auch natürlich, denn schon der aufgewendeten höheren Reisekosten wegen haben sie ein regeres Interesse, soviel wie möglich mit nach Hause zu nehmen.

Anlangend nun die Personen der Lehrschmiede, so haben Herren Stände an dem Schmiedemeister Schimang in Milkel einen nach beiden Seiten hin sehr befähigten Menschen. — Auf dem practischen Gebiete des Hufbeschlages und in der Technik ist er wahrhaft Meister, und wohl jetzt noch von Keinem in Deutschland erreicht. Außerdem ist er in theoretischer Beziehung vollständig instruirt, und besitzt für einen Schmied eine seltene Hufkenntniß.

Der Lehrschmied und Thierarzt Tietze in Reichenau ist ein Mann, dem wenigstens das Verdienst nicht abgesprochen werden kann, daß er, durchdrungen von der Wichtigkeit der Sache, von den angenommenen Grundsätzen nicht wankt und weicht, und dem englischen Beschlage in dortiger Gegend eine nicht unansehnliche Verbreitung zu verschaffen gewußt hat.

Die Ueberlegenheit Schimang's mag wohl Ursache sein, daß der Andrang von Scholaren in Milkel ein größerer ist, und wenn wieder diese Scholaren zumeist Ausländer waren, so liegt dies in Umständen, die weiter zu erörtern ich unterlassen will, aber wesentlich dazu beigetragen haben, der Lehrschmiede in Milkel einen weitverbreiteten Ruf zu verschaffen, und dies hat im Großen und Ganzen der Sache keinen Schaden gebracht.

In Betreff des theoretischen Unterrichts, so benutzen wir dazu „die Anatomie des Pferdefußes" vom Professor Leisering, den „Hufschmied" vom Amtsthierarzt Walther, und meinen „Gedankenzettel". Außerdem werden alle mir von England zukommende Mittheilungen sorgfältig beachtet.

Der practische Unterricht besteht nun

1) in Unterweisung einer sinnigen, der Natur des Hufes entsprechenden und der individuellen Beschaffenheit eines jeden Fußes und Schenkels angemessenen Verkürzung des Hufhornes beim Beschlage. Dazu bedienen wir uns außer den üblichen anderen Werkzeugen,

des arabischen Wirkmessers und des englischen Rinnmessers. 6 Jahre der Erfahrung haben uns belehrt, daß es zu Verkürzung der äußeren und härteren Huftheile noch kein besseres Instrument giebt, wie das arabische Messer, und wahrlich vom neuerfundenen Hufhobel nicht erreicht wird.

Das englische Messer ist zu Reinigung der Sohle und des Strahles, wie zu verschiedenen oft vorkommenden anderen Verrichtungen am Hufe das geeignetste, und wird aller Fleiß darauf verwendet, die richtige Führung dieser Instrumente zu lehren, denn von dieser hängt ihre Brauchbarkeit wesentlich ab. Diese Messer haben jetzt eine weite Verbreitung gefunden, und schwindet der Widerwille gegen dieselben zum Besten der Pferde offenbar.

2) Besteht der practische Unterricht in Anleitung der zu Anfertigung eines wirklich englischen Eisens unumgänglich nöthigen und besonderen Technik beim Schmieden.

Ein richtiges englisches Eisen kommt ohne diese nie zu Stande, darum muß man sie genau kennen und streng daran festhalten, wenn man nicht Fehler begehen und auf Abwege gerathen will.

Schon Manchen hat diese Unkenntniß gestraft, und daß diese Technik eine besondere ist, haben noch Alle zugestanden, die bei uns in der Lehre gewesen sind.

Es war nöthig, daß unsere Lehrschmiede von der englischen Technik beim Schmieden in England selbst sich überzeugten, sie dort anwenden sahen und lernten, und bei ihnen ist es auch gelungen, das Richtige geistig zu erfassen und zu behalten, so daß sie nicht unverrichteter Sache wieder nach Hause gekommen sind.

Wie Eingangs schon erwähnt worden, hat die englische Technik in beiden Theilen der Oberlausitz soweit Fuß gefaßt, daß es sich nur noch um die mehr oder weniger gute Ausführung derselben handelt, und die Pferdebesitzer bei schon instruirten Schmieden nur zu verlangen brauchen, daß sie angewendet werde.

3) Nun befleißigen wir uns nicht nur, beim Abnehmen der alten Eisen den Scholaren Vorsicht anzuempfehlen und sie auf alle Momente aufmerksam zu machen, aus denen sowohl am abgenommenen Eisen wie am vom Eisen befreiten Hufe Lehren

für den neuen Beschlag zu ziehen sind, sondern verlangen wir auch beim Aufpassen und Richten der neuen Eisen eine Genauigkeit, die früher nicht gekannt worden, aber eine Hauptbedingung eines guten Beschlages ist. Ohne diese Genauigkeit ist besonders der englische Beschlag mit Erfolg nicht anzuwenden, und kann selbst das regelrechteste Aufschlagen der Eisen, dem wir ebenfalls alle Aufmerksamkeit schenken, einen Mangel an Accuratesse im Aufpassen und Richten nicht ersetzen.

Wenn nun gefragt wird, was denn eigentlich erreicht worden ist, so erlaube ich mir Folgendes namhaft zu machen.

Man hat eingesehen, daß das Hufschmiedehandwerk nicht mehr auf der untergeordneten Stufe stehen bleiben könne, wie bisher, eine höhere, eine wissenschaftliche Bedeutung gewinnen müsse, und daß, je nach Behandlung des Beschlages, dem Lande entweder ein bedeutendes Capital jährlich verloren gehe, oder erhalten werde.

Es ist der Anfang gemacht, der Grund gelegt worden, an die Stelle des deutschen mehr wie mangelhaften Beschlagsystems ein besseres rationelleres treten zu lassen. Das adoptirte englische System ist das ausgebildetste und zugleich einfachste, das es giebt, und beruht auf dem Grundsatz, nur einen solchen Beschlag zur Geltung zu bringen, der die natürliche Thätigkeit und die mechanische Bewegung des Hufes am wenigsten stört. — Dieses englische System gewinnt nun täglich im In- und Auslande, hauptsächlich durch unsere Anregung, an Anhängern und hat es allen Anschein, daß es sich fest in Deutschland einbürgern werde.

Die practische Intelligenz der Engländer hat Deutschland in der Neuzeit so Manches aufgezwungen, und wenn wir uns ihren Hufbeschlag geholt haben, trifft uns der Vorwurf nicht, aus Anglomanie auf eine ihrer Schwächen verfallen zu sein.

Das Landstallamt zu Moritzburg und Dessau, der königliche Marstall zu Dresden und Berlin, die Verwaltungen der königl. preußischen Hauptgestüte Trakehnen, Graditz und Neustadt a. D. haben den Werth des englischen Beschlages anerkannt, und diesen nach dem von uns combinirten Systeme von Miles und Field angenommen, ingleichen haben auch mehrere landwirthschaftliche Vereine Preußens und Mecklenburgs unsere Lehrschmieden mit ihren Schmieden und Roßärzten beschickt.

Ferner hat der Beschlaglehrer der königl. Thierarzneischule zu Berlin unsere Methode geprüft, sich von deren Richtigkeit und Brauchbarkeit über= zeugt, und wird diese nun von ihm an der Thierarzneischule vertreten und gelehrt. Ja es hat sogar den neuesten Nachrichten zu Folge den Anschein, als ob alle preußischen Cavalerieregimenter unsern bereits versuchsweise eingeführten Beschlag beibehalten würden.

Dadurch, daß wir uns nicht auf ein selbst erdachtes Gebiet im Huf= beschlage gewagt, an einer bereits erprobten Lehre nicht Verbesserungen vorgenommen, und diese streng nach ihren Regeln, unseren Verhältnissen anpassend, eingeführt haben, gelang es, das königl. Ministerium des Innern dahin zu stimmen, für den Anfang uns freie Hand zu lassen. Diese nun sehr hoch anzuschlagende Rücksicht hat später zur Folge gehabt, die Augen insoweit zu öffnen, daß man in der Lausitz nicht im Finstern tappt, und hat uns die werthvolle Frucht gebracht, daß nun unter dem Schutze des Ministeriums gleiche Grundsätze beim Hufbeschlage im ganzen Lande Ein= gang finden.

Als eine Errungenschaft kann wohl noch betrachtet werden, daß jetzt eine große Zahl von Pferdehaltern weiß, welcher Unterschied zwischen dem Pferdebeschlagen und Stiefelbesohlen besteht, und wenn auch Viele noch nicht wissen, und nicht lernen werden, was sie vom Schmiede zu verlangen haben, und was dem Pferde Noth thut, so erkennt man doch jetzt hierin einen empfindlichen Punkt, der vor nicht zu langer Zeit noch selbst von Fachmännern als längst erschöpft betrachtet wurde.

––––––––

Jeder erneute Beschlag hat einen feinen Einfluß auf das Gefühl, also auch auf den Gang des Pferdes. Entweder ist dies nun ein günstiger oder ungünstiger, und wenn die Erkennung dieses Einflusses oft recht schwierig ist, eigentlich nur auf dem Rücken des Pferdes genau geprüft werden kann, so ist er doch nicht wegzuleugnen, und kann unter Um= ständen von großer Bedeutung sein.

Z. B. ein Hornspahn zu viel oder zu wenig weggenommen, wird eine Veränderung in der Lastvertheilung auf dem Eisen hervorbringen, und kann im Gegendrucke vom Erdboden diese veränderte Belastung ent= weder ein getheiltes oder ungetheiltes Auftreten verursachen, und so gut wie wir den Wechsel des Stiefels, und diesen oft recht schmerzlich empfinden, ebensogut fühlt das Pferd die Veränderung im Beschlage, und daß diese namentlich beim Kriegspferde folgeschwer sein kann, wird man gewiß zugeben.

Sowie die eigentliche Pferdekenntniß, „die Hippologie", nicht in der Fehlerkenntniß, oder einer peinlichen anatomischen Zergliederungskunst besteht, vielmehr diese zur Beurtheilung der Leistungsfähigkeit für Zwecke des Gebrauchs und der Zucht in einem besonderen Verständnisse der äußeren Formen, dem Verhältnisse der Glieder zum Körper, und der Auffassung des individuellen geistigen Vermögens des Pferdes liegt, so gehen die feinen Distinctionen in den Gangveränderungen zumeist aus einer richtigen Beurtheilung der Beschlagseinwirkungen hervor, diese laffen sich aber nicht aus Lehrbüchern über Hufbeschlag und der äußern Pferdekenntniß erlernen, sondern aus dem practischen Hufstudium.

Man muß daher dafür ein williges und geübtes Auge zu gewinnen suchen, nicht blos einen Unterschied zwischen lahm und nicht lahm zu machen wissen, und beurtheilen lernen, auf welche Rechnung entweder Freiheit oder Gebundenheit der Gliederbewegungen zu schreiben sei.

Selbst die geringsten Unbequemlichkeiten im Gange den armen Thieren zu sparen, ist für uns von Wichtigkeit und Nutzen, denn diese anfänglich gering angeschlagenen Unbequemlichkeiten haben mitunter schlimme Folgen, und können Ursache zu empfindlichen Verlusten sein. Nicht durch die Arbeit, sondern hauptsächlich durch fehlerhaften Hufbeschlag, gehen früher wie nöthig noch viele Pferde verloren, und wird somit das darauf verwendete Capital nicht gehörig ausgenutzt.

Dem begonnenen Werke wollen nun Herren Stände ferner Ihre Fürsorge und Unterstützung angedeihen lassen, und wenn fünf Prüfungsjahre nicht nutzlos überstanden sind, so werden die folgenden die erwünschten Früchte ernten lassen, wenn das noch nicht vollständig erreichte Ziel mit Ausdauer weiter im Auge behalten wird.

Als eine ganz besondere Verpflichtung erachte ich es nun noch, der getreuen Mühwaltung Erwähnung zu thun, welche meine Herren Mitbeauftragten, der Herr Baron v. Uckermann und Herr Postel von der Seidau, bei den Prüfungsarbeiten an den Tag gelegt haben. Eingearbeitet in das Fach haben die Herren mit Rath und That mir stets zur Seite gestanden.

Milkel, den 21. März 1866.   Graf Einsiedel.

Vorstand der Prüfungs-Commission.

Verzeichniß der fremden Schmiede.

I. Preußische Roßärzte.

Dominick aus Merseburg.
Hahn aus Halberstadt.
Polster aus Mühlhausen.
Brose aus Weißenfels.

Güette aus Brandenburg.
Suder aus Schmiedeberg.
Köchler aus Kammberg.

II. Ausländische Schmiede.

Seyfert aus Lauban.

Menzel aus Obersteinkirch bei Lauban.

Larisch aus Cahnsdorf bei Luckau.

Albrecht aus Marienwerder.

Eichler aus Creba.

Zenker aus Görlitz.

Kramer aus Querfurth in Thüringen.

Günther aus Oberheidersdorf.

Kohlenbach aus Reichenbach.

Bußmann aus Kleinwulkwitz in Anhalt-Dessau.

Schöne aus Werderhausen in Anhalt-Dessau.

Walther aus Kaltwasser in Schlesien.

Schmied des Herzogs v. Ratibor aus Ratibor in Schlesien.

Lange aus Werningerode.

Behrens aus Rostock in Mecklenburg.

Wolf I. aus Wetzkendorf in Mecklenburg.

Richter aus Sehran in Mecklenburg.

Spörke aus Groß-Wockern in Mecklenburg.

Sager aus Klaber in Mecklenburg.

Dittmer aus Büssow in Mecklenburg.

Thoms aus Salow in Mecklenburg.

Kuster aus Trakehnen in Ostpreußen.

Klausnitzer aus (?)

Jarick aus Papitz bei Cottbus.

Galle aus Kittlitz bei Lübbenau.

Boll aus Fargau in Holstein.

Beliß aus Gustebiese bei Wrießen a. O.

Harnerz aus Wrießen a. O.

Boldt aus Horst bei Ratzeburg.

Heige aus Pommern.

Wilke aus Saßleben bei Calau.

Peters aus Großkreuz bei Brandenburg.

Jähnig aus Sonnenwalde.

Fischer aus Cullm bei Riesky.

Wenke aus Erfurt.

Hißbach aus Nebra in Thüringen.

Käthner aus Poidritsch bei Naumburg.

Lehmann aus Vindorf bei Treskow.

Böttcher aus Osternienburg in Anhalt-Dessau.

Hund in Cöthen, Anhalt-Cöthen.

Hohmann aus Wilkniß in Anhalt-Cöthen.

Vorwerk aus Rothkirch in Schlesien.

Helbig aus Radchen in Schlesien.

Leunert aus Lohsa.

Schütt aus Passow in Mecklenburg.

Wolf II. aus Sanghagen in Mecklenburg.

Schulze aus Schlage in Mecklenburg.

Babendeerde aus Groß-Luckow in Mecklenburg.

Stegemann aus Penzlin in Mecklenburg.

Hamann aus Rey in Mecklenburg.

Thunig aus Riesky.

Lindemann aus Rathenow.

Klemm aus Grabiß.

Marggraf aus Zichon bei Prenzlau.

Weiß aus Kulm in Böhmen.

Weigt aus Lutrötha bei Sagan.

Stürmer aus Neustadt a. d. Dosse.

Lehmann aus Saßleben bei Calau.

Eisenach aus Freienwalde a. O.

Krüger aus Rönkendorf in Pommern.

Aus dem Namensverzeichnisse der Schüler in diesem Berichte ersieht man, daß namentlich Mecklenburg viele Schüler nach unseren Lehrschmieden sendete. Hierzu ist wohl hauptsächlich der Herr Ober= stallmeister v. Bobbien die Veranlassung, welcher in die landwirth= schaftlichen Annalen, namentlich über Hufbeschlag, Artikel einsendete. Ich lasse einen derselben folgen:

Noch etwas zum englischen Hufbeschlage.

Die Nr. 17 der landwirthschaftlichen „Annalen" hat in erfreulicher Weise eine so gediegene Zustimmung zu meiner Empfehlung des englischen Hufbeschlages in Nr. 15 d. Bl. gebracht, daß sich daran die Hoffnung belebt: der patriotische Verein und das allgemeine Interesse der Herren Landwirthe Mecklenburgs werden dem Gegenstande auch fernerhin Auf= merksamkeit widmen; ich erlaube mir daher nachträglich noch einige Notizen mitzutheilen, die ich aus competenter Quelle erhielt.

Der Herr Dr. Cohen hat es in Nr. 17 d. Bl. sehr richtig hervor= gehoben, daß „durch theoretische Belehrung allein die practische Geschicklich= keit eines Schmiedes, auf die es hauptsächlich ankommt, nicht erzielt werde" — in derselben Ueberzeugung kann ich für jetzt nur den Besuch der be= währten Lehrschmiede zu Milkel wiederholt dringend empfehlen, da mir neuerdings die sichersten Beweise kund geworden sind, daß selbst ein kurzer Aufenthalt daselbst vortrefflich zu richtiger Erkenntniß und ausreichender Geschicklichkeit gefördert hat; desto sehnlicher aber theile ich auch den Wunsch, daß die Errichtung eines ähnlichen Institutes in Mecklenburg gelingen möge, was weder mit bedeutenden Kosten, noch Schwierigkeiten verknüpft ist — vollends wenn es durch die Allerhöchste Landesregierung ins Leben gerufen würde. — Weiter ist der geehrte Herr Verfasser in Nr. 17 der Ansicht, daß zu einer befriedigenden Ausführung des englischen Hufbeschlages, der allerdings große Accuratesse und Geschicklichkeit verlangt, die doppelte Zeit als zu dem gemeinen deutschen Beschlage nothwendig sei, — was freilich zutreffen mag, bevor durch Uebung die gehörige Fertigkeit gewonnen ist. Auf eine directe Anfrage über diesen Punkt antwortet mir der Herr Graf Einsiedel auf Milkel: „daß man zur Ausübung des englischen

Beschlages nicht mehr Zeit brauche, wie zu dem deutschen — ein genaues Richten und Anpassen erfordere stets Zeit, und weil dies eben bei dem deutschen Beschlage meistens unterlassen werde, tauge derselbe in Folge davon hauptsächlich nicht ꝛc. Der Lehrschmied Schimang schmiede in ½ Stunde zwei Vorder- und zwei Hintereisen vollständig roh ab, und jeder gute Schmied könne dasselbe leisten, wenn er das richtige Verfahren beim Abschmieden kenne; die geübten englischen Schmiede brauchen noch weniger Zeit dazu, und in 1½ Stunden könne, mit einem guten Zuschläger, der gewöhnliche Beschlag von 4 Hufen vollendet sein."

Ich darf hier noch hinzufügen, daß die schnellere und tüchtige Anfertigung der Eisen nach englischer Vorschrift durch besonders zweckmäßige Handwerksgeräthe wesentlich bedingt wird, deren Vorzüge Jedem sofort einleuchten; ferner: daß ein hiesiger Schmiedemeister, der sich in Milkel genau instruirte und seitdem weiter einübte, jetzt durchaus nicht längere Zeit für den englischen Beschlag als früher bei der alten Manier braucht, in der Regel nur 1½ Stunden für Anfertigung der Eisen und das vollständige Beschlagen eines Pferdes rechnet. — Die Nägel werden in Milkel und hier von den Nagelschmieden in Bautzen ꝛc., das Tausend für 1½ Thlr., in so guter Qualität bezogen, daß sie nur einer geringen Nachzwickung bedürfen, und genau in die durch vorschriftsmäßige Lochhammer geschlagenen Löcher passen.

Auch hinsichtlich des Preises für den englischen Beschlag bemerkt der Herr Dr. Cohen sehr richtig, daß derselbe etwas kostspieliger sein müsse; — in den Lehrschmieden wie bei allen Meistern, die dort sich ausgebildet haben, ist hier für den vollständigen Beschlag von 4 Hufen der Preis von 1 Thlr. gebräuchlich, und die Kunden zahlen denselben bereitwilligst, da sie sich von dem reellen Nutzen dieser Methode für ihre Pferde und schließlich auch für ihre Casse überzeugt haben — das einzelne Eisen kostet ¼ Thlr., runde oder Zwanghufeisen eine Kleinigkeit mehr — doch bestehen auch Privat-Vereinbarungen über einen abgeminderten Preis mit den Posthaltern oder sonstigen größeren Pferdebesitzern. — So weit ich mich erinnere, wurde früher auch in Schwerin schon für guten Beschlag 1 Thlr. bewilligt, obgleich die Eisenpreise dort bedeutend billiger als hier im Zollvereine sind. — Jedenfalls stimme ich vollkommen der Ansicht des Hrn. Dr. Cohen bei, daß eine übel angebrachte Sparsamkeit in diesem Punkte ebenso unrichtig als verderblich ist *).

Auf die Anfrage: wie lange ein gelernter Schmied in Milkel bleiben müsse, um die dortige Beschlagsmethode tüchtig und gründlich sich anzueignen, antwortet mir Graf Einsiedel ferner: „daß ein geübter Schmied, vorausgesetzt, daß er Talent hat, nicht ganz e i n e n M o n a t braucht, um den gewöhnlichen englischen Beschlag gründlich zu erlernen, und die Handhabung des arabischen Wirkmessers könne er in 8 Tagen vollständig inne haben. Freilich um etwas Ausgezeichnetes zu leisten, würde wohl etwas mehr Zeit erforderlich sein, da zur technischen Fertigkeit auch das vollständigste Verständniß kommen müsse ꝛc." — Ich kann hierzu mehrere Fälle nachweisen, daß befähigte Schmiedemeister in noch kürzerer als der genannten Zeit eine genügende Kenntniß der Principien und practische Geschicklichkeit sich in der Milkeler Lehrschmiede aneigneten, so daß sie jetzt recht tüchtig und zuverlässig zur allgemeinen Anerkennung der Methode beitragen.

Schließlich darf ich auch noch über die gerügte S c h w i e r i g k e i t , welche sich bei anfänglicher Benutzung des arabischen Wirkmessers erwies, nach des Grafen Einsiedel Mittheilung und aus eigener Erfahrung versichern: daß dieselbe gar bald schwindet, w e n n m a n e s e r st r i c h t i g g e b r a u c h e n s i e h t; es gehört eben auch ein eigener Griff dazu, der sich nicht genügend auf dem Papier beschreiben läßt. Sämmtliche Schmiede, denen in Milkel die Handhabung g e z e i g t ward, wissen nicht genug die damit gewonnene Erleichterung und bessere Ausführung der Arbeit zu rühmen, haben die alten sog. französischen Stoßeisen nie wieder benutzt.

Görlitz.   A. v. Boddien.

Hierauf lasse ich einen der vom patriotischen Vereine in Mecklenburg zur Ausbildung an unsere Lehrschmiede zu Milkel entsendeten

---

*) Gerade da ich dies niederschrieb, fordert ein Bekannter guten Rath von mir ein, weil sein werthvolles Reitpferd plötzlich an beiden Hufen sehr böse Hornspalten bekommen, nach seinem eigenen Bekenntnisse, weil er es nicht dem theueren englischen Hufbeschlage, sondern irgend einem billigeren Grobschmiede überließ — „es hätte doch immer so schöne Hufe gehabt!" — fiat applicatio!

Schmiedemeister selbst reden, er spricht sich in den landwirthschaftlichen
Annalen Nr. 48, 1863, folgendermaßen aus:

Bericht über den englischen Hufbeschlag und die Anwendung des arabischen Wirkmessers in Milkel.

Zur diesjährigen, vom mecklenburgischen patriotischen Vereine in Rostock
veranstalteten landwirthschaftlichen Ausstellung hatte ich ein Sortiment
Modell=Eisen für gesunde und kranke Pferdehufe geliefert, welche mir den
ersten Preis, die silberne Medaille, eingetragen haben. Außerdem wurde
mir vom patriotischen Vereine der ehrenvolle Antrag gestellt, auf Vereins=
kosten nach der zu Milkel, einem Gute des Herrn Grafen von Einsiedel,
befindlichen Lehrschmiede zu reisen, um mir dort die englische Beschlag=
methode anzueignen und mich in der Handhabung des arabischen Wirk=
messers einzuüben. Mit Dank nahm ich dies Anerbieten an und jetzt von
meiner Reise zurückgekehrt, halte ich es für meine Pflicht, dem mecklen=
burgischen patriotischen Vereine einige Mittheilungen über die Ausführung
des englischen Hufbeschlages in der Lehrschmiede zu Milkel zu machen:

Am 27. August, Mittags, langte ich in Milkel an; ich nahm meinen
Aufenthalt in der Dorfschenke, und nachdem ich mich dem landständischen
Beschlagslehrer Herrn August Schimang vorgestellt hatte, fing ich am andern
Morgen an zu arbeiten. Ich war 4 Wochen in Milkel, bin in dieser
Zeit täglich des Morgens von 7 bis 12 und des Nachmittags von 2 bis
6 Uhr in der Schmiede beschäftigt gewesen, und muß den englischen Be=
schlag als ganz vorzüglich empfehlen, da die Ausführung desselben nach
natürlich=richtigen Regeln geschieht.

Gewöhnlich versteht man unter „Englischer Beschlag" das Aufschlagen
von Hufeisen ohne Stollen mit gewissen Rücksichten in Stellung und Zahl
der Nägel; hiermit allein ist aber wenig oder nichts gethan, denn bei der
richtigen Ausführung des englischen Beschlages kommt neben der zweckmäßigen
Anfertigung der Hufeisen noch so manches Andere in Betracht: das Aus=
schneiden des Hufes, genaues Richten und Aufpassen der Eisen, Aufnageln,
Vernieten u. s. w., welches alles in so inniger Verbindung mit einander
steht, daß eben nur durch regelrechte Ausführung aller dieser einzelnen

Beschlagsarbeiten diejenigen Vortheile erzielt werden, welche der englische Beschlag vor dem deutschen bietet.

Die Regeln bei Ausführung des englischen Beschlages sind nun folgende: Ehe man das Eisen abnimmt, muß man genau die Stellung und Gangart des Pferdes in Augenschein genommen haben, um daraus zu entnehmen, wie die Eisen gerichtet, welche Theile des Hufes beschnitten und welche geschont werden müssen. Sodann wird das Eisen, nachdem die Nieten der Nägel sorgfältig mittelst der Hufklinge gelöst sind, abgenommen, der Huf von Schmutz gereinigt, dann die noch etwa in der Hornwand sitzenden Nieten herausgezogen und mit der Hufraspel die scharfe Kante der Hornwand etwas niedergeraspelt. Nunmehr beginnt man das Ausschneiden, wobei man in der Regel die Trachten schont, die Zehe verkürzt, die Eckstreben und den Strahl in seiner gehörigen Stärke läßt und mit dem englischen Rinnmesser nur das abgestorbene Horn von der Sohle entfernt.

Das Ausschneiden geschieht in Mittel mit dem arabischen Wirkmesser, welches vor dem sonst gebräuchlichen Stoßmesser manche Vorzüge hat. Man handhabt das arabische Wirkmesser leichter als das Stoßmesser, weil man den Hornfasern nicht entgegen, sondern ihrem Verlaufe nach schneidet; man entgeht dem so oft vorkommenden Ausspringen von Wandhorn und dem Ausbrechen der Eckstreben, die bei dem Stoßmesser selten ohne Schaden davon kommen. Es werden die Trachten als die ursprünglich auch zum Tragen bestimmten Theile geschont, und man verkürzt unwillkürlich die Zehe, welches bei dem Stoßmesser gerade umgekehrt der Fall ist. Auch stehen die Pferde ruhiger, weil der Fuß beim Ausschneiden nicht so hoch gehoben zu werden braucht und ein Stoßen und Reißen im Kronen- und Fesselgelenk nicht stattfindet; ebensowohl ist es unmöglich, mit diesem Messer das Pferd zu verletzen.

Jetzt werden die Hufeisen geschmiedet oder, wenn man Eisen vorräthig hat, beginnt das Richten.

Das Schmieden der Eisen nach der englischen Methode bietet sehr große Vortheile vor der deutschen. Bei der gewöhnlichen Schmiederweise läßt man die äußere Seite des Eisenarmes stark und schmiedet denselben nach innen dünn messerförmig aus. Ist das Eisen nun gerichtet und dem Hufe aufgepaßt, so liegt derselbe eingeklemmt zwischen den beiden Eisenschenkeln und die Expansion des Hufes ist dahin. Zur Gesundhaltung des Hufes ist nun aber durchaus erforderlich, daß es demselben unbenommen bleibt, sich auszudehnen und zusammenzuziehen, und dies eben befördert der englische Beschlag durch die gerade Fläche des Tragrandes der Eisen in Verbindung mit der daran grenzenden Abdachung und durch das einseitige Nageln.

Bevor man beim Nieten anfängt, besichtigt man das alte Eisen sorgfältig, ob es gut gelegen hat, und beachtet auch den Huf genau, denn das alte Eisen giebt, wenn das Pferd gut beschlagen war, allemal das beste Modell zur Anfertigung des neuen. Hat man nun dem Eisen die Form des Hufes gegeben, so paßt man es auf, wozu erforderlich ist, daß man dasselbe gleichmäßig braunwarm mache, um dadurch die etwa noch vorkommenden Unebenheiten auf der Tragefläche zu markiren. Diese Unebenheiten müssen so weit mittelst der Raspel hinweg genommen werden, daß das Eisen mit seinem Tragerand ringsum gleichmäßig den Tragerand des Hufes deckt. Durch dieses genaue Aufpassen wird eben der sichere Halt der Hufeisen bedingt, mehr wie durch viele Nägel. Ist das Eisen nun gefeilt, so kann man es aufschlagen, muß jedoch hierbei darauf achten, daß dasselbe genau in dieselbe Lage kommt, wie es aufgepaßt war. Beim Nageln schlägt man zuerst den Zehennagel der inwendigen Seite und dann den der äußeren, hierauf läßt man das Pferd niedertreten und sieht nach, ob das Eisen noch unverschoben ist: liegt es noch gut, so schlägt man jetzt die andern Nägel und zieht sie an, indem man die Zange unter die umgebogene Klinge hält und mit einigen kräftigen Schlägen die Nägelköpfe in das im Falze befindliche Gesenk eintreibt. Dies Anziehen geschieht an der Zehe stärker wie bei den Trachtennägeln. Jetzt, nachdem man die Spitzen der Nägel abgekneipt hat, vernietet man dieselben, bei den Hinterfüßen im Aufhalten und bei den Vorderfüßen auf dem Beschlagsblock, nachdem man mittelst der Raspel oder des Hufmeißels etwas Wandhorn zur Aufnahme der Niete entfernt hat, und raspelt nun den Huf, wobei man denselben zuletzt mit der Raspelkante an der Eisenfläche umfährt. Beim Abraspeln muß man sich aber sehr vorsehen, daß man der Glasur an den oberen Theilen des Hufes nicht zu nahe tritt.

Zur Anfertigung der Hufeisen nach englischer Methode gehört neben einiger Fertigkeit, die jedoch bald zu erlernen ist, auch besonders gutes Geschirr. Ein Ambos mit Horn, der eine sehr schöne, gerade, polirte Fläche haben muß, dann ein Vorhammer und Handhammer, beide mit einer glatten und einer runden Bahn (mit letzterer wird die Abdachung angeschmiedet), ein guter Falzhammer, wodurch eben der schöne tiefe Falz erzielt wird, ein Aushauer, womit die Schenkel der Hufeisen verhauen werden, Stempel und Spitzhammer, welcher genau die Stärke des Kopfes und der Klinge der Hufnägel haben müssen.

Der Vorzug, den das auf englische Weise geschmiedete Eisen vor dem auf gewöhnliche Art angefertigten hat, besteht darin, daß durch die gleich bei dem rohen Eisen unter dem Vorhammer angeschmiedete Abdachung, welche bei dem auf gewöhnliche Art angefertigten Eisen gänzlich fehlt, zur Gesunderhaltung des Hufes aber wesentlich beiträgt, die Sohle vom Druck des Eisens befreit wird und nur derjenige Theil des Hufes trägt, welcher eben vorzugsweise zum Tragen der Körperlast bestimmt ist, die Hornwand. Durch die gerade Tragefläche des Eisens und durch das einseitige Nageln (in dem äußeren Eisenarm schlägt man die Nagellöcher mehr der Tracht zu, im inneren mehr der Zehe) wird, wie schon vorhin bemerkt, das Ausdehnen und Zusammenziehen des Hufes befördert, und durch den tiefen Falz, worin die Nagellöcher eingestempelt sind, erhält das Pferd einestheils mehr Festigkeit beim Betreten schlüpferiger Wege, anderntheils werden in demselben die Nagelköpfe aufgenommen, welches wesentlich zur Befestigung des Eisens beiträgt. Die Nagellöcher werden so geschlagen, daß sie genau mit der Abdachung abgrenzen; auf diese Weise wird, da der Tragerand des Eisens gerade so breit wie derselbe der Hornwand gemacht wird, ein gleichmäßiges Einschlagen der Nägel in die Hornwand erzielt, da die Nagellöcher bei einem gut gearbeiteten und genau aufgepaßten Eisen gerade auf die weiße Linie (Verbindung der Hornwand mit der Hornsohle) zu stehen kommen.

Die Vorzüge der englischen Beschlagsmethode vor der deutschen bestehen nun darin: daß, weil der Beschlag ohne Stollen der natürlichen Stellung des Pferdes besser entspricht wie derjenige mit Stollen, da man ja doch auch am Hufe nichts wahrnimmt, was irgendwie Aehnlichkeit mit Stollen hätte, das Pferd einen gleichmäßigen Gang erhält und daher die Eisen ohne Stollen (Pantoffeleisen) weniger wie die Stolleneisen abnutzt. Durch den Beschlag ohne Stollen wird den vielen Hufkrankheiten vorgebeugt, welche ihre Ursachen im Stollenbeschlag haben, durch die gerade Fläche des

Tragerandes der Eisen, durch das einseitige Nageln wird das Ausdehnen und Zusammenziehen des Hufes befördert und durch das nicht stattfindende unvernünftige Beschneiden des Strahles und Ausschneiden der Sohle und Eckstreben wird der Huf in seiner gehörigen Stärke erhalten.

Man will behaupten, daß ein Pferd mit Eisen ohne Stollen sich nicht auf dem Steinpflaster halten und auch beim Bergabfahren nicht hemmen könne. Dem muß ich aber durchaus widersprechen, weil nach der mir gewordenen Ueberzeugung der Beschlag ohne Stollen, regelrecht aus- geführt, in Verbindung mit dem richtigen Ausschneiden des Hufes, bei Schonung des Strahles ꝛc. jeder Anforderung genügt. Ich habe in Rostock Pferde mit Pantoffeleisen beschlagen, nachher genaue Erkundigungen über den Gang derselben eingezogen, wo mir dann gesagt wurde, daß die Pferde ausgezeichnet gingen und auch niemals auf dem Pflaster ausgeglitten oder beim Hinabgehen schräger Straßen gefallen wären, dasselbe hatte ich während meiner Anwesenheit in Mikkel vielmals Gelegenheit zu beachten. Ich bin mehrmals mit Herrn Schimang's Fuhrwerk und auch mit den Gräflich von Einsiedel'schen Pferden nach Bautzen gefahren; auf dem Wege dahin und in den Straßen Bautzens geht es immer bergauf, bergab — die Pferde waren mit Pantoffeleisen beschlagen, aber keins hat einen unsichern Tritt gemacht oder ist gefallen. Im Winter sind Stollen freilich so nothwendig, wie überhaupt der ganze Beschlag ein nothwendiges Uebel ist, jedoch kann man unmöglich behaupten, daß dasjenige, was sich im Winter als ganz practisch erweist, auch im Sommer angewandt werden muß. Es wäre nur zu wünschen, daß der englische Beschlag sich bald so viele Freunde erwerben möchte, wie er verdient, es würden dann nicht mehr so viele verkrüppelte Hufe zu finden sein, auch die Pferdebesitzer wären im Vortheil dabei, da eben durch den englischen Beschlag, als den naturgemäßen, richtigen, die vollständige Dienstfähigkeit des Pferdes erreicht und erhalten werden kann.

Heinrich Behrens,
Rostock, Wollenweberstraße 37.

Bekannt ist es hinreichend, daß die beim Pferde vorkommenden Lahmheiten zum größten Theile Huflähmen, oder durch fehlerhaften Beschlag (worunter ich auch den Stollen- und noch mehr Griffbeschlag rechne), herbeigeführte Lahmheiten sind. Es konnten demnach die in Sachsen seit Jahren eingeführten Prüfungen der Schmiede in dieser Beziehung nicht ohne Einfluß bleiben und blieben dies auch in Wirklichkeit nicht.

Aus meiner Praxis als Thierarzt kann ich nachweisen, daß, seit wir bessere Schmiede besitzen, zwei Dritttheile lahme Pferde weniger in meine Behandlung gelangen.

Dies sahen auch nicht nur unsere sächsischen Pferdebesitzer ein, sondern auch die benachbarten preußischen und alle diejenigen, welche von uns ausgebildete, bessere Schmiede erhalten hatten; es rührten sich die landwirthschaftlichen Vereine zu Görlitz, Breslau ꝛc., gründeten nach unserem Muster Lehrschmieden und gaben sich alle erdenkliche Mühe, von ihrer Regierung ein gleiches Gesetz wie in Sachsen zu erlangen.

Da machte das Bundesgesetz vom 8. Juli v. J. alle Hoffnungen den Pferdebesitzern Preußens zu Nichte und warf ein in Sachsen sich Jahre lang wohlbewährtes Gesetz über den Haufen.

Man frage jetzt in den Thierarzneischulen und Lehrschmieden, wie viele Schmiede sich nach Erlaß dieses Gesetzes zur Ausbildung oder Prüfung angemeldet.

Es spricht dies auch folgendes „Eingesandt" in Nr. 185 der Bautzener Nachrichten aus.

Eingesandt.

Nach dem Bundesgesetz vom 8. Juli c. soll für den Betrieb eines Gewerbes ein Befähigungsnachweis nicht mehr erforderlich sein. Hierdurch ist auch die Prüfung der Hufschmiede im Königreiche Sachsen in Wegfall gekommen. Mag dies nun auch für die Hufschmiede eine erwünschte Erleichterung sein, für die Pferdebesitzer ist diese Einrichtung aber ein großer Nachtheil, welcher sich binnen wenig Jahren herausstellen muß; denn durch die bisher gesetzlich gebotenen Prüfungen war der junge Schmied gezwungen,

sich die nothwendigen Kenntnisse und Fertigkeiten anzueignen, um die Er=
laubniß zur selbstständigen Ausübung des Hufbeschlages zu erlangen. Daß
dieselben es nun unterlassen, wo der Zwang in Wegfall kommt, beweist
die geringe Betheiligung bei dem von Herrn Amtsthierarzt Walther am
Sonntag eröffneten Cursus über Hufbeschlagswissenschaft in hiesiger Sonn=
tagsschule. Es hatten sich nicht einmal halb so viel Schüler eingefunden
als frühere Jahre und waren nur die Leute (Gesellen und Lehrlinge) von
zwei hiesigen Meistern dabei vertreten. Sowie bisher seit Einführung des
nunmehr aufgehobenen Gesetzes die Huflähmen bei den Pferden (in Folge
schlechten Beschlages) mehr und mehr schwanden, so werden dieselben nun=
mehr in demselben Maaße wieder zunehmen. Statt dieses in Sachsen seit
Jahren so segensreich wirkende Gesetz aufzuheben, hätte es vielmehr verdient,
im ganzen Norddeutschen Bunde eingeführt zu werden und ist dies auch
ein längst gehegter Wunsch der Pferdebesitzer im Königreiche Preußen ge=
wesen, von denen eine große Anzahl seit Jahren ihre Schmiede auf eigene
Kosten zur Ausbildung nach unserer Lehrschmiede zu Milkel entsendeten.
Umsomehr haben sich die Herren Pferdebesitzer, die einen nicht unbedeu=
tenden Theil ihres Betriebscapitals in ihren jetzt so theueren Pferden an=
gelegt, darum zu kümmern, daß letztere in Zukunft nur von wissenschaftlich
durchbildeten, befähigten Schmieden beschlagen werden, da es ja hinlänglich
bekannt, daß man oft Jahre bedarf, um die Folgen eines einmaligen
fehlerhaften Beschlages zu beseitigen. Nachdem laut der Verordnung vom
16. Juli c. (siehe Nr. 165 d. Bl.) die besseren Schmiede nicht mehr wie
früher Seiten des königl. Ministeriums bekannt gemacht werden, so ist es
für unsere Provinz wünschenswerth, ja für die Herren Pferdebesitzer von
hohem Werth, wenn die von den Herren Ständen des Landkreises bisher
geprüften oder noch zu prüfenden besseren Beschlagschmiede nicht nur durch
Bekanntmachung im Kreisblatte, sondern auch durch Zuschrift an die be=
treffenden landwirthschaftlichen Vereine empfohlen werden; woburch die
Herren Stände des Landkreises, welche, wie wir hören, die höchst anerkennens=
werthe Einrichtung der Prämienprüfungen für Hufschmiede auch fernerhin
fortbestehen lassen wollen, die Pferdebesitzer unserer Provinz zu noch größerem
Danke verpflichten würden.   -r.

Unsere Kriegsministerien wissen sehr wohl, wie viel auf den guten Beschlag ankommt, wissen, daß vom zweckmäßigen Beschlag der gute sichere Tritt und die Geschwindigkeit und Ausdauer beim Pferde abhängig ist, daß hiervon oft Gesundheit und Leben des Reiters, ja der Ausgang von Schlachten abhängig ist und lassen deshalb bei der Ausbildung der Militairschmiede es an nichts fehlen.

Es ist einem Jeden, welcher hierfür Interesse, anzurathen, die Militairbeschlagschule in der Thierarzneischule zu Berlin zu besuchen, und wird man in dem tüchtigen Dirigenten dieser Anstalt, dem Stabs-roßarzt Dominick, gewiß einen freundlichen Führer finden.

Sowie die Kriegsministerien die Nothwendigkeit guter Beschlag-schmiede für die Armee erkannt, ebenso müßten nach meinem Dafür-halten sämmtliche Pferdebesitzer des Norddeutschen Bundes hiervon durchbrungen sein, und glaube ich mit Bestimmtheit, wenn sämmtliche landwirthschaftlichen Vereine Norddeutschlands mit einem Schlage um Aufhebung des Gesetzes vom 8. Juli v. J. resp. um Einführung des in Sachsen und Thüringen bestandenen und aufgehobenen Gesetzes petirten, der hohe Reichstag dieser Sturmpetition nicht widerstehen könnte.

XI.

Nr. 1 des Amtsblattes 1867 enthält einen sehr gediegenen und wohl zu beherzigenden Aufsatz über ein der wichtigsten Cureisen bei kranken Hüfen — das geschlossene Eisen —. Auch Nr. 31 des Sporn 1867 bringt diesen Aufsatz.

Das geschlossene Eisen.

Es werden den Schmieden, in welchen ich thätig bin, sehr oft lahme Pferde mit Stegeisen beschlagen zugeführt, und wenn dieselben abgenommen sind, ergiebt sowohl der Huf wie das Eisen, daß der Schmied weder die Fertigung des Eisens, noch den Zweck der Anwendung desselben für das Hufleiden verstanden hat.

Statt eben in der Bodenfläche und eben im Tragrande zu sein, sind sie muldig, schräge in der Tragfläche, weichen im Stege dem Strahle in einem Bogen aus, sind im Sommer selbst mit Stollen und Griffen versehen, und überdies in rohester Weise gearbeitet.

Wir können eine Menge solcher Kunststücke aufweisen, denen vollständig aller Sinn und Verstand abgeht, und von denen man nur sagen kann, daß zu den gewöhnten Fehlern sich noch einer mehr gesellt hat.

Es fragt sich nun, welches die Hauptmomente sind, auf die es bei Anwendung des geschlossenen Eisens in gewöhnlichen Fällen ankommt. Ich stelle sie mir zusammen in nachstehenden 3 Punkten:

1) Mehr Tragpunkte gewinnen.
2) An Stelle wegfallender Tragpunkte andere treten lassen.
3) Ohne mehr Tragpunkte zu gewinnen, den behaltenen das Tragen erleichtern.

ad 1 wird sich das geschlossene Eisen für den zu flachen vollen Huf eignen, dessen Wände und Trachten entweder schwach sind, oder insoweit fehlen, als sie mit dem Strahle nicht vergleichen. Bei schwachen Wänden und Trachten wird der Strahl als neuer Tragpunkt hinzutreten, und den

15

geschwächten Theilen gleich tragen helfen; bei über die Trachten hervor=
ragendem Strahle wird aber diesem die Last anfänglich allein zufallen, bis
deffen Elasticität die Vereinigung des Eisens mit den Trachten gestattet.
Es tritt also hier zu den gewöhnlichen Tragpunkten einer hinzu, und
wo der Strahl nur tragen hilft, sind keine Bedenken vorhanden, daß dem
Hufe ein Nachtheil daraus erwächst. Er kann aber entstehen, wenn der
Strahl ohne Hilfe der Trachten tragen muß, und ist deshalb bei Auflegung
des Stegeisens sorgfältig zu erwägen, ob die Nachgiebigkeit des Strahles
eine solche ist, daß sie nach und nach das Ruhen der Trachten auf dem
Eisen zugiebt.

In diesen Fällen soll also das Stegeisen im ganzen Zirkel tragen
und mit allen Theilen des Hufes außer der Sohle in Verbindung treten.
Immer aber muß dabei der Grundsatz festgehalten werden, daß das Eisen
in der Bodenfläche wie im Tragrande eben sei, und ein Bauch des Steges
niemals die ebene Bodenfläche störe.

Sowie Stollen und Griffe mehr das Köppen des Fußes befördern,
ebenso wird ein ausbauchender Steg Wanken im Auftreten zulassen, und
daß dies bei der gewöhnlichen Beschaffenheit der Wände des vollen Hufes
diesem nicht zuträglich ist, muß so gut einleuchten, als daß hier nur ein
ganz ebener, der Breite des Wandhornes genau entsprechender Tragrand
des Eisens schmerzlos und unschädlich stützen kann.

Wenn man nach meiner Ansicht den Vollhuf nie heilen, nur hindern
kann, daß er sich verschlimmere, und aus einem flachen Hufe ein Vollhuf
werde, so muß auch hier die mechanische Bewegung des Hufes beachtet, und
einer weiteren Senkung der Sohle durch Unterstützung des Strahles in
einem erträglichen Gegendrucke des Steges vorgebeugt werden. Es wird
damit einer widernatürlichen entgegengesetzten Thätigkeit begegnet.

Der Steg soll durch den Strahl die Sohle zurückdrängen und dem
leidenden Hufe in ebener Unterlage eine Stütze geben, und der nach unten
nicht mehr weichen könnenden Sohle soll die Möglichkeit geschafft werden,
an den natürlichen Functionen der Trachten wieder Theil zu nehmen.

Wie soll aber ein Eisen den Vollhuf bekämpfen, deffen Wände und
Trachten auf schräger Tragfläche eingeklemmt sind, und der Bauch des
Steges dem Strahle ausweicht? Es ist dies der Beschaffenheit des Hufes
nach ganz unzulässig.

ad 2 wird das geschlossene Eisen in sehr verschiedenen Fällen Anwendung finden. Es gehören dahin Steingallen, Trachtspalte, getrennte Wand, fehlende Wand, schiefer Huf ꝛc., und wenn es nicht möglich ist, hier für jeden einzelnen Fall eine Anweisung zu geben, so muß versucht werden, das geltende Princip mit wenigen Worten aufzustellen.

Vorgenannte Krankheiten werden mehr oder weniger alle eine Freiheit zwischen Huf und Eisen am Ort des Leidens erheischen, es soll daher an Stelle des wegfallenden Tragpunktes ein anderer treten.

Dieser andere ist wiederum der Strahl, der im Stege eine Stütze findet, und wird in Uebertragung der Auflage dahin die Möglichkeit geschaffen, die leidende Stelle des Hufes von einem Drucke des Eisens zu befreien, der sie in der Regel geschaffen hat.

Es wird von dem Orte und dem Grade des Leidens abhängen, wo und wie stark der Ausschnitt der Wand oder der Ausschnitt des Eisens (sogenannter Absatz) stattfinden muß. Kurz der leidende Theil soll nicht tragen, darf das Eisen nicht berühren, und müssen deshalb die übrigen Tragpunkte des Hufes auf's Sorgfältigste gesucht und benutzt werden, um einen desselben entbehren zu können. Oben und unten eben, nämlich oben, soweit der Tragrand reicht, ist auch hier die nicht zu unterlassende Regel, und nach Befinden Lederunterlage auf den Steg, um den Strahl zu erreichen, um ihn zum Tragpunkte zu machen.

Hier kann und darf nun nicht der ganze Zirkel des Eisens aufliegen, und es wird die Last deshalb nur auf circa ¾ desselben vertheilt ruhen. Umsomehr muß in diesen Fällen das Köppen des Fußes durch ebene Bodenfläche des Eisens vermieden werden, und es können die leidenden Stellen nicht gewinnen, wenn nicht ebenfalls die zunächst stützenden Tracht- oder Wandtheile eben ruhen.

Auch bei diesen Leiden glaubt man mit dem bloßen Schlusse des Eisens die Sache abgethan zu haben. Ob ihnen sonst in sinniger Weise Hilfe gebracht wird, davon weiß man sich keine Rechenschaft zu geben.

ad 3 findet das geschlossene Eisen in vereinzelten Fällen und in denen seine Anwendung, welche schon unter 2 genannt sind.

Principiell dürfte hier gelten, daß Freiheit zwischen Huf und Eisen für kranke Stellen des Hufes geschaffen werden muß, ohne daß der Strahl

15 *

als Stützpunkt hinzutritt, und daß lediglich durch den Schluß des Eisens die Tragfähigkeit der gebliebenen Tragpunkte unterstützt wird.

Mancher kranke Huf wird die Benutzung des Strahles als Tragpunkt nicht zulassen, denn der Strahl ist geschwunden und im Stege nicht zu erreichen. Hier geht also ein Tragpunkt verloren, und einen neuen dafür zu gewinnen, ist nicht möglich. Es sind die hauptsächlichen Zwecke des Schlusses hier nur die, im Stege einmal jede Biegung des Eisens zu verhindern, damit der freie Raum erhalten bleibe, der zur Heilung der kranken Stelle nöthig ist, das anderemal um in größerer Unterlage, die natürlich nicht nur stützt, sondern auch schützt, dem Mangel an Tragpunkten abzuhelfen.

Um deutlich zu werden, dürfte es am Platze sein, einen vereinzelten Fall namhaft zu machen.

Ein schiefer Zwangshuf z. B. ist nicht zu verbessern, wenn nicht der innere hinaufgedrückte Ballen dem äußeren annähernd wieder gleichgestellt werden kann. Jede Spannung durch Eckstrebenaufzüge und Erweiterung durch nach außen geneigten Tragrand ist fruchtlos, so lang die zu hohe und falsche Richtung genommene Trachtenwand gestützt bleibt, und da hier zumeist Quetschungen theils durch die Außenwand, theils durch die Eckstreben-wand im Sohlenwinkel auftreten, so müssen diese beseitigt sein, bevor eine gestützte Spannung zulässig ist.

Es bleibt also nur die Anwendung des Stegeisens und das Niederschneiden der inneren Trachtenwand übrig, um durch die dadurch gewonnene Freiheit die Senkung des hinaufgedrängten Ballens bewirken zu können und den entweder concaven oder convexen Bug der Wand verwachsen zu lassen.

Obgleich nun die Senkung des Ballens oft überraschend schnell erfolgt und in der Minderung der Freiheit zwischen Huf und Eisen wahrzunehmen ist, so muß doch der nach der Wand zu sich allmählich verlaufende Trachten-wand-Niederschnitt anfänglich nur in so geringem Grade ausgeführt werden, daß bei belastetem Hufe ein freier Raum von nur wenigen Linien bleibt.

Es wird sonst der letzte Wandtragpunkt zu sehr in Anspruch genommen, und kann darüber in der Kronenwand durch die frei gestellte und nicht tragende Tracht eine Trennung entstehen, in der sich zum Zwangshufe noch eine Hornspalte gesellt.

Ist der hohle Raum zwischen Eisen und Huf geschwunden, so kann, ohne das Eisen abzunehmen, mit einem schwachen Messer oder einer feinen Säge leicht soviel Trachtenwand wieder entfernt werden, um eine weitere Senkung des Ballens zuzulassen, und habe ich meinen Zweck auf diese Weise selten verfehlt.

Wenn ich der Meinung bin, daß ein ausgebildeter Zwanghuf ebenfalls nicht zu heilen ist, denn wie sich das Hufbein in der Jugend des Pferdes geformt hat, so bleibt auch der Huf, so kann meines Dafürhaltens dem Weitergreifen eines schiefen Zwanghufes nur in obengenannter Weise und in anfänglicher Anwendung des geschlossenen Eisens vorgebeugt werden, und ist erst nach erlangter Senkung des Ballens der Gebrauch des Zwang-hufeisens erfolgreich.

Da nun bei den ad 3 genannten Fällen Tragpunkte verloren gehen, und keine anderen dafür hinzutreten, so ist die Regel, daß das Eisen oben und unten eben sei, um so nöthiger zu beachten.

Der Huf ist nur gestützt vom äußeren Trachtenende bis nach Um-ständen zum Ende der inneren Wand, verliert circa ⅓ seiner Auflage, und muß die Verbindung der gebliebenen Tragpunkte mit einem ebenen Trag-rande des Eisens um so sorgfältiger gewahrt werden, damit der Huf auf dem Eisen sich nicht verschiebt, und das Eisen inwendig nur mit wenigen Nägeln gehalten werden kann.

Ohne hier viel bewiesen haben zu wollen, leuchtet aber doch Sach-kundigen soviel daraus ein, daß die alten englischen Regeln, oben und unten eben, Abdachung, wenn überhaupt eine nöthig, für den ganzen vom Eisen eingenommenen Raum der Sohle, und rechts und links, das heißt für jeden Fuß ein besonderes Eisen, beim Eisenschmieden nicht zu verachten sind, leider aber noch zu wenig beachtet werden.

Daß hier nur vom tagtäglich vorkommenden Beschlage die Rede ist, ergiebt wohl der Sinn der Abhandlung.

Wo die Cabinetstücke der Thierarzneischulen auftreten müssen, können gewöhnliche Schmiede nicht verantwortlich gemacht werden, und ist dann auch selten noch zu helfen. Daß es aber nicht zu solchen Kunststücken komme, dafür dürfte die Beachtung der erwähnten Regeln helfen. — Läßt man diese aber außer Auge, so ist die Anwendung des Stegeisens auch nutzlos.

Obgleich ich finde, daß dieser Artikel zu viel Umfang gewinnt, muß ich dennoch einige Worte über das Schmieden und Richten der geschlossenen Eisen hinzufügen.

Ein Fehler in der Construction und der Lage des Stegeisens hebt dessen wohlthätige Wirkung vollständig auf, deshalb muß die Fertigung und Richtung eine äußerst genaue sein, es ist diese aber des Schlusses wegen nicht leicht zu bewirken.

Etwas länger und stärker im Stabe gehalten, wird das Stegeisen ebenso geschmiedet, wie jedes andere englische Vordereisen, nur ist der Falz und die Abdachung nicht ganz bis zu den Enden der Schenkel zu führen, da diese den Steg bilden. Sind diese Enden kurz über der Spitze des Hornes umgebogen, geschärft, übereinander gelegt und geschweißt, so muß der Ring des Eisens in Trachten und Mittelstücken enger sein, wie der hintere Huf, und Steg und Trachtenstücke müssen in roher Abschmiedung stärker bleiben, wie Zehen und Mittelstücke, da sie beim Ausarbeiten und Richten in Durchführung und Nachbesserung der Abdachung zu Erweiterung und Verlängerung des Eisens nach der Hufform wieder an Körper verlieren.

Zu einer hier sehr wesentlich in Frage kommenden Vertheilung der Last auf dem Eisen gehört nicht nur die der Schenkelstellung entsprechende Verkürzung des Hufes, sondern auch die gleichmäßige Stärke des Eisens in allen seinen Theilen, und deshalb muß darauf Bedacht genommen werden, daß, was beim Stegeisen durch Nacharbeit zu leicht geschieht, das Eisen hinten nicht schwächer werde wie vorn, und dem leidenden Hufe durch getheiltes oder wankendes Fußen neue Unbequemlichkeiten bereite. Durch die Richtung muß nun die Lage erzielt werden, welche dem Zwecke des Stegeisens für das betreffende Leiden vollständig entspricht.

Soll durch den Strahl ein Tragpunkt mehr gewonnen werden, so müssen Zehen und Mittelstücke wie immer mit der Hornwand vergleichen, die Trachtenstücke aber mäßig erweiternd sich verlaufen, so daß wenige Linien in ihren Enden über die Wand hervorstehen, und es darf der Steg den Strahl nur insoweit drücken und zurückdrängen, als ohne Nachtheil für den Zellstrahl die Vereinigung der Trachten mit dem Eisen zulässig wird.

Soll durch den Strahl ein Tragpunkt gewonnen, aber dafür ein anderer aufgegeben werden, so ist die Lage des Eisens ganz dieselbe wie

vorher, nur mit dem Unterschiede, daß unter dem vom Tragen aus-
geschlossenen Theile Freiheit bleibt.

Kann endlich der Strahl nicht benutzt, also ein neuer für den aufgegebenen Tragpunkt nicht gewonnen werden, so muß das Eisen in ebenem
Tragrande wiederum genau der Zehen- und Wandform folgen, und die
eine, in der Regel die äußere Trachtenwand so vollständig und sicher auf
dem Eisentragrande ruhen, daß auf diese eine wesentliche Uebertragung der
Last stattfindet, indem von ihr bis zum nächsten Tragpunkte der entgegengesetzten Wand freier Raum bleibt.

Nach dem Gange des Pferdes wird zu bemessen sein, ob das Eisen
in seiner hinteren Weite dem Verlaufe der darüber freistehenden Wand zu
folgen oder sich mäßig zu erweitern habe. Denn streift sich das Pferd
nicht, so kann es nicht schaden, wenn das Eisen soviel Boden deckt, als
später die verbesserte Trachtenwand einnehmen wird.

Ob die Freiheit im Ausschnitte der Hornwand oder im Absatze des
Eisens anzubringen ist, wird stets vom Leiden und dem Grade desselben
abhängen. Der Steg wird dennoch nie das Biegen des im Absatze geschwächten Eisens zulassen, und ist es räthlich z. B. bei oft schnell geheilten
Quetschungen die bald wieder Druck vertragende Wand zu erhalten.

Ich weiß wohl, daß für den Augenblick in vorstehender Abhandlung
die Sache nicht gebessert ist, und nur dann erst dem Uebel abgeholfen sein
wird, wenn im Allgemeinen im Hufbeschlage größere Fortschritte gemacht
sind. Diese werden erst auftreten, wenn die Anstrengungen der Lehrstellen
durch aus Schaden klug gewordene Pferdebesitzer besser unterstützt werden,
und die Schmiede sich gezwungen sehen, nicht bloß zur Erlangung eines
Befähigungs-Zeugnisses etwas zu lernen.

Pferde zu beschlagen ist nicht schwer, sie aber in allen Fällen gut zu
beschlagen, ist nicht leicht, und kann ein Beschlag, der recht gut aussieht,
oft der allerschlechteste sein.

Da meistentheils die schlechtesten Pferde den besten Beschlag erfordern,
so kommt zunächst das Interesse der ärmeren Pferdebesitzer ins Spiel, und
obgleich diese es sehen könnten, wie einem elenden Thiere bei gutem Beschlage nicht selten wieder auf die Beine geholfen wird, bleiben sie blind
für alle Erfolge, und geben den schlechten und widersinnigen Beschlag nicht
auf, in der Meinung, daß er billiger sei. Daß er theurer ist, weil er das

Pferd früher unbrauchbar macht, begreifen sie nicht und kommen erst nach eingetretenem unheilbaren Schaden, also zu spät, vor die rechte Schmiede.

Ueber diesen Gegenstand läßt sich noch viel sagen, er ist in Vorstehendem nicht erschöpft. Da der Artikel aber für Hufschmiede geschrieben ist, mußte besonders auf näheres anatomisches Eingehen verzichtet, und die Thierheilkunde nur insoweit berührt werden, als sie beim Hufschmied factisch in Anwendung kommt. — Es würde mir lieb sein, wenn es mir gelungen wäre, mich den Schmieden verständlich gemacht zu haben.

Milkel, im December 1866.

Graf Einsiedel.

XII.

Der englische Hufbeschlag erfordert sowohl beim Auswirken des Hufes, Schmieden des Eisens, Aufpassen und Aufschlagen desselben, ganz besondere Sorgfalt, es bedarf demnach hierzu der Schmied auch mehr Zeit. Durch Einführung des Einsiedel'schen Hufbeschlages bei der norddeutschen Armee wurden, da die Lohnsätze der Schwadrons- und Batterie-Schmiede nicht gleichzeitig mit erhöht wurden, deren Einkommen geschmälert, oder es wurden dieselben dadurch veranlaßt, es mit Ausführung des Beschlages nicht so genau zu nehmen.

Die Klagen über Wenigerverdienst Seiten der Schmiede und das Klagen über weniger gute Ausführung des Beschlages Seitens einiger Offiziere gab dem Grafen Einsiedel Veranlassung, nachstehenden Aufsatz im Sporn Nr. 36 v. J. zur Oeffentlichkeit zu bringen.

Zur Hufbeschlags-Reform.

Die Militairverwaltungen zu Berlin und Dresden haben erkannt, daß es richtiger und haushälterischer ist, am Pferde, statt am Eisen zu sparen, und deshalb haben sie in der Armee den englischen Hufbeschlag eingeführt, und in dieser Thatsache nebenbei ein wirksames Beispiel zur Nacheiferung für das ganze Bundesgebiet gegeben.

Diese Einsicht wird ihre goldenen Früchte tragen, zugleich verkennen wir aber die Schwierigkeiten nicht, mit denen die Herrn Kriegsminister zu kämpfen haben, wenn sie in ihren Budgets Postulate aufnehmen müssen, die einen vermehrten Aufwand für die Bedürfnisse der Armee fordern, und verkennen wieder nicht, daß die Geldmittel bewilligenden Häuser und Kammern im vorliegenden Falle wenigstens Anstand nehmen dürften, bereitwillig einen Mehraufwand gut zu heißen; denn es ist schwer hier recht handgreiflich nachzuweisen, daß selbst bei verdoppelter Ausgabe für den Hufbeschlag eine große Ersparniß bei der Heeresverwaltung in längerer Erhaltung des Materials an Pferden eintritt. — Viel leichter wenigstens läßt sich darthun, daß, da nur 7 Silbergroschen 3 Pfennige circa pro Pferd den Monat für den Hufbeschlag ausgegeben werden, eine wunderbare Sparsamkeit obwaltet, und nicht aller Welt ist es klar zu machen, daß wenn in Folge bessern Beschlages nur fünf Stück Remonten pro Regiment des Jahres weniger eingestellt zu werden brauchen, der Staat an Geld spart, und die Armee an länger dauernden ausgebildeten Pferden einen großen Gewinn hat.

Die Frage: ob ein Mehraufwand für den Hufbeschlag wirklich diese Vortheile bringe, müssen wir aber aus voller Ueberzeugung mit ja beantworten.

Ohne irgend Jemandem nahe treten zu wollen, können wir nicht in Abrede stellen, daß noch viele Lähmen nicht richtig erkannt und für Leiden ausgegeben werden, die endlich doch nur ihren Sitz im Hufe haben und Folge eines fehlerhaften Beschlages sind. Selbst wenn Huflähme constatirt ist, findet man doch aus Mangel specieller Hufbeschlagskenntnisse oft die unbedeutende naheliegende Ursache nicht, und die nicht selten mit einer Kleinigkeit radical zu hebende Lähme wird Veranlassung zur Ausmusterung des Pferdes, das noch viele Jahre hätte dienen können. Man wird zugeben, daß ein geschickter Zahnarzt nicht allemal auch ein guter Wundarzt sein muß; daher ist begreiflicherweise auch nicht von jedem Thierarzt zu verlangen, daß er ein besonderes Studium aus der Beschlagswissenschaft gemacht habe und ihn dabei nicht Fehler beschleichen, die der einfache aber geübte practische Hufbeschläger zu erkennen und zu vermeiden weiß.

Wir wollen hier nur auf die Nothwendigkeit hinweisen, für diesen Zweig der Wissenschaft besonders begabte Persönlichkeiten aufzusuchen und zu wählen, die sich ausschließlich dem Hufbeschlage widmen, und solche Leute dann pecuniär so zu stellen, daß sie mit Lust und Liebe einen Lebensberuf in diesem Fache zu erblicken vermögen. Man bedenke doch nur, daß der arme englische Cab-Kutscher oft ein halbes Pfund Sterling für ein Eisen zahlt, und dabei seine Rechnung findet, weil er ohne dieses Eisen sein sonst unbrauchbares Pferd nicht mehr gehörig ausnutzen kann, und wenn damit dargethan ist, daß das theuerste Eisen zugleich auch das billigste, so ist andererseits auch wohl mehr wie angedeutet, daß gute Arbeit auch gut zu bezahlen ist, und die guten Hufbeschläger so gestellt werden müssen, daß sie ihr gutes Auskommen bei deren schwieriger und mühsamer Arbeit finden.

Wenn man bei erworbener Fertigkeit und angewendeter richtiger Technik auch nicht mehr Zeit zum Schmieden der englischen Eisen braucht, so erfordert der englische Beschlag im Ganzen mehr Zeitaufwand, weil bei ihm, namentlich beim Richten und Aufpassen, eine Genauigkeit zur Geltung kömmt, die der deutsche Beschlag gar nicht kennt, weshalb auch mehr Geschick und Fleiß auf Seiten des englischen Schmiedes beansprucht wird.

Da überall Recht und Billigkeit gelten muß, so will uns hier nicht nur billig, sondern auch sehr räthlich erscheinen, vermehrte Arbeit und Leistung soweit lohnend zu machen, daß man dadurch auch ein Recht auf correcte und sorgfame Ausführung erlangt, und weniger Gefahr läuft getäuscht zu werden. Bei 7 Sgr. 3 Pf. monatlicher Entschädigung für den Beschlag eines Pferdes dünkt uns aber, daß man ein solches Recht nicht zu fordern im Stande ist, und die Folge dieser Sparsamkeit nur ein nicht richtiger, also schlechter und mit Widerwillen ausgeführter englischer Beschlag sein wird, und weil eine Controle sehr schwer ist, selbst das geübteste Auge bei aufgeschlagenen Eisen nicht immer klar sieht, so kann die ganze Angelegenheit am zu knappen Lohn der Hufbeschläger scheitern, denn erfolgreich läßt sich hier kein Zwang anwenden.

Wir wissen sehr wohl, daß die hohen Ortes leitenden Herren den Uebelstand längst erkannt haben, für sie aber immer die Schwierigkeit der Erlangung umfänglicherer Geldmittel zu solchem Zwecke nicht gehoben ist.

Um deswillen wenden wir uns hier im Interesse der Sache an die, mit hippologischen Kenntnissen ausgestatteten Mitglieder des Herren- und Abgeordnetenhauses und der Kammern, und bitten die wohl in dieser Richtung nicht ausbleibenden erhöhten Postulate befürworten, und diese

Mehrausgabe, durch sachkundige Erläuterungen, als Ersparniß am rechten Flecke nachweisen zu wollen, damit auf diese Weise nicht allein der Armee, vielmehr indirect auch dem ganzen Lande Nutzen geschaffen werde.

Nach dem Bundesgesetze vom 8. Juli d. J. soll für den Betrieb eines Gewerbes ein Befähigungsnachweis „in der Regel" nicht mehr nöthig sein, und wollen wir die Consequenzen dieses Erlasses weiter nicht in Zweifel ziehen. Wenn aber der Reichstag beim Hufbeschlage nicht eine Ausnahme von dieser Regel machen will, so ist mit vorerwähntem Gesetze dem Hufbeschlage ein harter Schlag beigebracht, und ein seit Jahren mühsam aufgebautes Werk so gut wie wieder zerstört.

Die Folgen davon sind schon jetzt deutlich fühlbar, die Sonntagsschulen werden von jungen Schmieden und Schmiede-Lehrlingen nur noch spärlich besucht, obwohl ihnen in diesen Anstalten, die in der sächsischen Oberlausitz bestehen, unentgeldlich und mit Aufopferung der Lehrer theoretischen Unterricht im Hufbeschlage ertheilt, um sie wissenschaftlich für ihren Beruf vorzubereiten und zu bilden. Seitdem die Schmiede-Lehrlinge aber den bisher nöthigen Befähigungsnachweis nicht mehr beizubringen, also auch einer Prüfung sich ferner nicht zu unterwerfen haben, bleiben sie weg, lernen nicht mehr, wie ein deutscher Hufschmied bisher mußte, und beharren auf der Stufe, die geradezu unserem Volke unwürdig ist.

Wir wollen doch ja nicht glauben, und uns in dem Selbstgefühle wiegen, daß wir Deutsche anderen Nationen, z. B. den Franzosen, in dieser Beziehung auch nur ebenbürtig sind. Kürzlich in Frankreich verlebte sechs Monate haben sattsame Gelegenheit gegeben, sich zu überzeugen, daß der französische Beschlag, besonders im südlichen Frankreich, wenn auch wohl manchmal in der Ausführung roher, pedantische Sauberkeit entbehrender, doch aber stets sachkundiger ausgeübt wird als bei uns, und daß fast jeder Schmied sich und Anderen Rechenschaft zu geben weiß über das, was er macht. Viele sogar erkennen die Gediegenheit des englischen Beschlages und die Ueberlegenheit der Engländer in demselben an, sie können ihn aber nicht correct ausführen, weil ihnen einmal die Technik fremd ist und ihnen die dazu nöthigen Handwerkszeuge fehlen.

Schon der Umstand, daß man längst in Frankreich über die Klippe der Stollen und Griffe bei allen beschlagenen Thieren und auf allen Wegen hinweg ist; macht es klar, daß man den Franzosen ein reiferes Urtheil über den Hufbeschlag zuerkennen muß, und haben dazu auch gewiß nicht wenig die durchaus fachmännischen Kenntnisse ihres Kaisers im hippologischen Felde beigetragen.

Der in Paris und im Norden Frankreichs vielfach angewendete englische Beschlag liefert überdies den Beweis, daß die Franzosen (einige verdrehte Thierärzte ausgenommen) über Vorurtheile hinwegzukommen wissen und Auffassung für gediegene Kenntnisse haben, in denen die Engländer nun einmal allen Nationen auf diesem Gebiete voranstehen. Wenn der Engländer sagt: „wir können jeden deutschen Handwerker gebrauchen, nur den Hufschmied nicht", so ist damit unverkennbar ausgesprochen, auf welcher Stufe wir stehen, und scheint es wohl an der Zeit, Maaßregeln zu ergreifen, die uns vor ferneren nationalen Verlusten schützen.

Zu diesem Endzwecke möchten wir aber die Prüfungen und den Zwang der Beibringung von Befähigungsnachweisen nicht aufgeben, denn man kann den Hufbeschlag nicht als einfaches Handwerk-„Gewerbe" betrachten, man muß ihm vielmehr die Stelle einer Wissenschaft einräumen, und wenn auch nur langsam, so wird die Folge doch lehren, daß Mehrausgaben für denselben nur Gewinn bringen. Größere Summen für den Hufbeschlag im Budget des Militairetats zu bewilligen, sind reelle Ersparnisse, die nebenbei den Vortheil haben, abgesehen von vielfach den armen Thieren ersparten Qualen, das Kriegspferd leichter Anstrengungen überwinden zu lassen, denen es aus Schmerz im Hufe bei sonst noch vorhandener Leistungsfähigkeit früher erliegt.

Sporn und Peitsche können nie die Wohlthat eines gut schützenden und nicht drückenden Eisens ersetzen und der letzte Satz in Nr. 36 des „Sporn" vom 7. September 1867 beweist, daß im Felde bereits Erfahrungen über den englischen Beschlag gesammelt worden sind, die umsomehr für die Sache sprechen, als damals die Ausführung dieses Beschlages noch sehr mangelhaft war.

„Zwei Mitglieder der Prüfungs-Commission für den Hufbeschlag des Königlich Sächsischen Markgrafthums Oberlausitz."

Hieran will ich gleich noch eine gedruckt mir vorliegende Arbeit des Grafen knüpfen, eine Aufforderung an unsere Schmiede, welche er in seiner Eigenschaft als Vorstand der Prüfungscommiſſion erlaſſen und welche in Nr. 216 der Bautzener Nachrichten, 1868, enthalten.

An unsere Schmiede.

Die Bekanntmachung vom 28. Auguſt d. J. beſtätigt, daß ein Nachweis über die Befähigung zu Ausübung des Hufbeſchlages beizubringen, geſetzlich nicht mehr nöthig iſt, alſo ein Zwang ferner nicht beſteht.

Wir wollen aber doch nicht unterlaſſen darauf hinzuweiſen, daß, wenn auch der geſetzliche Zwang nicht mehr da, doch ein anderer an deſſen Stelle getreten iſt und ſpäter vermehrt auftreten wird, nämlich der, daß die Pferdebeſitzer ſchwerlich bei anderen Schmieden beſchlagen laſſen werden als ſolchen, die durch ein Zeugniß ſich legitimiren können, daß ſie den Hufbeſchlag nach neueren und anerkannten Principien auszuüben ver ſte hen.

Da nun die Schmiede nicht im Stande und wohl auch nicht Willens ſein werden, das Erkenntniß und den Lauf des daraus erwachſenden Bedürfniſſes aufzuhalten, ſo müſſen wir ihnen in ihrem eigenen Intereſſe rathen, ſich frei willig den Prüfungen im Hufbeſchlage zu unterwerfen, die durch die Fürſorge unſeres landſtändiſchen Directoriums unter Ertheilung von Prämien annoch feſtgehalten werden.

Daß die unterzeichnete Commiſſion kein anderes Intereſſe als das der Schmiede und des allgemeinen Wohles bei Ertheilung dieſes Rathes vor Augen hat, braucht wohl hier nicht näher durch Gründe nachgewieſen zu werden. Sie will aber gern Mühe und Arbeit nicht ſcheuen, um ferner unſere Hufſchmiede auf die Stufe techniſcher Fertigkeit und ſachkundigen Verſtändniſſes zu bringen, auf welcher andere Nationen bereits ſtehen und die bald auch hier mit unabweislicher Beſtimmtheit von ihnen verlangt werden wird.

Die Pferdebeſitzer haben es inne, oder ſind wenigſtens auf dem beſten Wege zu der Einſicht zu gelangen, daß nur mit einem einzigen Beſchlage die Grundlage zum Verderben ihrer Pferde und zum Verluſte ihres darin verwendeten Capitals gelegt werden kann und iſt der hieraus für die Schmiede entſtehende Zwang ein weit eingreifenderer und bindenderer als der bisherige, denn sie werden sich gezwungen sehen nach den aufgetretenen Principien zu arbeiten, wenn sie Verdienst erhalten und erwerben wollen, und daß dieser wachsen und lohnender werden wird, steht außer Zweifel, denn mehr und mehr tagt es, daß der altherkömmliche Beschlag nicht fortbestehen kann, weil bei dem neuen (englischen) Beschlage die Pferde mindestens Gleiches leisten, und länger dauern.

Da in unseren Lehrschmieden genugsam nachgewiesen ist, daß selbst ganz unbrauchbar gewordenen Pferden, wie man zu sagen pflegt, wieder auf die Beine geholfen werden kann, so wird es wohl der Mühe verlohnen eine Beschlagsmethode zu erlernen, welche die Besitzer der Pferde gern gut bezahlen werden, weil sie erstens damit das in den Pferden angelegte Capital sicher nutzen und zweitens in die Lage versetzt werden, Pferde ankaufen und wieder brauchbar machen zu können, die nichts weniger wie verbraucht sind, sondern nur durch vernachlässigten Beschlag so erscheinen und deren leider bei uns auf allen Märkten und Straßen noch unzählige herumwanken.

Wir halten es demnach für unsre Schuldigkeit, die Schmiede darauf aufmerksam zu machen, daß sie aus dem Bundesgesetze vom 8. Juli, welches ihnen die Beibringung eines Befähigungsnachweises erspart, keinen Gewinn ziehen, sondern gut thun werden, sich in unterworfener Prüfung ein Zeugniß zu erwerben welches ihrem Verdienste Vorschub leistet und sie bei immer reger werdender Anforderung mit einer unentbehrlichen Legitimation ausstattet.

Die Prüfungscommission durch deren Vorstand.

Einige belobende Auslassungen über den Charlier'schen Hufbeschlag in Zeitschriften, sowie vielfache Anfragen an den Grafen, ob dieser Hufbeschlag wirklich so vortheilhaft sei, als er von mehreren Seiten, namentlich vom Erfinder selbst, ausposaunt werde, veranlaßte den Grafen, in Nachstehendem seine Ansicht der Oeffentlichkeit zu übergeben. Er hätte geglaubt, dies nie nöthig zu haben, da diese höchst nachtheilige und widersinnige Beschlagsmethode sich in der Praxis selbst den Stab brechen werde. Er schreibt in Nr. 6 des Sporn 1869:

Ueber den Charlier'schen Hufbeschlag.

„Richtet nicht, so werdet ihr auch nicht gerichtet", und wenn Charlier nicht schon, und zwar von seinen eigenen Landsleuten, gerichtet und bei uns keine Empfehlung dieser Beschlagsmethode aufgetaucht wäre, würde ich in meinem Schweigen beharrt und vollends der Zeit überlassen haben, diese kranke Erfindung auszuscheiden.

Daß dieselbe aber „auf gesunden Principien beruhe", kann ich nicht zugeben.

Das Beste, was Gott zum Schutze des Hufes geschaffen hat, weg-schneiden, und an dessen Stelle im menschlichen Wahne etwas Besseres setzen wollen, ist schon ein kranker Gedanke, und weil es geht, sich allen-falls ausführen läßt, so ist damit noch nicht bewiesen, daß es richtig ist, denn und namentlich beim Hufbeschlage geht leider noch vieles Falsche, es müßte sonst längst damit besser sein, und ist überdies die Geschichte nicht unbekannt, daß in alten Zeiten berüchtigte englische Räuber ihren Pferden die Eisen verkehrt aufgeschlagen haben, um in der Spur ihre Verfolger zu täuschen.

Am Charlier'schen Beschlage ist eigentlich nichts zu loben, als das Bestreben, einem Mangel, nämlich dem der unmittelbaren Bodenberührung der Sohle, abzuhelfen, und wenn, wie ich höre, ihm dafür die Ehren-legion zuerkannt worden ist, so beweist dies nur, daß selbst den Vorsich-tigsten und Klügsten eine Uebereilung beschleichen kann. Ich habe mich im vergangenen Frühjahre auf allen Straßen von Paris nach dem Char-lier'schen Beschlage umgesehen, nur in sehr seltenen Fällen etwas Aehn-liches gefunden, und mit eigenen Augen davon überzeugt, daß einige der kaiserlichen Leib-Reitpferde wohl mit einem schmalen eisernen Reifen be-schlagen sind, der aber nicht in die Hornwand eingelassen, neben der Sohle liegt, sondern wie bei jedem sinnigen Beschlag dem ungeschwächten Kapsel-tragrande aufgeheftet wird. Dies ist nun aber nichts Neues, eine mir schon seit vielen Jahren bekannte Erfindung des Veterinair Mavers in London, und hat mich diese mit auf die Vervollständigung meiner Rinn-eisen gebracht, denen ich vor einem platten salzlosen Reifen den Vorzug geben muß und die mir nun schon seit zehn Wintern bei allen Arten von Pferden die besten Dienste leisten.

Uebrigens werden alle kaiserlichen Reitpferde correct englisch, die Wagenpferde aber correct französisch beschlagen, und der mich im Marstalle begleitende Stallwachtmeister antwortete mir auf meine Frage: „Warum lassen Sie nicht nach Charlier beschlagen?" „Weil der Beschlag nichts taugt."

Mit kurzen Worten zusammengefaßt, ist aber der Charlier'sche Beschlag nichts anderes, als an die Stelle des natürlichen hörnernen Tragrandes einen künstlichen eisernen setzen, der im Schutz vor zu starker Abnutzung, daneben der Sohle und dem Strahl die Verrichtungen gleich dem unbeschlagenen Hufe lassen soll. Wie schon gesagt, der Gedanke, wenn nicht gerade der Zweck — die Hufconservirung — dabei verfehlt würde, wäre nicht übel, daß aber ein solcher Gedanke von einem der Hufkenntniß besonders beflissenem Veterinair ausgehen konnte, bleibt mir unerklärlich.

Wie kann ein eiserner, mindestens die halbe Sohlenstärke umschließender Ring unschädlich den entfernten natürlichen Tragrand ersetzen? Durch den Einschluß der Sohle im Wandhorne bekommt der Hornschuh einen wesentlichen Theil seines Halts und in der Verbindung des natürlichen Tragrandes mit der Sohle liegt zwar nicht deren Ernährung, wohl aber deren Erhaltung, und sie bedarf des einen wie des anderen, wenn sie nicht entarten soll.

Ferner kann die isolirte Sohle den Bewegungen der Wände und Trachten nicht mehr folgen, und begegnet in den vom Boden aus nun naturwidrig empfundenen Pressungen einem eisernen Reifen, dem weder die Kunst des Stabverfertigers, noch die Geschicklichkeit des Schmiedes den Grad der Elasticität zu geben vermag, der mit dem individuellen Bedürfniß der Bewegung der Sohle harmonirt und die nur im Zusammenhange mit Wänden und Trachten zur Geltung gelangt.

Durch den nicht anders als erhitzt aufzupassenden Reif ist die Sohle, wenn im besten Falle zunächst auch nur in den weißen Linien geschädigt, durch das Sengen immer außer luftdichter Verbindung mit dem künstlichen Tragrande gesetzt und der Zwischenraum, bei dem das Talent des Hufverstümmlers ins Spiel kommt, und in der Zerstörung manchmal nicht unbedeutend sein mag, füllt sich mit Sand und Erde, und da haben verletzte oder bloßgelegte Weichtheile außer der ihnen unerfreulichen Nachbarschaft eines Eisenringes noch einen zweiten Genuß. Der Schaden an der Sohle, dem Charlier in seiner Methode vorzubeugen sucht, wird ein weit größerer wie beim gewöhnlichen Beschlage, denn neben dem eisernen mit ihr vergleichenden aber getrennten Tragrande tritt eine weit stärkere und verfrühtere Absonderung derselben ein, die den Zweck, die Sohle des be= schlagenen Hufes zur Erde zu bringen, sehr bald vereitelt.

Es ist damit, wie mit der Lehre beim erneuten Beschlage, den Strahl mit der Bodenfläche der Trachtenstücke vergleichen zu lassen, die nicht selten zu der Enttäuschung führt, daß der Strahl sich früher löst als man wünscht und erwartet hat.

Wenn nun der eiserne Reif an Stelle der weggeschnittenen lebenden Umfassungswand getreten ist, und dessen lebloses Trachtenende dem stehen= gebliebenen Anfang der Eckstrebe begegnet, so ist damit wieder eine Hufkraft paralisirt; denn wie kann die Eckstrebe, die schon unter dem gewöhnlichen Beschlage der Trachtenwand mehr wie gut oft weicht, im Gegendruck ihre Function ausüben, da sie ihren Halt nahezu zur Hälfte in der verwachsenen Verbindung mit der Tracht verloren hat.

Oder will Charlier etwa auch die Eckstrebe so weit niederschneiden wie den äußeren Hufumfassungsrand, und damit nicht nur von Außen, sondern auch von Innen die Sohle schutzlos machen?

Nach der mir vorliegenden Zeichnung der „Annalen der Landwirth= schaft" möchte ich es beinahe glauben, und nach der mir bekannten Be= handlung der Sohle und Eckstreben in den französischen Schmieden, muß ich es für wahrscheinlich halten.

Den erwärmten Reif beim Aufpassen nur auf die Wand (den neu= geschaffenen Tragrand) auflegen und die Sohle nicht berühren, ist in praxi kaum möglich, denn der heiße Ring giebt seine Marken ebenso seitwärts wie aufwärts ab, und wo ist die sichere Hand, die bei einem lebenden und sehr beweglichen Gegenstande, wie dem Pferdeschenkel, nicht um einige Linien wankt, und wo das Auge, das in Weite und Zirkel die Sohlenform schon getroffen hat, bevor durch Sengung zur Ebenung des Horntragrandes geschritten wird?

Daß übrigens diese Ebenung einer wiederholten und weit öfteren Markirung mit dem heißen Eisen bedarf, wie bei jedem anderen Beschlage, ist mir, wenn die Sache gut, accurat gemacht werden soll, außer Zweifel, denn man kann nicht mit einem Blicke die ganze Tragwandfläche der vorstehenden Sohle wegen übersehen, und da man sich nicht immer, wenigstens nicht

vom Standpunkt des denkenden Veterinairs aus, nach der mit in die
Schmiede gebrachten Bodenfläche des Tragrandes richten darf, so kann das
Einschneiden der Rinne nicht anders als seine großen Schwierigkeiten haben,
wenn man die Sache nicht mit französischer Leichtfertigkeit behandelt und
eben brennt, was uneben geblieben ist. Welche zerstörende Wirkung diese
Sengungs-Repetitionen nun auf die Sohlenseiten haben müssen, kann sich
wohl eigentlich Jeder sagen und auch Charlier wird sich's gesagt haben,
denn er machte es strikt nicht mehr so, wie er seine Erfindung schriftlich
in die Welt geschickt hat.

Aber auch die Befestigung dieses Reifes bleibt nicht unbedenklich. Um
beinahe einen halben Zoll ist man den Weichtheilen bei der Nagelung näher
gerückt und wenn die Nägel auch nur flach und lediglich in die Hornwand
eingetrieben werden, so haben sie ihren Weg um ein beträchtliches Stück
weiter in der aufwärts schwächer werdenden Wand dicht neben lebenden
Theilen zu nehmen, und wenn man weiß, wie oft ein Nagel nicht den
Weg geht, den er gehen soll, und sich in der Klinge biegt, was nicht immer
beim Einschlagen bemerkt wird, so sind Nageldrücke hier leichter möglich,
zumal im Mangel des weggeschnittenen Kapselhornes und beim stärkeren
Bodengegendrucke des Strahles und der Sohle, die Ausdehnung des Hufes
befördert wird, und bei starkem Auftreten Pressungen gegen die Klingen
eintreten können, die bekanntlich sehr üble Folgen haben.

Was aber nun, wenn der schwache Reif bricht oder verloren geht,
was so gut und leichter wie bei jedem anderen Beschlage geschehen kann!
Dann tritt der Glanzpunkt der Charlier'schen Erfindung ein, denn
wenige Pferde können stehen, geschweige denn gehen auf einer von Wand
entblößten Sohle, und hat man nicht das Glück, das Unglück vor der
Stallthüre zu erleben, so weiß man nicht wie man das arme Thier zu
Hause bringen soll, denn ein gewöhnliches Eisen kann man in der nächsten
Schmiede nicht aufschlagen lassen. So hat man nach einer langweiligen
und dem Pferde schmerzvollen Promenade einen lahmen Gaul im Stall,
dessen Lähme nicht immer mit dem Aufschlagen eines neuen Charlier'schen
Eisens gehoben sein wird, denn die Sohle des Pferdehufes ist nicht zum
Tragen geschaffen, unterstützt darin nur mäßig Kapselwand*) und Strahl

---

*) Unter Kapselwand verstehe ich Eckstrebenwand mit.   Der Verf.

und wenn schon der Strahl nicht im Stande ist, nachhaltig allein zu tragen, so ist dies um so weniger eine ihres natürlichen Seitenschutzes beraubte Sohle, die sich in einem hilflosen Zustande befindet, dessen Folgen über kurz oder lang in den ihr überliegenden Weichtheilen sich äußern werden. Charlier giebt selbst zu, daß beim Einschneiden der Rinne der Schmied den Weichtheilen zu nahe kommen, ja sie sogar verletzen kann. Die Franzosen nehmen es nun bekanntlich mit der Thierquälerei nicht so genau, und haben kein feines Auge in Erkennung empfindlicher Gänge. Werg und gefettete Fäden werden bei vorgekommenen Verletzungen die Nähe des eisernen Reifes nicht erträglicher machen und sollte der Beschlag auch ohne Verletzungen auszuführen möglich sein, was ich weiter nicht bezweifeln will, so bin ich ganz entschieden darüber klar, daß er nicht lange ausgeführt und ohne Schaden wiederholt werden kann und bei Pferden mit feinen Wänden (Vollblutpferden) höchst gefährlich ist.

Eigentlich kann man über keinen Beschlag urtheilen, wenn man nicht bei dessen Probe Leistungen der Pferde damit in Verbindung gebracht hat, und da man mir demnach mit Recht einhalten kann: warum urtheilen Sie über Charlier, da Sie seinen Beschlag nicht angewendet haben, so vermag ich nur zu meiner Entschuldigung zu sagen, daß ich mit meinem Urtheil auch in Deutschland nicht der Erste bin, übrigens aber so viel Kenntnisse des Huforganismus zu haben glaube, um zu wissen, daß der Huf dabei nur leiden muß, und keine Versuche mit meinen Pferden anstellen mag, weil ich sicher bin, sie mir auf viele Monate hinaus unbrauchbar zu machen.

Wie schon erwähnt, einen schmalen Reif (das Rinneisen) habe ich schon lange, aber freilich nicht neben der Sohle, und wende ihn diesen Winter ausschließlich in Verbindung mit Ledersohlen bei den Vorderfüßen an, um dem lästigen Ballen des Schnees zu begegnen. Dieser Versuch ist nun insofern befriedigend ausgefallen, als der Schnee bei Ledersohlen weit weniger ballt, und der Ballen sich leichter löst. Ein anderes übrigens sehr nahe liegendes Resultat dieses Versuchs ist aber, daß man auf Ledersohlen, selbst mit empfindlichen Hüfen, rücksichtslos auf Barfrost, in schlechten Wegen und Steinschutt fahren kann, und dabei mäßig aber angemessen Strahl und Sohle, wie diese beiden Huftheile es eben bedürfen und vertragen können, zum Tragen bringt. Die Räume zwischen Sohle und Huf, wie

Strahlgrube, Strahlfurchen und Höhlungen des Hufes werden sorgfältig mit Wergbäuscheln ausgelegt, die mit Holztheer bestrichen sind, um das Eindringen von Schmuz zu verhindern, und habe ich bei Erneuerung des Beschlages nur gefunden, daß statt der sonst blätterigen Absonderung der Sohle eine mehr mehlige eintritt, und vorhandene Quetschungen wie Stein- gallen sehr bald unter diesem Schutze weichen.

Die Ledersohle wird ja in England und bei uns hier an kranken Hüfen sehr vielseitig angewendet; daß sie aber im Winter und bei allen Arten von Hüfen so gute Dienste thun würde, hatte ich nicht erwartet. Bei dem Vortheil, den sie gewährt, kann wohl die Mehrausgabe von circa 5 Sgr. pro Sohle nicht in Betracht kommen.

Hauptsächlich die so oft an mich gestellte Frage: „Haben Sie schon von dem neuen Beschlage in Paris gehört?" hat mir nun Veranlassung gegeben, mich über Charlier zu expliciren, denn es ist nicht meine Art anzugreifen, sondern nur mich zu vertheidigen. Da man aber glauben könnte, ich wüßte gar nichts von Charlier, und da schon so verschiedentliche ungünstige Urtheile über ihn gefällt sind, so wollte ich nur constatiren, daß ich mich um jeden bekannten Beschlag kümmere, und in vorstehender Deduction weiter kein großes Unrecht zu begehen hoffe.

Milkel, im Januar 1869.   Graf Einsiedel.

Der im Gedankenzettel S. 8 vom Grafen Einsiedel aufgestellte Lehrsatz: „Schone in der Regel die Tracht und verkürze mehr die Zehe", ist von vielen Schmieden ohne Beurtheilung des Hufes und der Stellung des Pferdes so stark gehandhabt worden, daß man jetzt beinahe für diese wenigstens einen entgegengesetzten Lehrsatz aufstellen möchte. Der Graf hatte diese Beobachtung schon längst gemacht und liefert nachfolgender Aufsatz von ihm den Beweis.

Extreme

berühren sich stets, sind aber niemals gut, und so sind wir denn auch dahin gekommen, statt der weggeschnittenen Trachten und übermäßig langer Zehe bei den Hufen der Pferde, nun oft zu hohe Trachten und zu sehr verkürzte Zehen vor uns zu haben.

Wenn das eine ein Fehler ist, so ist das andere es nicht minder, und möchte ich nicht unterlassen, davor zu warnen und mich dagegen zu verwahren, als sei der in meinem Gedankenzettel aufgestellte Satz: „schone in der Regel die Tracht und verkürze mehr die Zehe", Schuld daran.

Ich habe in demselben Abschnitte aber auch gesagt: „nur dann und allein unter dem Umstande darfst Du die Trachten niederschneiden, wenn sie entschieden zu hoch sind", und stehen wir dann an einer Klippe, wenn man Regeln ohne Ausnahme anwendet.

Ich glaube die Ausnahme mit den Worten „entschieden zu hoch" damals, als ich den Gedankenzettel schrieb, schon bedacht zu haben, und bin niemals ein Freund des Bockhufes gewesen. — Wenn der Bockhuf von Natur da ist, so lasse man ihn, man schaffe ihn aber nicht durch zu hohe Trachten, und suche das richtige Maaß für die Höhe der Trachten auch in der „Prüfung des Ganges und der Stellung der Schenkel".

Das Finden hier ist nun freilich schwer, und in dem Verkennen dessen was nöthig und was übrig am Hufe ist, werden die meisten Fehler bei Erneuerung des Beschlages zu Lande begangen. Gründlich kann man eigentlich auch nur durch eigene Leitung der Pferde vor dem Wagen und durch das Gefühl im Sattel den Mangel erkennen, und ist zu bedauern, daß dazu unsere Schmiede und Thierärzte weniger Gelegenheit haben wie die englischen. — Da müssen wir aber nun die Merkmale und Winke annehmen, wo sie sich sonst finden lassen, und uns begnügen mit der Prüfung des gebrauchten Eisens und der Gestalt des von ihm getragenen Hufes. Der stattgefundene Gebrauch des Pferdes muß damit Hand in Hand gehen, und wenn dazu das Vorführen des Pferdes (das Prüfen des Ganges) gekommen ist, wird man sich einer richtigen Beurtheilung des zu viel oder zu wenig nähern. —

Wenn ich zwischen zwei Uebeln, nämlich zu langer Zehe und zu niedrigen Trachten, oder zu kurzer Zehe und zu hohen Trachten, zu wählen habe, so ziehe ich ersteres vor, vorausgesetzt, daß durch zu hohe Trachten bereits Schaden geschehen ist. Denn ungeachtet des sehr sparsamen Ersatzes schwacher Trachten begegnet man fast immer weniger Schwierigkeiten bei Ausgleichung der Mißverhältnisse im Hufe, als wenn zu hohe Trachten bereits ihre Folgen gehabt haben.

Was beim angeborenen Bockhufe sich selten zeigt, weil die Ursache, die Ueberlastung, fehlt, das tritt beim geschaffenen in sehr verschiedenen oft fatalen Gestalten auf, und ist da mit dem einfachen Niederschneiden nicht immer geholfen. Hat der übermäßige Druck eine gleichmäßige Verengerung der Trachtenwinkel veranlaßt, die beim beschlagenen trockenern Hufe fast immer zu einer Zusammenziehung sich neigen, so ist die Hilfe leichter, ist aber durch ungleiche Ueberlastung die eine Trachtenwand mehr wie die andere gewichen, hat durch Umbiegung der Trachtenwand eine Trennung von Saumband und Ballen stattgefunden, und Eckstrebe und Wand die Gestalt eines nach innen gebogenen spitzen Hornes angenommen und den Strahl aus seiner Lage gedrängt, so ist dies schon sehr mißlich, und wenn nun gar Verschiebungen der Ballen, Ausbauchungen oder Einbiegungen steiler und unrichtig schräger Trachtenwände zu oben erwähnter Trennung des Saumbandes vom Trachtenwandhorne getreten sind, so ist damit ein oft gar nicht wieder gut zu machender Schaden geschehen, und tauchen dann bekannte Hufleiden auf, die wir in so vielen Lehrbüchern behandelt finden, aber stets dabei die Anweisung vermissen, wie zu verfahren sei, damit es nicht zu jenen Leiden komme. Ich kann nicht genug anrathen, das Hauptaugenmerk auf eine gleichmäßige Vertheilung der Last auf dem Eisen zu richten, Zehenlänge zur Trachtenhöhe in entsprechende Ueberein= stimmung zu bringen, um damit einen ungetheilten Act des Auftretens zu erzielen. Bei langsamen Bewegungen des Pferdes, und schon afficirten Sehnen ist ein Fehler leichter zu finden, in schnellen Gangarten und bei noch frischen nachgiebigen Sehnen aber viel schwerer, und wird zur Uebung und Berichtigung der Beobachtung des Fußens immer das Prüfen des Ganges vor wie nach dem Beschlage zu empfehlen sein.

Die Neigung zu irgend einer Ausartung fehlt fast keinem Hufe, und die regelrechte Bewegung der Glieder sehr vielen Pferden; Beides bedarf nun der Berücksichtigung beim Beschlage, und wie will man diese zur

Geltung bringen, wenn man nicht genau weiß, wie das Pferd geht? Man fällt dann zu leicht in das eine oder andere Extrem.

Ist es schon bei stollenlosen Eisen schwierig, das rechte zu treffen, und in der Abnutzung des gebrauchten Eisens den Fehler zu finden, so ist es bei Eisen mit Stollen und Griffen noch viel schwerer, in dieser Hinsicht einen sorgsamen Beschlag anzuwenden, und deshalb sind auch überall, wo man die Pferde gehörig zu brauchen und auszunutzen versteht, diese Hacken aufgegeben.

Nur wir können uns im Allgemeinen von diesem Vorurtheil noch nicht trennen, bilden uns ein, daß diese Stelzen dem Pferde eine Wohlthat und Hilfe sind, befolgen die eine Regel, nämlich, verkürzen die Zehe, aber oft zum Uebermaß, und verstehen die andere falsch, indem wir den geschonten Trachten Eisen mit Stollen aufschlagen, die gerade da am deplacirtesten sind, wenn ein nicht eben so hoher Griff hinzutritt, weil das Schonen der Trachten nur im Hinblick auf den stollenlosen Beschlag den rechten Sinn hat. Wo an die Stelle der natürlichen Trachten eiserne ¼ Zoll hohe Ersatzstücke treten, muß, um den Beschlag nicht ganz widersinnig zu machen, ein Theil der Trachtenwand weichen, denn doppelte Trachten, natürliche und künstliche, sind entschieden zu viel.

Diese und ähnliche Considerationen finden aber selten Platz bei Erneuerung des Beschlages; Knecht, Kutscher und Besitzer sind in der Regel dann zufrieden, wenn die Niethen fest und in einer Linie sitzen, das Eisen gut abgefeilt ist, und das Pferd nicht lahm geht. Daß der Fuß beim Auftreten nach allen Seiten hin köppt, das Fessel- und Kronengelenk in Bändern und Sehnen unrichtig gedehnt wird, beachtet Niemand, denn man sagt, wenn es wirklich bis zum Bemerken gekommen ist, „das geht in ein paar Tagen vorüber, wenn sich das Pferd an den neuen Beschlag gewöhnt hat". Qualvolles und gefahrvolles Ausgleichen des in der Schmiede geschaffenen getheilten Auftretens durch Ablaufen der Eisen hält man für unvermeidlich und unbedenklich, und bemerkt nicht, oder nur ohne weiteres Nachdenken, daß wenn die Ausgleichung der falschen Verhältnisse durch Abnutzung erfolgt ist, das Pferd dann erst beginnt leichter und bequemer zu gehen.

Der Schmied denkt nur an sein Eisen, die Bewegungen des Pferdes und die Verhältnisse des Hufes dazu sind ihm fremd; der Kutscher und

Besitzer aber denkt nur an die Erhaltung des Eisens und erblickt im langen Liegen und Festbacken desselben die ihm verständliche Conservirung des Pferdes.

Wir sind schnell damit fertig, unserem Beschlage den Vorzug vor dem französischen zu geben, weil wir finden, daß er in mancher Beziehung sauberer und sorgsamer ausgeführt wird.

Der französische Beschlag ist aber, wenn auch oft in der Behandlung des Auswirkens und Aufpassens roh, doch viel sinniger, denn seinen Regeln nach ist das Eisen stets eben oben und unten, und hat selbst an den Hinterfüßen weder Stollen noch Griffe.

Ich habe mich im vergangenen Winter auf der Strecke von Lyon, Marseille, Nizza bis an die italienische Grenze durch ganze 5 Monate auf Straßen und in Schmieden davon überzeugt, daß der französische Beschlag nicht kopflos ausgeübt wird, und daß Schmiede wie Besitzer wissen, wie viel auf richtige Lastvertheilung auf dem Eisen und ungetheiltes Fußen des Thieres ankommt.

Nur wenn man mit eigenen Augen gesehen hat, welche maaßlosen Zumuthungen an die Thiere sowohl in Bewegung von lassen als auch in schnellen Gängen gestellt und von ihnen erfüllt werden, ohne huflahm zu werden, wird man nicht mehr zweifeln, daß der französische Beschlag auf besseren Principien beruht, als der deutsche, und wenn er auch dem englischen noch lange nicht gleich kommt, doch bedächtiger und mit mehr Kenntniß in Rücksicht auf Gebrauch und Erhaltung des Pferdes ausgeübt wird.

Der Zweck dieser Zeilen ist nun keineswegs, den französischen Beschlag zu empfehlen, sondern nur darauf aufmerksam zu machen, daß wir nicht aus der Scilla in die Charybdis fallen, nämlich aus Hüfen mit zu langen Zehen Bockhüfe machen, was wenigstens mein Gedankenzettel, ungeachtet damaliger ganz anderer Verhältnisse, nicht angewiesen hat.

Der gute Hufbeschlag ist und bleibt eine Wissenschaft, die Verstand und Nachdenken erfordert, sich nicht wie ein Schlüssel vom Schlosser behandeln läßt, und deffen Regeln nicht ohne Ausnahme bedacht und befolgt werden können. Das Product der Wissenschaft verlangt aber auch überall einen besseren Lohn als das des mechanischen Handwerks, und deshalb ist es falsch, sehr falsch, den gebildeten und denkenden Schmied kaum handwerksmäßig genügend zu bezahlen, und ein großer Fehler, daß das Bundesgesetz vom 1. November 1867 die Prüfungen der Hufschmiede aufgehoben hat, aus welchen erst die Bildung und dann das Denken der Schmiede hervorging.

Milkel, im Februar 1869.

Graf Einsiedel.

Diesem Capitel schließe ich den soeben im Amtsblatt f. d. land-wirthschaftl. Vereine Nr. 6 erschienenen Artikel an.

Sollen wir verlieren, was wir gewonnen haben?

Es scheint beinahe so, denn das Bundesgesetz vom 8. Juli 1868 hat auch die Gewerbefreiheit für die Hufschmiede illimitirt hingestellt, damit die in Sachsen fortbestandene Controle über dieselben aufgehoben, und sind die Hufschmiede nun wieder in den glücklichen Zustand zurückgetreten, daß sie machen können, was sie wollen, nichts mehr zu lernen und einer Prüfung sich nicht zu unterwerfen brauchen.

Die Weisheit des Gesetzes in dieser Beziehung, wenn wir nicht rein amerikanische Zustände anstreben, ist nicht recht abzusehen, und man könnte nur eben sagen, daß es um der Consequenz willen richtig ist, selbst in einem Fehler zu beharren. Es hat uns überdies auf dem platten Lande das Gewerbegesetz noch keine andere Wohlthat gebracht, als daß nun Jeder gegen einen für 5 Ngr. gelösten Schein mit Branntwein handeln und ohne Nachweis über den Erwerb Holz verkaufen darf.

Die neuesten Verhandlungen des Reichstags in weiterer Ausführung dieses Gesetzes beweisen aber, daß man noch weiter gehen will, daß selbst die Prüfungen der Aerzte, Thierärzte und Apotheker in Frage kommen, und daß man einen Zustand anstrebt, der für die Republik Bolivia allen-falls noch passen mag.

Die Mahnungen bewährter und gediegener Männer im Reichstage werden nicht gehört, und hat man seinen guten Grund, um unter dem Scheine der Gestaltung, Ausbauung, an der Zersetzung des Staates zu arbeiten.

Zwischen Selbstverwalten und Selbstüberlassen ist doch wohl ein Unter-schied zu machen, und sind in einem geregelten Staate, wo die zusammengebrängten Massen der Bevölkerung nicht nach außen weichen, sich fügen und in sich selbst vertragen müssen, bindende Grenzen nöthig, wenn es nicht zur Unordnung und Auflösung kommen soll.

Der in der Reichstagsverhandlung vom 10. April gethane Ausspruch des Präsidiums, „daß die gestellten Anträge nur darauf hinausgehen, das ärztliche Gewerbe frei zu geben", ist entschieden richtig, und das gefallene Wort, „daß Jeder seine Augen aufmachen möge", läßt keinen Zweifel, daß man über kurz oder lang jede Art von Prüfung als Controle der Befähigung beseitigen will, unter dem Vorwande, daß „unser Volk der gängelnden Maßregeln nicht mehr bedürfe".

Wir fragen, wer vermag z. B. die Augen soweit aufzureißen, um sicher zu sein, durch die Büchse des ungeprüften Apothekers nicht vergiftet zu werden?

Nun wenn überdies die Heilkunde einfach ein Gewerbe ist, so ist es die Gottesgelehrtheit und die Rechtswissenschaft auch, und wenn Prüfungen bei der medicinischen Facultät aus Fürsorge und als Befähigungsnachweis überflüssig sind, so müssen sie der Consequenz wegen auch bei der theologischen und juristischen nicht obligatorisch sein und in Wegfall kommen, denn es soll doch wohl Alles nach gleichem Rechte behandelt werden.

Es paßt aber hier in den Plan, die Bedeutung der Wissenschaft als privilegirt in den Hintergrund zu drängen, und das sonst so viel im Munde geführte Wort „Wissenschaft" im Interesse angestrebter ungebundener Zustände zu ignoriren.

Daß der Hufbeschlag eine Wissenschaft sei, wenigstens dieses Gewerbe einer vielseitigen wissenschaftlichen Basis bedarf, um mit gutem Erfolge ausgeübt zu werden, wird nächstens der Reichstag nach dem Vorausgegangenen bestreiten müssen, und so sehen wir denn der Aufklärung entgegen, daß wir eine lange Reihe von Jahren geträumt haben. Wir möchten aber doch darauf Bedacht nehmen, daß die verloren gegangene Wohlthat der Prüfungen, welche die sächsische Regierung weislich geschaffen hatte, in irgend einer Weise einen Ersatz finde, bis es soweit gekommen ist, daß der Mann am grünen Tische oder der Geldmann, „der auf ein Haus Geld verleihen will", seinen Hufschmied selbst so zu prüfen versteht, wie Ersterer seine Acten und Letzterer das zu belegende Grundstück, damit ihre Pferde beim Beschlage nicht Schaden leiden.

Daß ein Examen nicht allemal eine Garantie für eine practische Befähigung ist, wissen wir längst, daß aber eine arme Bauersfrau einen tüchtigen Arzt von einem Pfuscher eben so wenig zu unterscheiden vermag, wie mancher hochgestellte Beamte oder Gelehrte den wirklich Beschlags= kundigen von einem gewöhnlichen Schmiede, wissen wir auch, und darum möchte an Stelle des aufgehobenen Schutzes durch Einwirkung der land= wirthschaftlichen Vereine ein neuer für die treten, die ihre Menschenkenntniß noch nicht bis auf die Erforschung der Hufschmiede haben ausdehnen können, und im ersten prüfenden Blicke durchschauen, wem sie ihr Vertrauen schenken sollen.

Es will nun nicht opportun erscheinen, den landwirthschaftlichen Vereinen an dieser Stelle Vorschläge zu machen, wie nach Lage der Sache dem Uebel zu begegnen sei, es ist aber ausgemacht, daß etwas geschehen muß, wenn nicht wieder Rückschritte gemacht werden sollen, und da der Gegenstand schon von verschiedenen Seiten angeregt worden ist, so wird der Unterzeichnete die Resultate der Verhandlungen abwarten.

Milkel, im Mai 1869.

Graf Einsiedel.

XIII.

Nachdem ich in 12 Abschnitten alles Dasjenige vom Grafen Einsiedel gebracht, welches in den verschiedensten Zeitschriften oder durch Separatdruck bereits in die Oeffentlichkeit gelangt und daher zum großen Theil bekannt war, bringe ich in diesem Abschnitt Pro- ducte seiner Feder, welche nur Wenigen oder nur mir bekannt, zur Kenntnißnahme.

Zunächst ein in Folge ergangener Aufforderung vom landwirth- schaftlichen Ministerium von ihm abgegebenes Gutachten über die Gußstahleisen von Pintus in Brandenburg, welches mir vom Grafen zur Durchsicht geliehen war und von mir in Abschrift genommen worden ist.

Se. Excellenz dem Herrn Minister der landwirthschaftlichen Angelegenheiten, Herrn von Selchow, Hoher Orden-Inhaber ꝛc.

Gutachten über fünf Probeeisen von Gußstahl aus der Fabrik von Pintus in Brandenburg.

Die mit diesen Eisen angestellten Versuche haben ergeben, daß die Masse eine ganz tractable ist, sich gut lochen, richten, nachschmieden, härten und feilen läßt, es hat sich aber auch gezeigt, wie am Eisen Nr. 2 ersichtlich, und wie bei der Bearbeitung erst zum Vorschein gekommen, daß in dieser Masse beim Gusse Blasen vorkommen können, die äußerlich nicht bemerkbar sind, und dann wohl dem Springen und Biegen Vorschub leisten werden.

Verschweigen will ich hier nicht, daß durch einen mir befreundeten preußischen Militairroßarzt bereits über dessen Versuche an diesen Eisen mir Mittheilungen gemacht worden sind, die nicht zu deren Gunsten ausfallen, und aus denen hervorzugehen scheint, daß ein Guß dem anderen nicht immer gleich sein wird, und daß unter verschiedener Behandlung dieses Gußstahles auch verschiedene Resultate in Bezug auf Fügsamkeit und Dauer auftreten werden, die beim gewöhnlichen Schmiedeeisen in gleichem Grade nicht zu erfahren sein würden.

Der Roßarzt, ein gewandter Hufschmied und guter Techniker, schreibt: „Die Formen der ihm vom königl. Kriegsministerio zugestellten Eisen seien erstens den im Allgemeinen noch anzutreffenden Hufgestalten nicht entsprechend, machten deshalb zu vieles Richten nöthig, und zweitens gingen viele, um sie gehörig passend zu machen, des öfters zu wiederholen nöthigen Erwärmens wegen entzwei."

Die mir bekannte Zuverlässigkeit dieses Mannes, der noch dazu seine Versuche in Beisein von einigen Offizieren gemacht hat, um jeden Schein der Parteilichkeit zu vermeiden, berechtigt mich zu der vorerwähnten Vermuthung, daß die Stahlmasse der ihm behändigten Eisen weniger tractabel war, und daß bei vermehrten Erwärmungen dieser Gußstahl an Zähigkeit und Fügsamkeit verliert.

Da es mir nöthig erscheinen will, Ew. Excellenz über die mir zugestellten Eisen selbst Einiges vorzutragen, so mußte ich davon absehen, durch zu vielfältige Versuche sie gänzlich umzugestalten und deshalb auch

darauf verzichten, sie auf Steinpflaster zu probiren, habe aber die Ueberzeugung, daß, wenn nicht wesentliche Veränderungen an denselben vorgenommen werden müssen, die stärkeren wenigstens ganz gut auf Steinpflaster aushalten werden, denn die Masse von Pintus erscheint mir weniger
spröde wie anderer Gußstahl, der bei hier angestellten Versuchen an seinen
leichten Eisen die Probe nicht bestanden hat. Anlangend nun die Eisen
selbst, welche mit Nummern versehen, beigehend zurück zu stellen mir erlaube,
so muß ich bemerken, daß, da doch gewiß mit diesem Fabricate im Hufbeschlage ein Rückschritt nicht gemacht werden soll, mir Manches an denselben nicht genügt.

Erstens sind die Kappen (Aufzüge) unten zu stark, erfordern einen
zu tiefen Einschnitt in die Zehenwand, und vertragen, da sie nicht erwärmt
angefügt werden können, im kalten Zustande das Anlegen an den Huf
nicht, und mußte deshalb die an Nr. 4 gebrochene Kappe wieder frisch
aufgezogen werden.

Zweitens ist dem einen Vordereisen Nr. 1 nur genügend anzusehen,
daß es auf den rechten Fuß gehört, und wenn nun schon Nr. 2 durch
an demselben gemachte Versuche die ursprüngliche Form nicht mehr ganz
hat, die des linken Vorderfußes jetzt mehr wie vorher darstellt, so wird
in den meisten Fällen doch noch viel daran zu richten sein, und würde
einmal die Ausarbeitung des zu starken inneren Randes des Eisens zu
der oft nöthigen viel markirteren Abdachung, die Verschmälerung des nach
der Breite der Hornwand sich zu richten habenden Tragrandes es leicht muldig
machen, die richtige Bodenfläche verlieren lassen, das andere Mal den
äußeren Rand der Bodenfläche nach Außen treiben, der, um das Streichen
zu verhüten schmäler sein muß, wie der der Huffläche. Bei Nr. 1 möchte
besser der Falz bis an das Ende der Trachtenstücke vorlaufen, und giebt
man, nach Field wenigstens, der senkrechten Stellung der inneren Wand
des Falzes den Vorzug.

Die drei Hintereisen Nr. 3, 4 und 5 entsprechen nun der Form des
Hinterhufes zu wenig. Es würde deren Richtung resp. Umgestaltung eben
so viel Arbeit machen, wie die der Vordereisen, und wenn 4 und 5 wohl
eine vorsichtige Bearbeitung ausgehalten haben, die an denselben im Lochen,
Zurücklochen, Ebenen und Kappeaufziehen angenommen wurde, so bleibt
es mir bei deren Schwäche doch noch zweifelhaft, ob sie im Gebrauche auf

harter Straße Haltbarkeit bewähren würden. Die bei 3 und 5 angebrachten Griffe muß ich für unnöthig, selbst für schädlich erkennen.

Unnöthig, weil ein fortlaufender tiefer und scharfer Falz den Griff ersetzt, naturgemäßer vertritt, und bei dem Sinne dieser Eisen nicht vorhanden sein soll, und schädlich, weil erstens der Griff, außer Gesellschaft von Stollen entsprechender Höhe, eine Rückwärtsneigung des Fußes, eine stärkere Anspannung der Beugesehnen und eine vermehrte Reibung in den vorderen Knochenrändern des Kronen- und Hufgelenkes verursacht, und zweitens ein jeder Griff in wenigen Tagen zu einer Halbkugel sich umwandelt, und dann auf Gestein das gefährliche Abschnappen begünstigt.

Mir steht entschieden fest, daß zu Ausarbeitung und Richtung dieser Eisen mehr Arbeit und Geschick gehört, wenn sie nämlich dem Zwecke wahrhaft entsprechen sollen, wenn der Huf nicht nach dem Eisen*), sondern das Eisen nach dem Hufe geformt werden soll, als zu denjenigen Eisen, die ein Schmied in Anbetracht des vor Augen habenden Hufes frisch schmiedet, und wenn die von Pintus gelieferten gegossenen Eisen den Preis von 3⅓ bis 5 Sgr. haben, so muß bei ihrer Ueberarbeitung für Zeit, Arbeit, Feuerung ꝛc. mindestens ein Betrag von 4 Sgr. hinzugerechnet werden, und scheint mir sonach in Betracht des Preises kein Gewinn dabei zu sein.

Da es erwiesen, und dem königl. Kriegsministerio, wie ich glaube, bereits bekannt ist, daß man ein allen Anforderungen entsprechendes englisches Eisen in 7½ Minuten bei richtig angewendeter Technik schmieden, und dem gegebenen Hufe annähernd passend vorbereiten kann, dieselbe Zeit aber kaum ausreichen würde, ein solches Gußstahleisen in die Form und Richtung zu bringen, die ihm der vorhandenen Beschaffenheit nach gegeben werden muß, um es nach vorgeschrittenen Regeln der Beschlagwissenschaft brauchbar und unschädlich zu machen, so vermag ich auch im Punkte des Zeitgewinnes einen Vorzug an diesem Fabricate nicht zu erkennen, und wird überdies alles Arbeiten an demselben mehr oder weniger immer das Gepräge der Flickerei tragen, niemals eine recht saubere Vollendung zulassen.

---

*) Die Pintus'schen Eisen sind zu weit fertig, um Veränderungen zuzulassen. Die Schenkelenden müssen unvollendet bleiben, um sie nach Bedürfniß für den Huf und ohne Nachtheil für das Eisen länger oder kürzer machen zu können.

Bei meinen wiederholten Reisen nach England habe ich mich davon
überzeugt, daß gegossene oder gepreßte Eisen nur noch in den seltensten
Fällen angewendet werden, man sozusagen ganz davon zurückgekommen
ist, andere als durch die Hand geschmiedete zu gebrauchen, und da wir
doch wohl nicht die leichtfertigen Amerikaner, wohl aber die p r a c t i s c h
instruirten gerade in diesem Fache so gediegenen Engländer uns zum Vorbild
nehmen müssen, wenn überhaupt in diesem so wichtigen, bei uns aber noch
nicht für wichtig allseitig genug erkannten, für die National=Deconomie
so bedeutungsvollen Punkte Fortschritte gemacht werden sollen, so würde
nach meinem unmaßgeblichen Dafürhalten Alles zu vermeiden sein, was
einer gründlichen Ausbildung der Hufschmiede im Wege steht, und der
Mißhandlung des Pferdehufes Vorschub leistet.

Wenn nun noch dabei weder Zeit= noch Geldgewinn zu erzielen ist,
so wüßte ich wirklich nicht, worin der Vortheil bestehen soll, den wir aus
dem Fabricate von Gußstahleisen ziehen könnten, und so sehr ich die Bestrebungen des Fabricanten achte, und auch seine Leistung respectire, so
glaube ich doch mit Recht sagen zu dürfen, daß in Anbetracht eines vorwärts zu bringenden vollkommeneren Hufbeschlages sein Fabricat nicht
genügt, und glaube voraussagen zu können, daß die Erfahrung diesem
nicht günstig sein wird.

Nachstehend vornehmlich mein Augenmerk auf die Truppe richtend,
so muß ich mich fragen, wenn selbst die Gußstahleisen in Dauer bei Behandlung auf dem Ambose und bei Dauer in dem Gebrauche selbst sich
bewähren sollten, welche Menge von vorräthigen verschiedenen Eisen z. B.
müßte eine Schwadron bei sich führen, um den Anforderungen der in sich
so variirenden Hufformen zu entsprechen, wenn nicht die Mißhandlung des
Hufes eintreten, und das Eisen wie es ist, gleichviel ob es paßt oder nicht,
aufgenagelt werden soll?

Da meiner Ansicht nach es unmöglich ist, eine ausreichende Zahl von
Hufeisen so verschiedener Art zu haben und in der Campagne nachzuführen,
so würde die Folge sein, um den einzigen Zweck, den der schnellen Bereitschaft, zu erreichen, daß diese Eisen aufgeschlagen werden, wie sie für die
Schwadron geliefert worden sind, und welcher Schaden daraus entstehen
muß, theils für den Moment im schlechten Gange oder Lahmwerden der
Pferde, theils für die Folge in Verstaltung und allmähliger Erkrankung

der Hufe, wird dem gewiß einleuchten, der verbunden mit Pflichttreue im
Kriegsdienste den Beschlag und die Hufkunde aus einem höheren Gesichtspunkte betrachtet.

Ein geschickter und gewandter Schmied, mit dem dazu nöthigen besonderen Handwerkszeuge und dem passenden Stabeisen versehen, wird,
wenn der Grundsatz gelten soll, daß die Eisen für die Pferde, und nicht
die Pferde für die Eisen da sind, mehr leisten, wie ein sorgsamer gewissen-
hafter Schwadronsschmied selbst mit einer großen Auswahl von Gußstahleisen schaffen wird, und da doch die Erhaltung des Materials an Pferden
entschieden ebenso wichtig ist, wie die Dienstbereitschaft in nicht klammernden
und lahmgehenden Pferden, so wird meines Erachtens der einzig richtige
Weg bleiben, der Armee sowohl, wie auch dem Civil wahrhaft zu dienen,
alle Aufmerksamkeit auf die gründlichste Ausbildung der Hufschmiede zu richten.

Daß diese Ausbildung nicht erfolgen kann, die mit einer feineren
und besseren Schmiedetechnik nicht ausgestatteten deutschen Schmiede des
Schmiedens sich vollends entwöhnen werden, und wir sie nur zu Nach-
besserern eines mangelhaften Fabricats machen, wenn wir gegossene Eisen
einführen, dürfte wohl unbestritten richtig sein. und darum habe ich mir,
in der Meinung die Hauptnoth erkannt zu haben, es zur Aufgabe gestellt,
das Uebel bei der Wurzel zu erfassen, und seitdem ich mein Augenmerk
darauf gerichtet habe, die englische Technik beim Schmieden der Eisen einzuführen und zu verbreiten, haben die langjährigen Bemühungen um einen
besseren Hufbeschlag erst die erwünschten Erfolge gehabt.

Ein erfahrener Engländer sagte mir einmal, als er bei mir hier die
Bearbeitung der Eisen nach englischen Regeln sah, und seine Verwunderung
darüber ausdrückte, „wir können alle deutschen Handwerker gebrauchen, nur
die Hufschmiede nicht", und ist es für mich entschieden, daß erst eine bessere
Ausbildung der Schmiede, die aber nur in eigener Anfertigung der Hufeisen erreicht werden kann, zu dem erwünschten Ziele gelangen lassen wird.

Zur besonderen Freude und Genugthuung gereicht es mir, daß bereits
durch gediegene preußische Offiziere und Roßärzte diese meine Richtung und
Bestrebung Anerkennung und Eingang gefunden hat, und bin ich durch
deren Urtheil nur darin bestärkt worden, daß mit allen Belehrungen im
Hufbeschlage nichts erreicht ist, wenn nicht eine vollständige Umbildung
Derer erfolgt, die ihn ausüben sollen.

Eine nicht unbeträchtliche Zahl preußischer Schmiede auch vom Civil haben hier bereits sich die englische Technik im Schmieden und im Aus= wirken der Hufe zu eigen gemacht, und möchte ich bezweifeln, daß diese die Einführung von Gußstahleisen als einen Gewinn für die Sache be= zeichnen würden.

Anlangend nun, die am Schluß der Pintus'schen Vorstellung gestellte Frage, erlaube ich mir auf Ew. Excellenz Anregung diese dahin zu be= antworten, daß, wenn das Gußstahlfabricat weiteren und nützlichen Ein= gang finden soll, eine Reihe neuer, den physiologischen Functionen und dem anatomischen Baue des Hufes mehr entsprechende Formen sogar ge= funden werden müssen, denn die Formen der vorliegenden Eisen können selbst in wesentlicher Umgestaltung nicht ausreichen, ich muß mich aber für incompetent erklären, darüber ein Urtheil auszusprechen, ob die Mög= lichkeit, jede beliebige auch noch so complicirte Gestalt eines Hufeisens gleich= mäßig und doch wohlfeil herzustellen, vorhanden sei.

Ich gestehe, über das wirkliche Vorhandensein will mir doch noch ein Zweifel beikommen, und wenn ich, wie schon gesagt, dem Fabricate alle Anerkennung zolle, so läßt die mit der Feile nachgeholfene Roheit der Stahlmasse, wie in der Vorlage von Nr. 2 bis 5 ersichtlich, nicht das Beste hoffen, und liegen doch wohl noch nicht genügende Beweise vor, daß dem gegossenen Eisen vor dem geschmiedeten der Vorzug zu geben ist.

Um Ew. Excellenz den Beweis zu liefern, daß mit einer beim Guß= stahl nie zu erreichenden Sauberkeit Hufeisen mit der Hand ohne An= wendung eines einzigen Feilstriches, und für den Preis von 7½ Sgr. geschmiedet werden können, bei welchem das Ausschneiden und Aufschlagen mit bezahlt ist, erlaube ich mir beigehend zwei hier geschmiedete Eisen, ein Vordereisen und ein Hintereisen, vorzulegen, die allerdings der mit mir wiederholt in England gewesene Lehrschmied Schimang gefertigt hat, in= dessen haben wir unter Anderen kürzlich zwei Mecklenburger entlassen, die beinahe Gleiches leisteten, und ebenfalls im Stande waren, 4 Eisen in Zeit von einer halben Stunde bis zum Richten gut vorbereitet zu vollenden; der Schmiedemeister Zenker in Görlitz, auch ein gewandter Schüler hiesiger Lehrschmiede, würde mit Leichtigkeit denselben Beweis liefern, und wenn man nun, wie es auch mannichfach in England zur Geltung kommt, für die verschiedenen Hufeisenarten besonders dazu gewalzte Stäbe in Anwendung bringt, so ist die Herstellung eines guten geschmiedeten Eisens noch viel leichter und schneller zu erzielen.

Möge es mir gestattet sein, mit der Bemerkung zu schließen, daß ich es für eine schlechte Oeconomie halten muß, die aber leider noch so vielseitig verfolgt wird, am Hufbeschlage zu sparen. Wenn einmal der Beschlag nöthig ist, dann kann nur die sorgsamste Ausführung desselben in allen seinen Theilen zu dem Ziele führen, das Pferd nicht vor der Zeit unbrauchbar zu machen.

Es stellt sich eine so beträchtliche Summe der alljährlichen Ersparniß und des nationalen Gewinnstes heraus, wenn die Pferde nur ein Paar Jahre länger dienen, daß es wahrlich der Mühe verlohnt, ein ernsteres Augenmerk auf den Hufbeschlag zu richten, und wolle man deshalb Alles vermeiden, was statt ihn zu fördern, nur rückwärts bringen kann.

Alles Vorausgeschickte nun zusammen genommen, muß ich um deswillen mich principiell gegen Einführung der Gußstahleisen aussprechen.

Milkel, den 30. März 1864.

C. H. Graf Einsiedel.

Ferner entnehme ich aus zwei vom Grafen Einsiedel an mich zu verschiedenen Zeiteng erichteten Briefen folgende zwei, gewiß Manchem interessante Abhandlungen und hoffe, daß ich durch den Abdruck des Gutachtens sowohl als auch dieser beiden Abhandlungen keine Indiscretion begehe.

Gegen die Behauptung „der Flachhuf ist zu heilen".

Wenn man den Satz aufgestellt hat: „bei allen Flachhüfen sei eine Besserung, bei den meisten eine Heilung möglich", so will ich diesen in seiner ersten Hälfte nicht grade bestreiten, indem fürs Auge selbst beim Beschlage eine Besserung erzielt werden kann, ich bin aber überzeugt, daß sie immer nur eine scheinbare ist, indem beim Beschlage die Sohle naturgemäß nie trägt, und der mit der Bodenfläche des Eisens zum Vergleichen gebrachte Strahl nie die Wirkung auf die Sohle übt, wie das Auftreten des ganzen Fußes im unbeschlagenen Zustande. Gepflegte und wenig verkürzte Wände und Trachten werden die Sohle vom Boden mehr entfernen, und eine Besserung des Flachhufes scheinbar machen, eine solche halte ich aber nur dann für möglich, wenn man das junge flachhüfige Pferd barfuß, und auf härterem Boden als es bisher zu gehen gewöhnt war, sich frei bewegen läßt.

. Daß aber eine Heilung des Flachhufes „in den meisten Fällen möglich sei", muß ich geradezu bestreiten.

Erstlich ist nach meiner Meinung ein Flachhuf kein kranker. Ein größerer und breiterer Menschenfuß kann gesund und eben so brauchbar sein wie ein kleiner mit hohem Fußblatte, und deshalb gewölbterer Sohle.

Sowie der Blattfuß in dieser Beziehung der eigentlich nur kranke ist, so ist wohl auch der Vollhuf nur der kranke beim Pferde, und an eine andere und radicale Veränderung des Flachhufes kann ich, wie oben schon gesagt, nur denken, wenn man das auf feuchter Weide zu gehen gewöhnte junge Pferd auf trockeneren härteren Boden bringt, und Monate lang darauf sich selbst überläßt.

Ich hebe besonders hervor das junge Pferd, bei welchem Huf-knochen, namentlich Hufbein wie andere Körpertheile sich weiter entwickeln, also eine Einwirkung auf ihre Umgestaltung noch möglich ist.

Ist das Pferd 5 Jahr alt und dessen Hufbein zu einer flächeren Gestalt formirt, so muß ich bezweifeln, daß mit oder ohne Beschlag mehr Hohlung hinein zu bringen ist, und die sogenannte Heilung nur in dem Schein, Ansehen liegen kann, den man der ausgewirkten Sohle giebt. — Ein gebrochener Knochen heilt zwar und ein durch Anstrengung über-reiztes Gelenk bildet Knochenansätze, zur Gesundheit bildet sich aber beim ausgewachsenen Pferde ein Knochen nie zurück, und ein volles aber flaches Hufbein wird unabänderlich seine Gestalt behalten.

Es kommt freilich sehr darauf an, welchen Grad der unendlichen Huf-Varietäten man als Flachhuf annimmt, und wenn die Sache nur in einer zu dicken vernachlässigten, scheinbar zu flachen Sohle liegt, kann man freilich von Heilung des Flachhufes reden, und Field *) würde dann tüchtig das Messer

---

*) Der Graf hat mir nämlich mehrmals erzählt, daß Field, der das Aus-wirten der beiden Vorderhufe eines noch jungen Pferdes selbst leitete, ihm ant-wortete, als er bei starker Verdünnung der Sohle die Bemerkung machte, „es

spielen lassen, um die Sohle nachgiebig und den Bewegungen der Wände und Trachten folgend zu machen, und dann eine Ledersohle auflegen, was freilich die, welche den Flachhuf heilen zu können meinen, für einen Fehler des englischen Beschlages halten.

Ueber starkes Zurücklochen.

Die Engländer lochen stark und stärker zurück wie wir. Sie thun es, um mehr Freiheit beim Ansetzen des Nagels zu behalten.

Ich glaube aber, daß es noch einen andern Nutzen, wenigstens in den den Trachten nahe kommenden Löchern, haben kann. Es ist oft zu bemerken, daß die letzten Löcher im Hufe erweitert, größer sind, als die Stärke der Nagelklinge erfordert hat.

Die Erweiterung dieser Löcher kann nur durch die Articulation des Hufes entstanden sein, und ist es deshalb gewiß nur dienlich, dem Nagel etwas Spielraum nach Außen zu lassen.

Wenn die Klinge beim Einschlagen an die innere Seite des Loches sich anlehnt, so wird sie im weiteren Loche bei heftigem Auftreten etwas weichen und dem Ausdehnungsvermögen des Hufes nachgeben können, und hat die dadurch vermehrte Spannung in der Niethe theils der Elasticität des Nageleisens, theils der Nachgiebigkeit des Wandhornes wegen nichts auf sich.

Das Eisen wird dadurch nicht locker, einer möglichen Quetschung der Weichtheile bei huferschütternder Bodenberührung kann aber damit vorgebeugt werden, und ist dies wieder kein Fehler des englischen Beschlages, sondern, wie das flache Lochen, eine überlegte Sache.

---

wird nun doch wohl zu viel werden": „Sie haben Recht, aber in diesem Falle muß ich es so machen, denn die Sohle war isolirt, folgte den Bewegungen der Wände und Trachten nicht, und bis zum nächsten Beschlage gewährt eine Ledersohle den nöthigen Schutz."

Sowohl Graf Einsiedel als auch die übrigen Mitglieder der Prüfungs-Commission sind verschiedentlich vom In- und Auslande um Einsendung des Planes unserer Lehrschmiede in Milkel angegangen worden. Um dies für die Zukunft zu vermeiden, füge ich diesem Werke eine lithographirte Ansicht und Grundriß dieser nach englischen Mustern höchst practisch angelegten Schmiede bei.

———

Schluß.

Aus allem Vorgedruckten geht zur Genüge hervor, daß Graf Einsiedel seine Zeit, die ihm neben den Arbeiten der Administration und den Inspicirungen seiner bedeutenden Besitzungen verblieb, höchst nützlich anwendete; seine Freistunden brachte er am Schreibtisch, im Stalle und in der Schmiede zu.

Wohl mancher seiner Freunde und Bekannten wird sich erinnern, mit welcher Aufmerksamkeit und Sachkenntniß er den Arbeiten in der Schmiede folgt, ja selbst thätig Hand anlegt; manchem Besucher der Lehrschmiede und Sammlungen in Milkel habe ich 2 Hufeisen vorgezeigt, die der Graf geschmiedet, an denen alle Principien des Einsiedel'schen Eisens vorhanden, an denen nur die Sauberkeit im Schmieden zu wünschen läßt, die man natürlich von einer des Hammers und der Zange ungewöhnten Hand nicht fordern kann.

Oft kaufte Graf Einsiedel Pferde mit Huffehlern, Hufkrankheiten ꝛc. theuer ein, da er sie feil machen mußte, um daran Versuche zu machen und sind wohl selten so gründliche, umfassende und gewissenhafte Versuche gemacht worden, als durch ihn, denn er nahm sogar von diesen Hufen Gypsabgüsse und wiederholte dies bei jedem Beschlag, um zu beobachten, wie sich der Huf von einem Beschlag zum andern verändert.

Für meine Schüler in der gewerblichen Sonntagsschule giebt der Graf jedes Jahr 50 Thlr. zu Prämien, die in Büchern und Wirkmessern bestehen; aber nicht blos für die Schmiede ist er bedacht und bringt Opfer, nein auch für Wissenschaft und Kunst, so hat er dem thierärztlichen Verein der Oberlausitz ein Microscop und zu wiederholten Malen nicht unbedeutende Summen zu Anschaffung von Literarien gespendet; so sammelt er selbst, oft durch große Opfer, Gemälde berühmter Meister und stellt sie in Reibersdorf auf und trifft der Besucher in Milkel sehr oft die Herren Maler v. Reisky und Dahl wochenlang beschäftigt, unter den Augen des Grafen für ihn Kunstwerke anzufertigen.

Auch diesen Winter machte er einen ausgedehnten Versuch darüber, ob neben den Einsiedel'schen Winterreisen, namentlich bei Schnee, sich untergelegte Ledersohlen bewähren möchten.

Ein Umstand nur wirkt auf den lernbegierigen Besucher der Lehrschmiede zu Milkel störend ein, es ist das eine Schwerhörigkeit, die sich vor Jahren beim Grafen Einsiedel nach dem Gebrauch eines Seebades eingestellt hatte und welche von Jahr zu Jahr so überhand genommen, daß es nur noch den Personen, welche öfter mit ihm verkehren, möglich ist, ohne Höhrrohr sich mit ihm zu verständigen.

So lebte der Graf seit Jahren, seiner Familie, der Güteradministration und der Wissenschaft sich widmend, in den glücklichsten Verhältnissen, denn er war von Fürsten geachtet und ausgezeichnet*), geachtet und geliebt von seinen Mitmenschen, in glücklichster Ehe und

---

*) Während ich dies schreibe, erhielt der Graf für seine Bemühungen um Verbesserung des Hufbeschlages von Sr. Majestät das Comthurkreuz des Civil-Verdienst-Ordens. D. V.

den geordnetsten Vermögensverhältnissen, in der Hoffnung und Freude, aus seinem bereits seit 2 Jahren die Universität besuchenden Sohne etwas Tüchtiges werden zu sehen, — da kam der Krieg vom Jahre 1866, und auch für den Grafen Einsiedel sollte derselbe die schmerzlichsten Folgen haben.

Die Universität zu Leipzig war des Krieges wegen geschlossen, sein Sohn kehrte heim und glaubte seine Zeit nicht segensreicher und nützlicher verbringen zu können, als wenn er sich den ihm befreundeten Johannittern im Lazareth zu Bautzen zur Disposition stellte.. Schwächlich von Körper, war er den Anstrengungen, die er sich in seiner Herzensgüte und Menschenliebe selbst aufbürdete, nicht gewachsen und holte sich im Dienste erbarmender Liebe unter dem rothen Kreuze den Todeskeim: ein Lungenleiden, dem ein längerer Aufenthalt zu Cannes sowie später in Gerbersdorf, dem die sorgfältigste Abwartung und Pflege, sowie die sorgfältigste Behandlung Seitens der renommirtesten Aerzte nur vorübergehende Linderung, aber leider keine Heilung brachte.

Am 22. Novbr. v. Js., dem Todtenfeste, Morgens 9 Uhr, kam der wohl längst zu erwartende, aber immer noch zu frühe, entsetzliche Schlag; es entschlief sanft im Herrn des Grafen und der Gräfin einzige Hoffnung, einziger so innig geliebter Sohn Hans Haubold Graf von Einsiedel im Alter von 24 Jahren.

Wer das so glückliche Verhältniß kannte, in welchem der Verstorbene mit seinen Eltern lebte, wer den seiner reichen Kenntnisse wegen so viel versprechenden Jüngling und dessen tabellosen Wandel kannte, wird den Schmerz des tieftrauernden Elternpaares ermessen können. Wohl sagten ihnen die vielen aufrichtigen Beileidsbezeugungen, Nachrufe und der endlose Leichenconduct bei der Beisetzung im Familienbegräbniß zu Reibersdorf, welche Liebe und Achtung der Verstorbene genossen, er erinnerte sie aber auch andrerseits doppelt daran, was sie in ihm verloren, verloren für immer hienieden.

Möge dem Bater, der sich dem Schmerze nur zu sehr hingiebt*), dem aber auch sein Gehörleiden, welches ihn mehr von der Welt abschließt, immer neue Nahrung giebt, den Erinnerungen an seinen Berluſt nachzuhängen, möge ihm, sage ich, die Kraft und der Muth bald wieder innewohnen, sich von diesen Schmerzensgedanken weniger übermannen zu lassen, damit er seinen reichen Schatz von Erfahrungen in der Hufbeschlagswissenschaft, noch in der von ihm projectirten Arbeit — einer größeren, specielleren Bearbeitung des Gedankenzettels — niederlegen und der Oeffentlichkeit übergeben könne.

Der schönſte Lohn für meine vorſtehende Arbeit, für das Zuſammentragen seiner zu zerſtreut vorkommenden literariſchen Producte, würde der für mich sein, wenn dem Grafen Einſiedel das Durchleſen seiner nun in ein geſchloſſenes Ganzes vereinigten Arbeiten die Kraft und den Muth zu neuer Thätigkeit verliehe.

---

*) Der Graf gab nach dem Tode seines Sohnes alle öffentliche Aemter, als: das Oberſchenken-, Friedensrichter- ꝛc. Amt ab.

Druck von C. M. Monſe in Bautzen.